MIDAS/Civil 在桥梁施工结构分析中的应用

主　编　焦峪波
副主编　李彦苍　郭庆林
　　　　高　颖　王海良

科学出版社
北　京

内 容 简 介

本书共 7 章，详细介绍 MIDAS/Civil 在桥梁施工结构分析中的应用技术，阐述杆系结构矩阵位移法理论和 MIDAS/Civil 的基本操作流程，以桥梁工程施工中常用的挂篮、钢围堰、满堂支架及栈桥为例，介绍 MIDAS/Civil 在桥梁施工结构验算分析中的应用。

本书可作为普通高等院校土木工程专业、道路桥梁与渡河工程专业、交通工程专业本科生、研究生的教学用书或参考书，也可作为从事土木工程专业及相关专业的科研、设计、施工等人员的参考用书。

图书在版编目（CIP）数据

MIDAS/Civil 在桥梁施工结构分析中的应用/焦峪波主编. —北京：科学出版社，2024.6
ISBN 978-7-03-076724-0

Ⅰ.①M… Ⅱ.①焦… Ⅲ.①桥梁施工-结构分析-应用软件 Ⅳ.①U445.4-39

中国国家版本馆 CIP 数据核字（2023）第 197840 号

责任编辑：冯　涛　李程程 / 责任校对：王万红
责任印制：吕春珉 / 封面设计：东方人华平面设计部

科学出版社 出版
北京东黄城根北街 16 号
邮政编码：100717
http://www.sciencep.com

廊坊市都印印刷有限公司 印刷
科学出版社发行　各地新华书店经销
*

2024 年 6 月第　一　版　　开本：787×1092 1/16
2024 年 6 月第一次印刷　　印张：13 3/4
字数：326 000

定价：68.00 元
（如有印装质量问题，我社负责调换）

销售部电话 010-62136230　编辑部电话 010-62135319-8023

前　言

桥梁工程在建造时需要借助大量临时结构辅助施工，临时结构的强度、刚度和稳定性直接影响桥梁施工的安全性及桥梁结构的受力状态，其作用不容忽视。系统掌握桥梁工程临时施工结构的分析技术，确保临时结构的安全性，可有效避免施工安全事故的发生。

本书遵循从理论到实践的原则进行编写。在编写过程中，编写团队坚持全面贯彻党的教育方针，落实立德树人根本任务，以培养专业技术优秀人才为己任，着力全面提高人才自主培养质量。全书共7章，第1章主要介绍国内外桥梁结构分析软件现状，第2章介绍杆系结构矩阵位移法的基本理论，第3章阐述MIDAS/Civil基本操作，第4章～第7章具体阐述挂篮、钢围堰、满堂支架及栈桥4种临时施工结构的分析过程。

本书由焦峪波任主编，由李彦苍、郭庆林、高颖、王海良任副主编。具体编写分工如下：第1章、第4章、第7章内容由北京工业大学焦峪波编写，第5章内容由河北工程大学李彦苍编写，第2章、第3章内容由河北工程大学郭庆林编写，第6章内容由河北工程大学高颖、天津城建大学王海良编写。河北工程大学研究生李懿明、刘强、董子震、许子龙、杨邯超、王红雨、朱玉凤、董素娴、许奥森、刘朋飞、李晓旭、胡俊兴、陈萌、王伟赫、赵楚涵等，以及北京工业大学研究生杨华、陈耀嘉为本书图表制作做了大量工作，在此对他们的付出表示衷心感谢！本书编写过程中还参考了已出版的相关专业图书，在此向有关作者表示衷心感谢！

由于编者的知识水平和实践经验有限，书中难免有不足之处，恳请广大读者批评指正。

编　者

前　言

目　　录

第1章 绪　　论

1.1　国内外桥梁结构分析软件发展概况

1.1.1　国外桥梁结构分析软件发展概况

结构分析软件是伴随着计算机和算法语言的发展而诞生、发展起来的，最早开发的结构分析软件基于结构力学的矩阵位移法，只适用于等截面杆件的结构。1943 年，柯朗（Courant）首先提出有限元法基本思想。1956 年，特纳（Turner）、克拉夫（Clough）等在分析飞机结构时系统研究了离散杆、梁、三角形的单元刚度表达式，并将刚架位移法推广应用于弹性力学平面问题，第一次给出了用三角形单元求平面应力问题的正确解答方法，首次成功应用有限元法。1963～1964 年，贝塞林（Besseling）、梅洛什（Melosh）和琼斯（Jones）等研究有限元法的数学原理，证明了有限元法是基于变分原理的里茨法的另一种形式，从而使里茨法分析的所有理论基础都适用于有限元法，并确认了有限元法是处理连续介质问题的一种普遍方法，其中矩阵位移法编制的杆系程序实际是有限元法中的一个特例。

经过几十年的连续研发，国外桥梁结构分析软件已经较为成熟，商业化程度高，知名的桥梁专用软件有 TDV RM2006、SoFisTik、LUSAS、STRAP、MIDAS/Civil 等。此外，一些通用商业软件（如 ANSYS、ABAQUS、ADINA、MSC Nastran、MSC Marc、SAP2000、ALGOR、PRO/MECHANICS、IDEAS）的土木工程模块产品在桥梁结构分析中也有着广泛的应用。国外软件单元种类丰富，计算功能强大，分析类型多，局部应力分析和非线性分析功能全面。

国外软件公司在积极开发桥梁结构分析专业软件的同时，十分注重市场营销和售后技术服务，但在对桥梁工程的理解和针对工程特点的计算方法上，以及对我国设计规范的把握和专业知识的积累方面不如国内自主研发的专业软件。

1.1.2　国内桥梁结构分析软件发展概况

我国桥梁结构分析软件的研发起步较晚。20 世纪 50 年代至 70 年代末，计算机尚未普及，而且算法语言单一，虽然开发了一些分析软件，但仅限于在高等院校、科研院所中使用，尚未上升到专业计算程序的开发。20 世纪 80 年代初，为适应预应力技术的发展和大跨度桥梁的建设需要，交通运输部联合国内桥梁结构电算专家开展技术攻关，开发了公路桥梁综合程序 GQZJ。该程序采用平面杆系单元，不但能计算混凝土徐变、收缩和预应力，而且运用动态规划法编制了汽车、挂车等活载内力计算模块，成功应用于广东洛溪大桥、湖北沙洋大桥、内蒙古包头黄河大桥等预应力混凝土连续梁桥和连续刚构桥的计算分析中。然而，受到当时计算机软硬件条件的限制，源程序不能长期寄存在计算机内，需要从穿孔纸带将程序导入计算机，并从穿孔纸带读取输入数据，计算结果只能打印到纸上，效率较低。

20 世纪 80 年代后期，随着计算机技术的进一步发展和算法语言 Fortran 的出现，有些设计院将 GQZJ 移植到不同类型的计算机上运行，并采用 Fortran 语言重新编写源程序，后为国内很多设计院所采用，对推动国内大跨度桥梁的设计起到了重要作用，但单元与节点编号、节点坐标、预应力钢筋编号和几何坐标仍需要人工处理和输入，计算结果数据也必须人工整理，可视化程度低，输入、输出数据不易检查。

20 世纪 90 年代出现了个人计算机，硬件性能得到提高，GQZJ 开始向计算机上移植，并将图形可视化功能引入程序的前后处理中。该时期是我国桥梁专业软件发展的高峰时期，众多专业人员从事桥梁专业软件开发，比较典型的软件包括 GQJS、BRCAD、BSAS、Dr. Bridge 等。

除平面杆系程序外，针对立交匝道弯桥、独柱支承结构、现浇弯箱梁桥等，我国开发了多个曲线桥梁设计计算专用软件，其计算核心方法是空间梁格体系方法。较为典型的软件包括李方广华曲线桥梁计算程序、弯斜坡异性桥梁空间结构分析软件系统 3D-BSA 和慧加结构分析与设计软件等。

目前，国内开发的桥梁结构分析软件已实现桥梁设计阶段的内力计算，并充分考虑施工过程、非线性等因素，广泛应用于桥梁设计、施工控制、试验检测和病害分析，现在正朝着空间梁格、板壳、实体单元仿真建模和非线性动力特性分析等方面发展，并且加强了计算数据和绘图软件的接口联系，使分析、设计、绘图和文档一体化。另外，桥梁结构分析软件还与虚拟现实技术相结合，应用于桥梁的方案比选、虚拟设计、项目管理、事故反演等方面。

1.2 MIDAS/Civil

MIDAS 系列软件广泛应用于建筑、桥梁、岩土和隧道及机械领域，目前在我国拥有 3000 多家用户，10000 多个授权，并且成功应用于 2008 年北京奥运场馆、2010 年上海世博会主题馆、江苏苏通大桥、湖南矮寨大桥、上海外滩地下通道、北京地铁等工程的分析和设计中，在相关领域已经成为主流软件。

MIDAS 系列软件介绍如图 1.1 所示。其中，MIDAS/Civil 是明星产品，也是从教学到科研都适用的桥梁专业通用软件。

MIDAS/Civil 是通用空间有限元分析软件和桥梁专用软件的完美结合。MIDAS/Civil 程序提供了丰富的有限元单元类型，提供了从静力到动力、从线性到非线性的各种高端分析功能，可对预应力桥梁、拱桥、斜拉桥、悬索桥等多种桥梁进行分析。MIDAS/Civil 程序具有人机交互界面、多种桥型建模助手及丰富的前后处理功能，可以大幅提高用户使用效率。

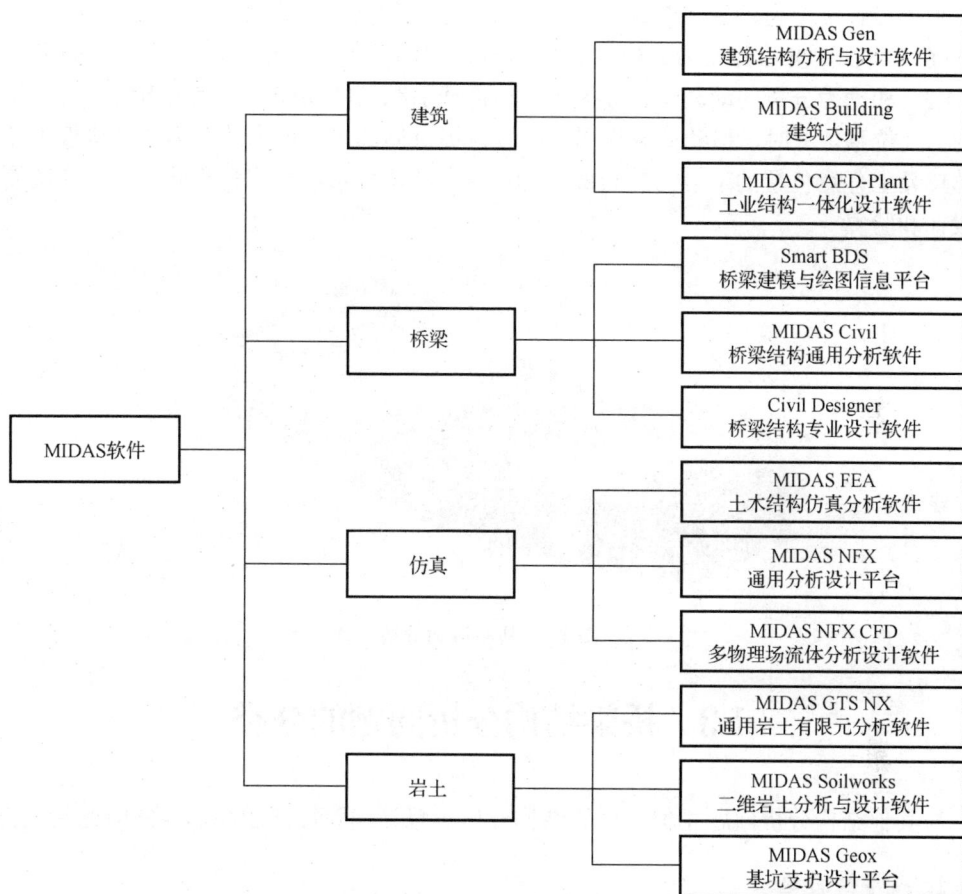

图 1.1 MIDAS 系列软件

MIDAS/Civil 的特点具体如下。

（1）提供灵活多样的建模功能，如菜单、表格、文本、导入 AutoCAD 和部分其他程序文件等，并尽可能使光标在界面上的移动次数最少，从而提高用户的工作效率。

（2）提供多种建模助手，如刚构桥、板型桥、箱型暗渠、顶推法桥梁、悬臂法桥梁、移动支架/满堂支架法桥梁、悬索桥、斜拉桥的建模助手。

（3）提供多个国家的建模数据资料，如中国、美国、英国、德国、日本、韩国等国家的材料和截面数据库，以及混凝土收缩和徐变相关规范要求及移动荷载相关规范要求。

（4）提供多种有限元模型，如桁架、一般梁/变截面梁、平面应力/平面应变、只受拉/只受压、钩、索、轴对称加劲板、板（厚板/薄板、面内/面外厚度、正交各向异性）、实体单元（六面体、楔形、四面体）等工程实际所需的各种有限元模型。

（5）提供多种功能，如静力分析（线性静力分析、热应力分析）、动力分析（自由振动分析、反应谱分析、时程分析）、静力弹塑性分析、动力弹塑性分析、动力边界非线性分析、几何非线性分析、优化索力、屈曲分析、移动荷载分析、支座沉降分析、热传导分析、水化热分析、施工阶段分析、联合截面施工阶段分析等功能。在后处理中，可以根据设计规范自动生成荷载组合，也可以添加和修改荷载组合。

（6）可以输出各种反力、位移、内力和应力的图形、表格和文本。提供静力分析（图 1.2）和动力分析的动画文件；提供移动荷载追踪器的功能，可找出指定单元发生最大内力（位移等）时，移动荷载作用的位置；提供局部方向内力的合力，可将板单元或实体单元上任意位置的节点力组合成内力；可在结构分析后对多种形式的梁、柱截面进行设计和验算。

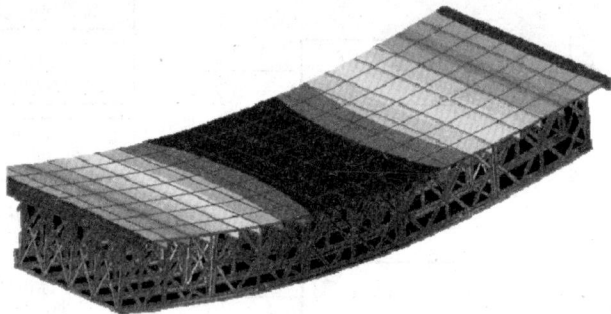

图 1.2　栈桥静力分析

1.3　桥梁结构分析问题的分类

与其他结构分析问题相似，桥梁结构分析也包括线弹性问题和非线性问题两大类。

1. 线弹性问题

线弹性问题基于小变形假定，分析模型建立在未变形的结构上，即一阶分析问题。线弹性问题中的材料应力与应变为线性关系，满足广义胡克定律；应变与位移也是线性关系。线弹性问题归结为求解线性方程组问题，计算时间较短。如果采用高效的代数方程组求解方法，可进一步缩短分析时间。

桥梁工程中的静力计算和结构动力响应分析属于线弹性问题，但悬索桥的静力计算属于二阶分析问题，或称几何非线性问题。这是由于悬索桥主缆刚度小，在荷载作用下会产生较大的变形，只有将分析模型建立在变形之后的结构上才能得到正确的结果。采用生死单元法、激活/钝化方法分析施工过程中的桥梁内力和变形时，因结构刚度矩阵发生变化，所以也属于几何非线性问题。

2. 非线性问题

非线性问题与线弹性问题有较大不同，主要表现在以下 3 个方面：①非线性问题的方程是非线性的，需要迭代求解；②线性问题中的叠加原理不适用于非线性问题；③非线性问题不总有一致解，甚至没有解。非线性问题的求解过程比线弹性问题更复杂、更具有不可预知性。桥梁工程中的非线性问题通常有以下 3 种形式。

1）材料非线性问题

材料的应力与应变为非线性关系，但当应变与位移微小时，可以认为应变与位移呈线性关系，该类问题属于材料非线性问题。桥梁工程中较为重要的材料非线性问题包括非线弹性（包括分段线弹性）、弹塑性、黏塑性及蠕变问题等。

分析材料非线性问题时，应给出材料的应力-应变本构方程。图 1.3 所示为几种常用的钢材本构模型。其中，理想弹塑性模型和线性强化弹塑性模型分别适用于塑性应变不太大时的低碳钢和一般合金钢弹塑性变形问题的简化计算；刚塑性模型适用于估算结构最大承载能力，此时弹性应变因相比于塑性应变小得多而忽略，认为应力达到屈服应力前材料不变形。

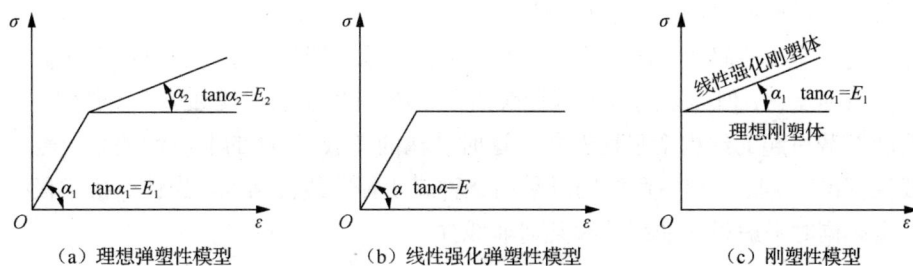

图 1.3 钢材本构模型

2）几何非线性问题

几何非线性是由位移之间存在非线性关系引起的，因此计算模型必须建立在变形后的结构上。当物体的位移较大时，应变与位移的关系呈非线性关系，这意味着结构本身会产生大位移或大转动，而单元中的应变却可大可小。该类问题包括大位移大应变问题及大位移小应变问题，如结构的弹性屈曲问题就属于大位移小应变问题。研究几何非线性问题时，一般假定材料的应力与应变为线性关系。

3）其他非线性问题

（1）状态非线性问题。如图 1.4 所示，拉伸杆右端放置一根长为 l 的杆件，拉伸杆与右边杆件端部之间有微小间隙 Δ，杆端力 P_d 与变形的关系为

$$P_d = \begin{cases} \dfrac{EA}{L}d & d \leqslant \Delta \\ \dfrac{EA}{L}d + \dfrac{E_1 A_1}{l}(d - \Delta) & d > \Delta \end{cases} \tag{1.1}$$

式中，E、E_1 分别为拉伸杆和右边杆件的弹性模量；A、A_1 分别为拉伸杆和右边杆件的截面面积；L、l 分别为拉伸杆和右边杆件的长度；d 为拉伸杆杆端变形。

式（1.1）表明，应变与位移、应力与应变之间的关系都是线性的，节点力与节点位移之间的关系在分段加载过程中也是线性的，但在整个过程中节点力与节点位移则表现为非线性关系。

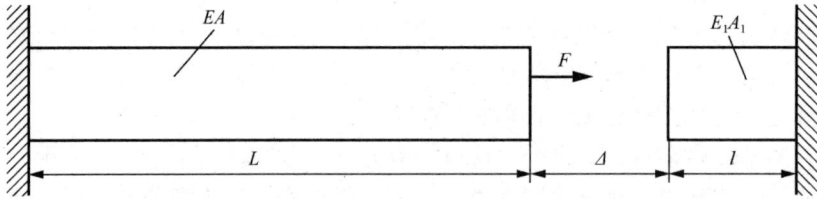

图 1.4 状态非线性问题

通常，这种与结构所处的状态相关的非线性问题称为状态非线性问题。接触问题是较为常见的状态非线性问题。在模拟船舶撞击桥梁、汽车撞击桥梁时，接触和摩擦的作用不可忽视，需要按接触问题进行分析。

（2）边界非线性问题。通常边界条件为刚性支承，即边界条件自身不会随荷载引起的结构变形而变化，但当采用与地基接触的只受压/只受拉的非线性边界条件时，边界条件就会随荷载引起的结构变形而变化，这时结构的荷载-位移的非线性关系问题称为边界非线性问题。实际工程中可能同时包括 2 种或 3 种非线性问题，当计算桥梁极限承载力时，必须同时考虑材料非线性和几何非线性。

1.4 结构分析基本过程

无论采用何种软件，在进行结构分析时，都需要执行建立模型、施加荷载和约束、求解、后处理 4 个步骤。

1.4.1 建立模型

桥梁均是由上部结构、下部结构和基础 3 部分组成的复杂空间结构，但完全按照桥梁实际结构建立有限元模型，既不可行，也无必要。因此，在开展桥梁结构分析前，有必要对实际桥梁做出符合实际状况的假定和简化，通常把简化后的计算图式称为计算模型或分析模型。桥梁工程中，因结构跨度较其他两个尺度（截面宽度和高度）大得多，在分析模型中大多近似处理为杆系结构。大量计算和试验结果均表明，这种简化是可行的，能够满足工程设计精度的要求。当采用平面杆系结构程序计算桥梁结构或构件的内力和变形时，其空间效应可以通过横向分布系数、偏载增大系数来体现。当采用空间模型分析时，无须考虑横向分布系数和偏载增大系数，程序会自动计入空间效应。

桥梁结构简化必须遵循以下基本原则：①计算模型应尽量符合实际结构的构造特点和受力特点，以保证计算分析结果的真实性。②保证体系的几何不变性，特别是对复杂的体系转换过程更应注意；同时应避免施加与实际结构受力不符的多余约束。③在合理模拟的前提下，尽量减少节点数目，减少未知量数目，以减小计算规模，节省计算时间和计算机空间。④本构关系应真实反映材料的性质。

作用在桥梁结构上的荷载主要包括结构自重、车辆荷载、人群荷载、风荷载、土压力、水浮力、地震力和基础沉降等，通常以均布力、集中力、梯度荷载、地震力和支承位移的方式施加。

桥梁结构的有限元模型可采用直接建模法或实体建模法来创建。直接建模法是指直接生成有限元模型中的节点单元、荷载和边界条件等的方法；实体建模法是指先建立实体模型，通过设置单元类型和材料属性，运用网格划分工具生成有限元模型的方法。实体模型既可采用有限元分析软件自带的建模工具创建，也可采用第三方开发的计算机辅助系统（如 AutoCAD、Soildwork、UG 等辅助软件）创建。将采用计算机辅助系统建立的实体模型导入有限元程序中，就可按照实体建模法进行网格划分。需要说明的是，不同软件对由计算机辅助系统创建的实体模型的支持度是不完全一致的。例如，SAP2000、MIDAS/Civil 可以从 AutoCAD 中导入结构的杆件，而 ANSYS 只能导入面域或实体，不能导入结构的杆件。

桥梁结构的构件相对较少，单元类型以梁单元、杆（索）单元和板单元为主，可采用直接建模法建立有限元模型。但在分析零号块水化热、大体积混凝土的复杂应力状态时需要采用实体单元，这时应优先选用实体建模法。结构离散后的网格质量直接影响求解时间的长短及求解结果的正确性。复杂模型需要非常精确的网格才能得到有效的分析结果。另外，在许多工程问题求解过程中，模型的某个区域产生极大的应变，单元畸变严重，如果不重新划分网格，将会导致求解中止或结果不正确，对此应予以高度重视。

1.4.2 施加荷载和约束

施加荷载是指将作用在结构上的荷载施加在有限元模型上。对于结构自重，由程序自动根据质量密度和单元体积计算得到，其他荷载（如预应力荷载、二期恒载、车辆荷载、风荷载，地震荷载等）需要由人工施加。为排除有限元模型的刚体位移，或为防止缺少自由度的单元相互连接时出现刚度奇异，必须在模型上施加必要的约束。桥梁工程中常见的约束包括固接、铰接、链杆支承、弹性支承等。

1.4.3 求解

在施加了合适的边界条件、荷载后，即可开始求解。有限元程序中的求解过程实际上是求解线性方程组或非线性方程组的过程，以解出整个结构的位移、内力、频率稳定系数等。在线性平衡问题中，可以根据方程组的具体特点选择合适的计算方法。对于非线性问题，需要通过一系列的迭代步骤，并将刚度矩阵逐步修正为荷载列阵，方能获得解答。

1.4.4 后处理

后处理是对程序运行结果的判断与整理，目前的有限元程序后处理功能都十分强大，可以输出内力图、变形图、模态图、应力迹线等。

1.5 模型纠错

1.5.1 有限元分析中的常见错误

由于建模过程、参数或边界条件设置不当等原因，有限元分析时会遇到约束自由度不够、自由度约束不当、计算结果不正确等问题。以下是结构分析中经常遇到的问题，供读者在检查模型时参考。

1. 约束自由度不够

有限元方法是以节点位移（或称为节点自由度）作为基本知量，通过约束支承处的节点自由度消除分析模型中的刚体位移。

任何一个分析模型，不论是主体结构，还是附属结构，都至少是一个静定结构，而复杂结构往往是多次超静定结构。两端采用橡胶支座的简支梁桥，究竟哪一端是铰支承，哪一端是竖向支承，应视具体情况而定；只有一跨的简支梁桥，可以任选一端为铰支承，另一端为链杆支承；处在纵坡上的简支梁桥，一般标高较低一端为铰支承，标高较高一端为链杆支承；有两跨或两跨以上的简支梁桥，位于伸缩装置一端为链杆支承，另一端为铰支承。当把两端均设置为链杆支承时，计算模型成为一个可变体，运行程序时会因约束自由度不够而终止。对于悬臂梁桥，不论是单悬臂梁还是双悬臂梁，除悬臂梁自身是一个静定结构外，悬挂结构也应是静定结构。图 1.5（a）所示的双悬臂梁桥，两个边跨均有一个挂梁，简化为计算模型时，双悬臂梁应是静定体系，而两侧的挂梁也应是静定体系，如图 1.5（b）所示。

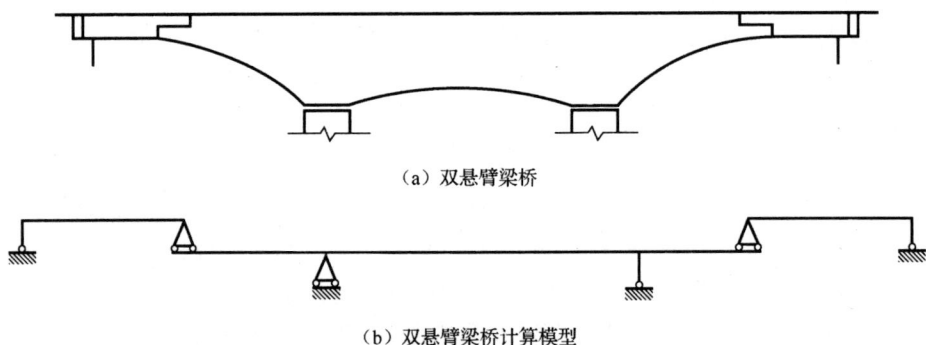

（a）双悬臂梁桥

（b）双悬臂梁桥计算模型

图 1.5 双悬臂梁桥约束条件

此外，在 MIDAS/Civil 中，当计算模型由桁架单元、平面应力单元、板单元等构成时，这些单元缺乏转动自由度，如果不给这些单元的自由度施加约束，就会导致刚度奇异，从而无法求解。

2. 自由度约束不当

自由度约束不当的情况大多发生在由多种单元类型构成的复杂模型中。例如，在由空间梁单元和空间杆单元组成的结构中，空间梁单元有 3 个线位移自由度和 3 个转动位移自由度，而空间杆单元只有 3 个线位移自由度。在定义两者约束关系时，只能在线位移自由度之间进行，如果把转动位移自由度也约束了，就会出现自由度约束不当的问题。自由度约束处理是桥梁结构建模的难点，需要通过反复实践和思考来提高建模技能。

3. 计算结果不正确

计算结果不正确是桥梁结构分析中经常遇到的问题，尤其是进行复杂模型分析时更容易出现。造成计算结果不正确的原因有很多，大致可以分为以下几个方面。

1）建模不当

建立的桥梁模型应能真实反映其实际状态，当选用的单元类型、单元与单元的空间关系或连接方式等与实际结构不符时，即使能够得到结果，往往也是错误的。

在进行空间结构分析时，还应注意单元方向。例如，在有限元分析软件中，空间梁单元都有一个默认参考点方向，但实际结构中的构件是千差万别的，往往会与软件默认方向不一致，如果建模时忽略单元截面方向的定义，程序就会自动按默认方式定义，从而造成计算错误。这种错误的隐蔽性较强，不易检查出来，建模人员要养成用软件提供的透视功能检查模型的良好习惯，常常可以起到事半功倍的效果。

因为荷载具有大小和方向，所以有限元分析软件对荷载方向的定义不仅与单元类型有关，而且与该单元所定义的局部坐标系有关。例如，空间梁单元的局部坐标系由单元的左、右节点与不在同一直线上的参考点 K 唯一确定，当参考点 K 定义在单元的上方或下方时，单元坐标的方向刚好相反，因此在输入荷载方向时，必须考虑局部坐标。

2）参数、选项设置不当

参数、选项设置不当包括材料特性与截面特性设置不当和分析选型设置不当等。

（1）材料特性包括材料的弹性模量、质量密度、线膨胀系数等。进行材料非线性分析时，应给出非线性材料的本构关系，或与时间有关的曲线，如混凝土收缩、徐变随龄期变化的时间依存特性。截面特性包括截面面积、惯性矩、抗扭惯矩、截面高度等。对于复合截面，还应定义与之对应的材料特性。当材料特性或截面特性设置不当时，计算结果必然是错误的。大量实践表明，因材料特性和截面特性设置不当引起的错误概率较高，应引起重视。

（2）选项是有限元程序中为实现不同求解需要而设置的一种选择，线性有限元分析中选项很少，但在进行稳定、动力和非线性分析时，选项往往不止一个，一旦选项设置不当，就会造成计算结果错误。为此，在进行结构分析前，有必要准确了解选项的含义及适用情况。

3）边界条件不妥

模型中施加的边界条件，即约束，应真实反映结构实际的边界条件，避免约束不够或约束多余。

1.5.2　计算结果正确性的判断

受多种因素的影响,很难一次性就能获得正确的计算结果,即使是构造很简单的桥梁结构,也不能保证计算结果的正确性,而对于复杂结构的计算,更是要经过反复的模型检查、计算、结果分析、判断,才能得到正确结果。判断计算结果的正确性是有限元分析的难点,但又是必须要做的工作。下面介绍几种实用的判断方法。

1. 定性定量法

例如,某混凝土简支梁,计算跨径 $l = 10\text{m}$,横截面尺寸 1m(b)×1.2m(h),如图 1.6 所示。已知材料重度为 25kN/m³,要求用有限元程序计算自重作用下该简支梁的跨中截面应力和支点剪力。

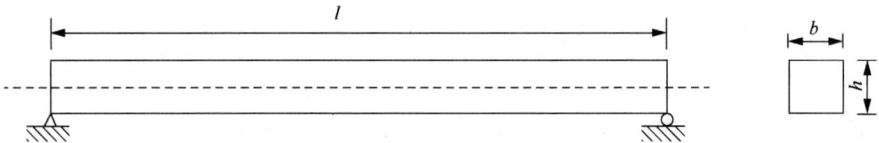

图 1.6　简支梁基本结构

显然,该简支梁是一个对称结构,且荷载(均布荷载)也对称分布,可以断定,简支梁的弯矩为对称分布,如图 1.7(a)所示,而剪力为反对称分布,如图 1.7(b)所示,这就是所谓的定性判断。当输出的弯矩图和剪力图分别呈对称分布和反对称分布时,说明建立的模型有可能是正确的,否则模型有问题,需要检查模型,然后重新计算,直至符合上述性质为止。

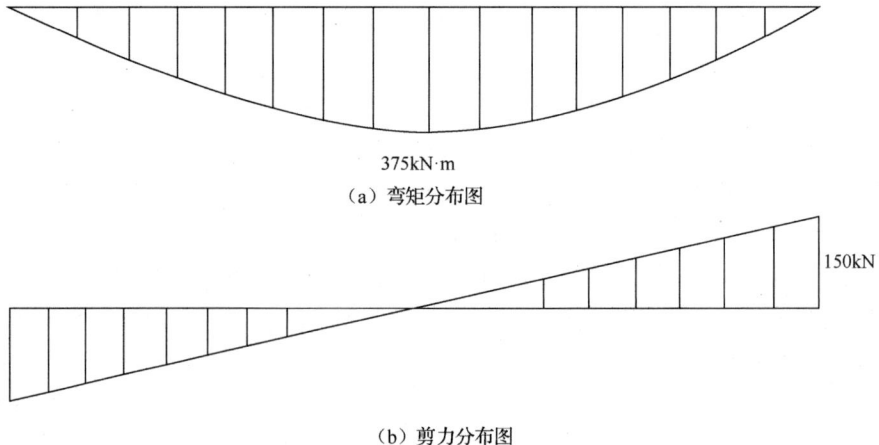

375kN·m

(a)弯矩分布图

150kN

(b)剪力分布图

图 1.7　简支梁弯矩和剪力分布图

由结构力学知识可知,该截面的跨中弯矩 M 为

$$M = gl^2 / 8 \tag{1.2}$$

支点剪力 Q 为

$$Q = gl / 2 \qquad (1.3)$$

式中，g 为线重，$g=1\text{m}\times1.2\text{m}\times25\text{kN/m}^3=30\text{kN/m}$，由此得到 $M=375\text{kN·m}$，$Q=150\text{kN}$，截面模量 $W=bh^2/6=0.24\text{m}^3$，弯曲应力 $\sigma=1562.5\text{kN/m}^2$。当计算结果与理论值一致时，说明建立的模型是正确的。当出现剪力正确而弯曲应力错误时，应重点检查梁单元的参考方向，此时有限元模型中的梁截面有可能呈 1.2m（b）×1.0m（h）的方向布置，导致弯曲应力结果错误。

2. 支座反力检查法

计算完成后，检查所有支座反力之和是否等于理论值，当对称结构承受对称荷载时，还应查看支座反力值是否具有对称性。例如，上述简支梁两端的支座反力均为压力，且支座反力值均为150kN。图 1.8 展示了 MIDAS/Civil 计算得到的支座反力值，结果也为150kN，说明建立的模型是正确的。如果出现支座反力相等，但结果不正确，可重点检查截面特性和材料重度输入是否正确。

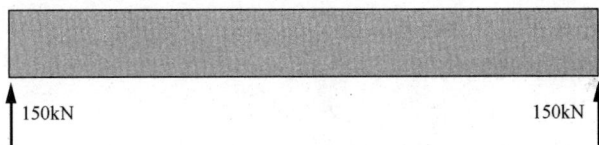

150kN   150kN

图 1.8　简支梁支座反力值

建模时需要对实际结构进行简化，有些次要构件或连接件（如万能杆件的节点板）被忽略，有些构件被人为地增长或缩短，这些简化都会导致计算值与理论值不符。为弥补因模型简化造成的质量误差，应对分析模型中的材料重度进行修正，直至计算值与理论值一致或十分接近。

3. 分步建模法

实际桥梁工程不一定都是对称结构，对于不对称结构可以采取分步建立模型的方法来判断计算结果的正确性。例如，计算两个桥墩不对称布置的三跨预应力混凝土连续刚构桥的内力和变形，可以将该桥的模型分解为主梁和桥墩两部分输入，先建立主梁模型，计算正确后，再建立桥墩模型。另外，也可以建立桥墩对称的连续刚构桥模型，在验证模型正确性后，再修改桥墩高度，这是提高计算效率和准确性的有效方法之一。

4. 经验法

在用有限元分析软件计算复杂结构的内力、变形、自振频率和稳定系数等力学参数时，很难判断计算结果的正确性，此时可以根据经验借鉴其他类似桥梁的分析结果来判断。

5. 平行计算法

平行计算法又称软件校核法，是指同时采用两个不同软件独立建模，分别计算，然后对比计算结果，以此来验证模型和结果正确性的方法。大跨度桥梁和结构复杂的桥梁，通常采用平行计算法进行结果校核。

1.5.3 提高计算结果正确性的注意事项

1）熟悉有限元基本原理，了解有限元分析的基本过程

对桥梁结构工程师而言，至少应掌握杆系结构矩阵位移法。虽然杆系结构矩阵位移法是有限元法的一个特例，但是可以较直观地说明有限元法的概念。若只知程序的输入和输出，而不知有限元的基本原理和分析过程，则对结构分析而言是极其不利的。根据国外有关资料的统计，在对结构分析理论和所使用程序理解不足的状态下进行结构分析时，发生错误的概率在 90%以上。为此，本书第 2 章专门介绍杆系结构矩阵位移法。对模型合理性和计算结果正确性的判断，会用到材料力学、弹性力学和塑性力学中的知识，学习和运用之间的脱节往往会造成读者对许多基本概念的理解只停留在符号认知层面。因此，在开展有限元分析前，复习相关的力学知识非常必要，有助于读者加深对基本概念的理解，还能提高解决问题的效率。

2）熟悉有限元程序的基本特点和技术要求

虽然有限元原理是一致的，但是具体的有限元程序各不相同，因此熟悉程序的基本特点和技术要求是十分必要的。尤其要注意的是，目前大型有限元程序都提供了完备的帮助文件和示例，在不了解程序使用方法时，应及时查看帮助文件。当进行桥梁结构的非线性分析及动力和稳定性分析时，大型有限元程序往往会提供若干个选项，一旦选项设置不当，就会造成计算错误。

3）通过简单模型，掌握单元或功能的使用方法

一个比较完善的有限元程序提供的单元类型很多，在学习和使用程序前，首先要熟悉单元的使用方法，并通过一些简单算例来帮助理解。选用的算例要简单，单元数量不宜太多，用简支梁作为算例是一个比较好的方法，因为简支梁的内力、变形和结构基频都可以通过简单计算得到。这一看似简便的方法，往往容易被初学者忽视。此外，当对程序中的有些使用方法或功能不清楚时，同样可以用这种方法来帮助理解。

4）仔细分析桥梁结构的受力特点，做出符合桥梁结构受力的分析模型

例如，在做桥梁整体结构的振型分析时，为防止局部振型影响结构的分析精度，通常采用简化结构的分析模型，即把整体结构换算成等价刚度的梁单元，将重点放在计算整体结构的刚度上，这样不但简化了计算，而且可以得到有效的计算结果。通常，桥梁结构分析时涉及的单元不止一种，单元间的处理是建模过程中的难点，尤其是当梁单元与板单元、实体单元等连接时，除了要深刻理解自由度概念外，还要了解各种单元特性。

5）做好建模准备工作

建模准备工作包括单元划分、节点编号、截面描述、输入方法的确定。在进行桥梁结构分析时，应将分析模型绘制在草图上，在此基础上，结合材料、施工、所求截面、

荷载等，进行单元划分、节点编号，便于下一步分析判断时参考。这一点对初学者而言尤为重要。输入数据时要细心，应以正确输入为基本原则，做到边输入边检查，及时改正。对于复杂模型，宜采取分步建模、分步计算校核的方法，及时纠正错误，提高建模效率。采用图形输出方法检查数据，不仅直观、有效，还能够及时发现建模中的错误。充分利用网络资源学习有限元分析软件。

1.6 计算结果的输出与整理

进行桥梁结构分析时，输入的数据较多，输出的数据也较多，复杂桥梁的输出数据则更多，把所有计算结果都打印出来是完全没必要的，只需要对计算结果进行分析整理即可。整理数据的方法有很多，常用的方法是列表法和图形法。

1.6.1 前期准备工作

桥梁结构的计算截面是以节点号来表示的，这种标识只有计算人员清楚。因此，需要用文字或图形把截面位置表示出来，便于计算人员或复核人员的理解和检查。图 1.9 所示为某大桥成桥阶段内力关键截面输出位置示意图。当计算截面数不多时，简支桥梁可以直接用支点截面、跨中截面、$L/4$ 截面等计算。由于计算书中的插图不止一个，为便于区分不同插图，应给出图号和相应的图名。

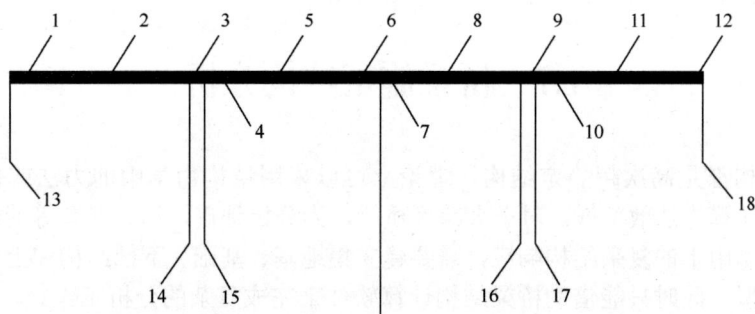

图 1.9 某大桥成桥阶段内力关键截面输出位置示意图

桥梁计算结果通常包括恒载、活载、其他作用（温度、支座沉陷）等引起的内力及相应的变形，通过整理将结果列入相关的表中。为区分每张表所代表的含义，需要在表上方加设表号和表题。表 1.1 所示为某连续桥梁在自重作用下各截面的内力结果。

表 1.1 某连续桥梁在自重作用下各截面的内力结果

支点截面内力		跨中截面内力	
弯矩/（kN·m）	剪力/kN	弯矩/（kN·m）	剪力/kN
530.2	−10.0	−2500.0	−514.0

需要注意的是，单位的名称和符号是有严格规定的，不能随意写，应采用法定计量

单位；此外，单位符号字母的大小写也有严格规定：表示单位"千"，应用小写字母 k，如 km、kN、kg 等，Km、KM、Kg、Kn 等均是不规范的写法。在桥梁结构分析中经常会遇到组合单位，如牛顿米（N·m），组合单位符号书写方式举例如表 1.2 所示。

表 1.2　组合单位符号书写方式举例

单位名称	符号的正确书写方式	错误的书写形式
牛顿米	N·m	N-m、mN、牛米、牛·米
米每秒	m/s、m·s^{-1}、米·秒$^{-1}$、米/秒	ms-1、秒米、米秒$^{-1}$
每米	m^{-1}、米$^{-1}$	1/m、1/米

通常内力（弯矩、剪力、轴向力、扭矩）保留 4 位有效数字。桥梁结构的变形往往很小，常以 cm 或 mm 为单位，当以 mm 为单位时，有效位数保留到小数点后 2 位，结构稳定系数通常保留到小数点后 2 位。

1.6.2　报告编写

计算完成后，应及时编写计算报告。计算报告通常包括以下内容：工程概况、计算依据（规范）、材料特性、模型简化、单元类型、计算工况、计算结果和结论、建议。对报告中用到的计算公式，应注明公式的来源、符号含义等。当报告中有多个公式时，应对公式进行编号，以方便在报告的正文中引用。

1.7　桥梁施工结构分析

桥梁结构都是高次超静定结构，理论上可以采用结构力学中的力法或位移法来求解，但这些计算方法效率低。对于大跨度桥梁，为分析地震、风、汽车等荷载与桥梁结构自重耦合作用下的复杂结构响应，需要建立集地基、基础、下部结构和上部结构于一体的空间模型，此时只能借助桥梁结构计算软件来完成复杂的分析工作。

国内外某些桥梁在施工和使用阶段出现开裂、变形过大甚至垮塌，与结构分析偏于粗糙有相当大的关系。在进行桥梁结构分析前，需要对原有结构做一定的简化，但这种简化往往会造成某些部位的构件分析结果不合理。例如，采用平面杆系程序计算预应力混凝土连续梁桥或连续刚构桥的内力和变形，零号块也用梁单元来模拟，在计算全桥内力和主梁变形时是合理的。但由于零号块的顶板、底板和腹板较厚，混凝土体积较大，又布置有许多预应力钢束，受到混凝土水化热和预应力钢束的综合影响，零号块受力较为复杂，因此由平面杆系程序得到的计算结果不能真实反映零号块的受力状况，只有采用空间有限元程序进行精细化分析，才能设计出受力合理的桥梁构造。

桥梁结构的大型化、复杂化，对桥梁施工提出了更高的要求。为确保施工期间桥梁、临时设施和施工人员的安全，必须对重要的临时设施（如支架、挂篮、托架等）进行详细的受力分析，并编制出科学合理的施工方案。掌握桥梁结构的计算原理和分析方法，已经成为从事桥梁工程科研和生产活动的一项基本技能。

第2章　杆系结构的矩阵位移法

2.1　概　述

杆系结构的矩阵位移法是指以结构力学中的位移法为基础，与矩阵理论相结合所形成的一种以计算机作为数值求解工具的方法。

有限元法是杆系结构的矩阵位移法的推广应用，用于分析连续介质的力学问题。因此，有限元法和杆系结构的矩阵位移法的基本概念相同，都是把结构看成由有限个单元通过节点连接起来的集合，以节点位移作为基本未知量。两者的区别仅在于，杆系结构可直接把原来的杆、梁、柱等构件作为单元。如图 2.1（a）中的桁架，每个杆件都是一个单元。对于连续介质，由于不存在这样的自然单元，必须把原来的连续介质人为地划分为有限个块件，以这些块件作为计算单元。例如，图 2.1（b）所示的悬臂梁需要人为地划分为图 2.1（c）所示的三角形单元。

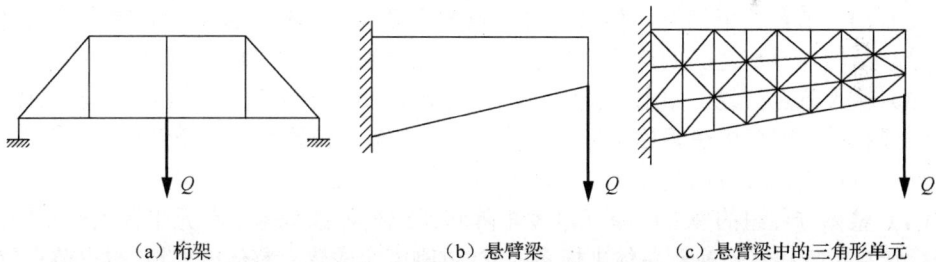

（a）桁架　　　　　　　（b）悬臂梁　　　　　（c）悬臂梁中的三角形单元

图 2.1　自然单元与计算单元

杆系结构的矩阵位移法能够比较直观地说明有限元法的概念，是学习有限元法的基础；同时，杆系结构的矩阵位移法本身在实际工程中也有很大应用价值。

在工程结构中，由杆件组成的结构称为杆系结构，杆系结构是一个几何不变体系。求解杆系结构的目的是获得杆件内力、支座反力、节点位移等，以这些结果为基础，就可以设计杆件截面、连接和基础，校核结构刚度。在杆系结构的矩阵位移法中，将只能承受拉或压轴力的杆件称为杆单元；将既能承受轴力，又能承受弯矩和剪力的杆件称为梁单元。在计算图式中，杆单元和梁单元均简化为一条直线，统称为一维单元。

如上所述，矩阵位移法是以传统结构力学的位移法为理论基础，按有限元法的基本思路分析结构，其结构分析的基本要点包括以下 3 个方面。

（1）单元分析。将结构离散为若干个杆件单元，研究典型单元的力学特性，确定在单元坐标系中单元杆端力与杆端位移之间的关系，从而获得具有重要意义的单元坐标系中的单元刚度矩阵。此外，还要将单元坐标系中的单元刚度矩阵换算为总体坐标系中的单元刚度矩阵，为结构整体分析做准备。

（2）整体分析。在单元分析的基础上，用直接刚度法形成结构刚度矩阵，进而组成结构刚度方程，求解结构刚度方程，得出节点位移。由总体坐标系中的单元刚度矩阵直接形成结构分析，即单元坐标系。

（3）计算单元坐标系中的单元力，将所求的节点位移代入单元刚度方程，即可得出单元杆端力、结构内力和支座反力。

2.2　总体坐标系和单元坐标系

为了描述、分析模型中的几何信息（节点坐标、单元方向、单元连接信息、单元材料和截面特性）、约束信息、荷载条件等，需要定义必要的坐标系。

2.2.1　总体坐标系

总体坐标系又称结构坐标系，如图 2.2 中的 $Oxyz$ 坐标系，总体坐标系是一个笛卡儿坐标系，即直角坐标系，满足右手定则。在一个分析模型中，只能有一个总体坐标系。总体坐标系的建立，主要根据结构的特点而定，以方便输入为原则，具体如下。

（1）输入节点坐标。所有单元的节点坐标都是基于总体坐标系建立的，当采用其他坐标系建立节点坐标时，程序会自动把这些节点转换到总体坐标系中。

（2）输入节点约束信息，如节点与节点的连接（如主从约束、节点耦合等）、单元的连接、结构与地基之间的连接。节点约束信息也要在总体坐标系中建立。

（3）输入节点荷载，如水平集中力、竖向集中力、力偶等。若力的方向与总体坐标系一致或相反，可直接在总体坐标系中输入；若在节点位置作用一个斜向力，可以分解为平行于总体坐标轴方向的水平分力和竖向分力来输入。

（4）整体方程组的建立。单元刚度矩阵和荷载列阵都是基于单元坐标系建立的，运用坐标转换矩阵将其转换到总体坐标系中，通过刚度集成建立整体方程组，得出节点位移。

（5）节点位移的输出。

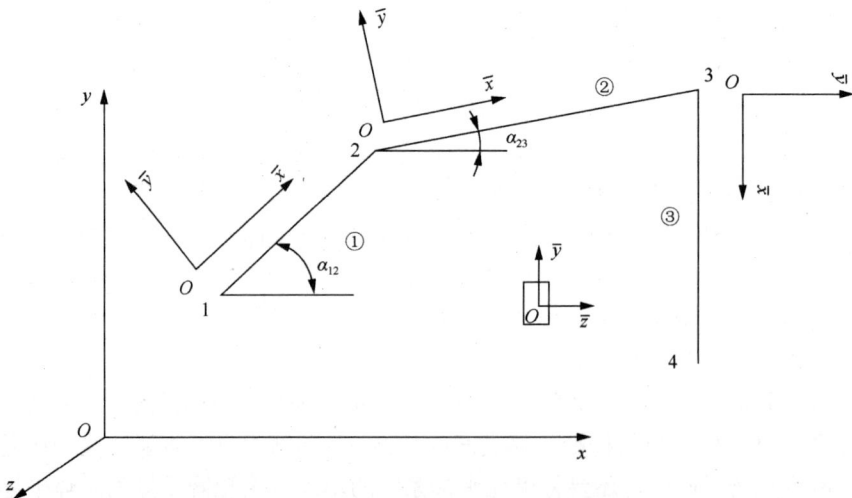

图 2.2　总体坐标系和单元坐标系

2.2.2　单元坐标系

单元坐标系又称局部坐标系，建立在每个离散单元之上，便于对各单元用统一方法进行分析。单元坐标系规定如下：从单元的始端 i 开始，沿着杆件单元的轴线至末端 j 的方向为该单元 $\bar{x}$ 轴的正方向，由 $\bar{x}$ 轴的正方向逆时针旋转 90° 为 $\bar{y}$ 轴的正方向，$\bar{y}$ 轴和 $\bar{z}$ 轴与杆件横截面的两个主轴重合，即 $\bar{x}O\bar{y}$ 及 $\bar{x}O\bar{z}$ 平面是杆件的两个弯曲主平面，并假定杆件截面上的剪力中心和截面形心重合，这样杆件受扭与受弯互不影响。

为区分于总体坐标系，单元坐标系中的坐标轴、表达关系式和向量之上加短横线"‒"，如图 2.2 所示。

单元坐标系的作用主要如下。

（1）建立单元刚度矩阵。

（2）确定单元材料特性和截面几何特性的方向。

（3）确定单元杆端位移和杆端力。

（4）输入单元荷载。除了节点荷载外，其余单元荷载包括节间荷载、均布荷载、梯度荷载等，均须在单元坐标系中输入。

（5）输出单元内力（弯矩、轴力、剪力）。

2.3　平面梁单元的单元刚度矩阵

2.3.1　杆端位移和杆端力

本节讨论细长等截面直梁的经典梁单元，为了更精确和一般化考虑轴向变形的影响，不计剪切变形，假设变形前垂直梁中心线的截面变形后仍保持为平面，且仍垂直于中心线，即满足基尔霍夫假设。由于杆件是从杆系结构中取出的隔离体，杆件的端部与结构上的节点存在着相互作用力，其中作用在杆端的内力称为杆端力，作用在节点上的力称为节点力。平面杆系中的任意一个离散单元 e，i 端和 j 端各有 3 个杆端力分量，即轴向力 N、剪力 Q 和弯矩 M，对应于杆端力分量，每个节点有轴向位移 u、横向位移 v 和转角位移（统称为杆端位移），如图 2.3 所示。

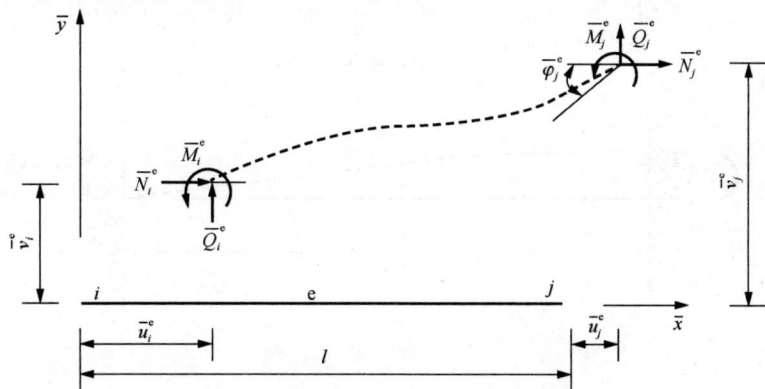

图 2.3　单元坐标系中的杆端位移和杆端力

杆端位移和杆端力的正负号规定如下。

轴向位移与轴正方向一致者为正；横向位移与轴正方向一致者为正；转角位移以逆时针旋转为正。在单元分析中，单元两端的 6 个位移分量，要严格按先始端后末端的固定顺序排列，这个统一顺序的编码是在一个单元内部的编码，故称其为局部编码。将上述 6 个杆端位移分量写成如下矩阵形式：

$$\overline{\boldsymbol{\delta}}^{e} = \begin{bmatrix} \overline{u}_i^e & \overline{v}_i^e & \overline{\varphi}_i^e & \overline{u}_j^e & \overline{v}_j^e & \overline{\varphi}_j^e \end{bmatrix}^{T} \tag{2.1}$$

式中，$\overline{\boldsymbol{\delta}}^{e}$ 为单元坐标系中的杆端位移列向量。

杆端力分量应与杆端位移分量一一对应。在单元分析中，杆端力分量的排列顺序、正负号规定和杆端位移分量一致。把杆端力分量写成矩阵形式，则有

$$\overline{\boldsymbol{F}}^{e} = \begin{bmatrix} \overline{N}_i^e & \overline{Q}_i^e & \overline{M}_i^e & \overline{N}_j^e & \overline{Q}_j^e & \overline{M}_j^e \end{bmatrix}^{T} \tag{2.2}$$

式中，$\overline{\boldsymbol{F}}^{e}$ 为单元坐标系中的杆端力列向量。

2.3.2 杆端力与杆端位移的关系

根据结构力学位移法推导的杆上无荷载作用的杆端力分量，不难确定仅当某一杆端位移分量为 1、其他各杆端位移分量为 0 时的各杆端力分量。单位位移下的杆端反力如图 2.4 所示。

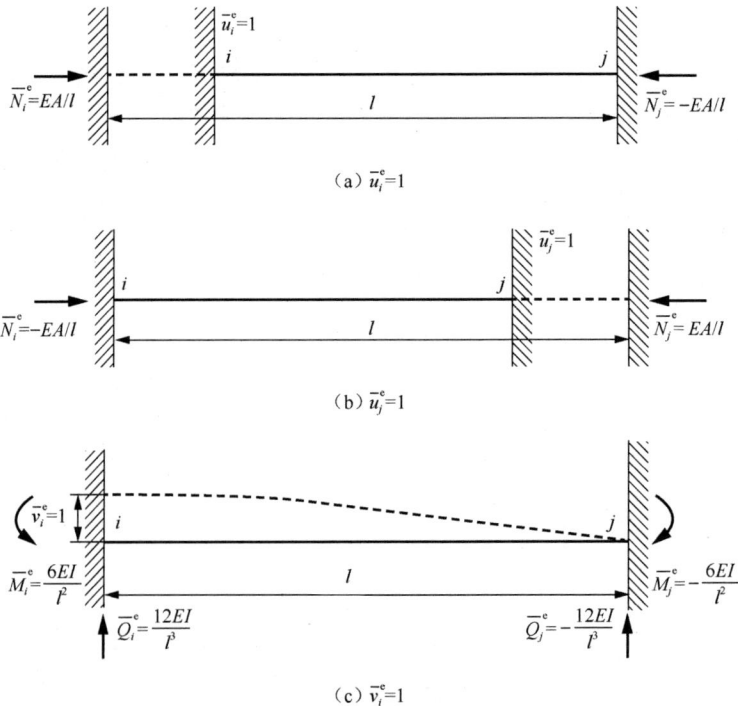

（a）$\overline{u}_i^e = 1$

（b）$\overline{u}_j^e = 1$

（c）$\overline{v}_i^e = 1$

图 2.4　单位位移下的杆端反力

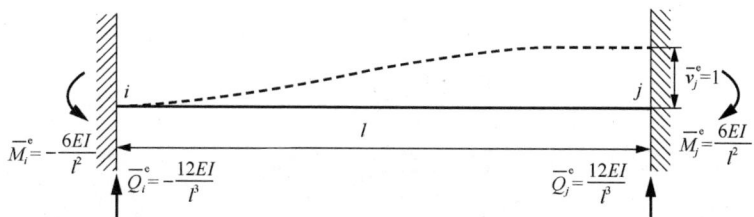

(d) $\bar{v}_j^e = 1$

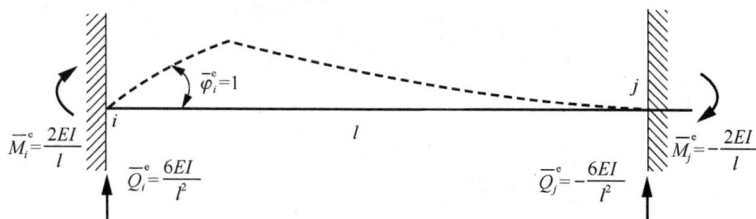

(e) $\bar{\varphi}_i^e = 1$

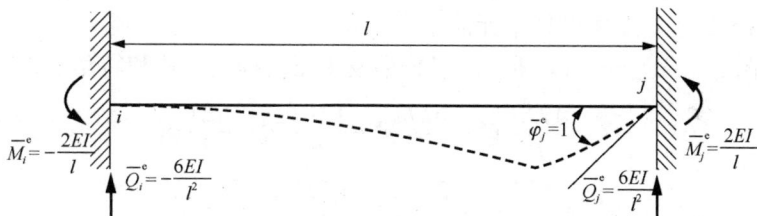

(f) $\bar{\varphi}_j^e = 1$

E—弹性模量；A—横截面面积；I—横截面惯性矩。

图 2.4（续）

（1）杆端发生单位轴向位移，如图 2.4（a）和（b）所示。

仅当 i 端发生正向单位轴向位移时，有

$$\bar{u}_i^e = 1 = \frac{\overline{N}_i^e l}{EA}, \quad \overline{N}_i^e = \frac{EA}{l} \tag{2.3}$$

由静力平衡条件知，

$$\overline{N}_j^e = -\frac{EA}{l} \tag{2.4}$$

式中，$\overline{N}_j^e$ 为 i 端发生单位位移时，在 j 端产生的约束反力，这个约束反力称为单元在单元坐标系中的刚度系数。

同理，仅当 j 端发生正向单位轴向位移时，有

$$\overline{N}_i^e = -\frac{EA}{l}, \quad \overline{N}_j^e = \frac{EA}{l} \tag{2.5}$$

在 i 端和 j 端同时发生正向轴向位移时，根据叠加原理可得在 i 端、j 端产生的杆端轴

向力。

$$
\begin{cases}
\overline{N}_i^e = \dfrac{EA}{l}\overline{u}_i^e - \dfrac{EA}{l}\overline{u}_j^e \\[3mm]
\overline{N}_j^e = -\dfrac{EA}{l}\overline{u}_i^e + \dfrac{EA}{l}\overline{u}_j^e
\end{cases}
\tag{2.6}
$$

列出矩阵形式，有

$$
\begin{bmatrix} \overline{N}_i^e \\[2mm] \overline{N}_j^e \end{bmatrix} =
\begin{bmatrix} \dfrac{EA}{l} & -\dfrac{EA}{l} \\[3mm] -\dfrac{EA}{l} & \dfrac{EA}{l} \end{bmatrix}
\begin{bmatrix} \overline{u}_i^e \\[2mm] \overline{u}_j^e \end{bmatrix}
\tag{2.7}
$$

$$
\overline{\boldsymbol{K}}^e =
\begin{bmatrix} \dfrac{EA}{l} & -\dfrac{EA}{l} \\[3mm] -\dfrac{EA}{l} & \dfrac{EA}{l} \end{bmatrix}
\tag{2.8}
$$

式中，$\overline{\boldsymbol{K}}^e$ 为单元坐标系中的杆单元的刚度矩阵。

（2）如图 2.4（c）～（f）所示，当杆端发生正向横向位移和转角位移时，有

$$
\begin{cases}
\overline{Q}_i^e = \dfrac{12EI}{l^3}\overline{v}_i^e + \dfrac{6EI}{l^2}\overline{\varphi}_i^e - \dfrac{12EI}{l^3}\overline{v}_j^e - \dfrac{6EI}{l^2}\overline{\varphi}_j^e \\[3mm]
\overline{M}_i^e = \dfrac{6EI}{l^2}\overline{v}_i^e + \dfrac{2EI}{l}\overline{\varphi}_i^e - \dfrac{6EI}{l^2}\overline{v}_j^e - \dfrac{2EI}{l}\overline{\varphi}_j^e \\[3mm]
\overline{Q}_j^e = -\dfrac{12EI}{l^3}\overline{v}_i^e - \dfrac{6EI}{l^2}\overline{\varphi}_i^e + \dfrac{12EI}{l^3}\overline{v}_j^e + \dfrac{6EI}{l^2}\overline{\varphi}_j^e \\[3mm]
\overline{M}_j^e = -\dfrac{6EI}{l^2}\overline{v}_i^e - \dfrac{2EI}{l}\overline{\varphi}_i^e + \dfrac{6EI}{l^2}\overline{v}_j^e + \dfrac{2EI}{l}\overline{\varphi}_j^e
\end{cases}
\tag{2.9}
$$

将式（2.6）和式（2.9）合并并写成矩阵形式，则有

$$
\begin{bmatrix} \overline{N}_i^e \\[2mm] \overline{Q}_i^e \\[2mm] \overline{M}_i^e \\[2mm] \overline{N}_j^e \\[2mm] \overline{Q}_j^e \\[2mm] \overline{M}_j^e \end{bmatrix} =
\begin{bmatrix}
\dfrac{EA}{l} & 0 & 0 & -\dfrac{EA}{l} & 0 & 0 \\[3mm]
0 & \dfrac{12EI}{l^3} & \dfrac{6EI}{l^2} & 0 & -\dfrac{12EI}{l^3} & -\dfrac{6EI}{l^2} \\[3mm]
0 & \dfrac{6EI}{l^2} & \dfrac{2EI}{l} & 0 & -\dfrac{6EI}{l^2} & -\dfrac{2EI}{l} \\[3mm]
-\dfrac{EA}{l} & 0 & 0 & \dfrac{EA}{l} & 0 & 0 \\[3mm]
0 & -\dfrac{12EI}{l^3} & -\dfrac{6EI}{l^2} & 0 & \dfrac{12EI}{l^3} & \dfrac{6EI}{l^2} \\[3mm]
0 & -\dfrac{6EI}{l^2} & -\dfrac{2EI}{l} & 0 & \dfrac{6EI}{l^2} & \dfrac{2EI}{l}
\end{bmatrix}
\begin{bmatrix} \overline{u}_i^e \\[2mm] \overline{v}_i^e \\[2mm] \overline{\varphi}_i^e \\[2mm] \overline{u}_j^e \\[2mm] \overline{v}_j^e \\[2mm] \overline{\varphi}_j^e \end{bmatrix}
\tag{2.10}
$$

进一步简写为

$$\overline{\pmb{F}}^{\mathrm{e}} = \overline{\pmb{k}}^{\mathrm{e}} \overline{\pmb{\delta}}^{\mathrm{e}} \tag{2.11}$$

式（2.11）就是单元坐标系中等截面梁单元的单元刚度方程。

$$\overline{\pmb{k}}^{\mathrm{e}} = \begin{bmatrix} \dfrac{EA}{l} & 0 & 0 & -\dfrac{EA}{l} & 0 & 0 \\[2mm] 0 & \dfrac{12EI}{l^3} & \dfrac{6EI}{l^2} & 0 & -\dfrac{12EI}{l^3} & -\dfrac{6EI}{l^2} \\[2mm] 0 & \dfrac{6EI}{l^2} & \dfrac{2EI}{l} & 0 & -\dfrac{6EI}{l^2} & -\dfrac{2EI}{l} \\[2mm] -\dfrac{EA}{l} & 0 & 0 & \dfrac{EA}{l} & 0 & 0 \\[2mm] 0 & -\dfrac{12EI}{l^3} & -\dfrac{6EI}{l^2} & 0 & \dfrac{12EI}{l^3} & \dfrac{6EI}{l^2} \\[2mm] 0 & -\dfrac{6EI}{l^2} & \dfrac{2EI}{l} & 0 & \dfrac{6EI}{l^2} & \dfrac{2EI}{l} \end{bmatrix} \tag{2.12}$$

式中，$\overline{\pmb{k}}^{\mathrm{e}}$ 为单元刚度矩阵，它是一个 6×6 的方阵，其行数等于杆端力列向量的分量数，而列数等于杆端位移列向量的分量数。

需要注意的是，杆端力列向量和杆端位移列向量的各个分量须按式（2.10）的形式，从 i 到 j 按顺序一一对应排列，否则，随着排列顺序的改变，单元刚度矩阵 $\overline{\pmb{k}}^{\mathrm{e}}$ 中各元素的排列位置应随之改变。

单元刚度矩阵中每一个元素的物理意义如下：当其所在列对应的杆端位移分量等于 1（其他杆端位移分量均为 0）时，所引起的其所在行对应的杆端力分量的数值。例如，当 $\overline{v}_i^{\mathrm{e}} = 1$ 时，由图 2.4 可以看出，各杆端力的数值分别为 $\overline{N}_i^{\mathrm{e}} = 0$，$\overline{Q}_i^{\mathrm{e}} = \dfrac{12EI}{l^3}$，$\overline{M}_i^{\mathrm{e}} = \dfrac{6EI}{l^2}$，$\overline{N}_j^{\mathrm{e}} = 0$，$\overline{Q}_j^{\mathrm{e}} = -\dfrac{12EI}{l^3}$，$\overline{M}_j^{\mathrm{e}} = -\dfrac{6EI}{l^2}$；这 6 个数就构成了单元刚度矩阵的第二列，其他各列的意义也类似。

2.3.3 单元刚度矩阵的性质

单元刚度矩阵的性质具体如下。

（1）对称性。单元刚度矩阵 $\overline{\pmb{k}}^{\mathrm{e}}$ 是一个对称矩阵，即 $\overline{k}_{ij} = \overline{k}_{ji}$，这是由变位互等定理所确定的。

（2）奇异性。若将其第 1 行（或列）元素与第 4 行（或列）元素相加，则所得的一行（列）元素全等于 0，其他如第 2 行（列）与第 5 行（列）相加也为 0，表明单元刚度矩阵 $\overline{\pmb{k}}^{\mathrm{e}}$ 相应的行列式为 0，故 $\overline{\pmb{k}}^{\mathrm{e}}$ 是奇异的，其逆矩阵不存在。这意味着若给定了杆端位移 $\overline{\pmb{\delta}}^{\mathrm{e}}$，可以求出杆端力 $\overline{\pmb{F}}^{\mathrm{e}}$，但给出杆端力 $\overline{\pmb{F}}^{\mathrm{e}}$，却无法求出杆端位移 $\overline{\pmb{\delta}}^{\mathrm{e}}$。从图 2.3 中可以进一步看出：由于单元 e 是一个没有任何支承约束的自由单元，除了由杆端力引起的轴向变形和弯曲变形外还包含任意的刚体位移，由杆端力 $\overline{\pmb{F}}^{\mathrm{e}}$ 不能唯一地求出杆端位

移 $\overline{\boldsymbol{\delta}}^{\mathrm{e}}$，必须增加足够多的约束条件（至少是一个静定条件）。

（3）单元刚度矩阵的阶数取决于杆端节点的变位自由度数。若梁单元忽略轴向力的影响，每节点的杆端力为弯矩 M 和剪力 Q，相应的杆端位移为转角位移 φ 和线位移 v，则单元坐标系下杆端力列向量和杆端位移列向量为

$$\overline{\boldsymbol{F}}^{\mathrm{e}} = \begin{bmatrix} \overline{Q}_i^{\mathrm{e}} \\ \overline{M}_i^{\mathrm{e}} \\ \overline{Q}_j^{\mathrm{e}} \\ \overline{M}_j^{\mathrm{e}} \end{bmatrix}, \quad \overline{\boldsymbol{\delta}}^{\mathrm{e}} = \begin{bmatrix} \overline{v}_i^{\mathrm{e}} \\ \overline{\varphi}_i^{\mathrm{e}} \\ \overline{v}_j^{\mathrm{e}} \\ \overline{\varphi}_j^{\mathrm{e}} \end{bmatrix} \tag{2.13}$$

从式（2.12）中划去与杆端轴力对应的行和列，剩下元素构成的刚度矩阵即为弯曲梁单元的刚度矩阵，此时刚度矩阵 $\overline{\boldsymbol{k}}^{\mathrm{e}}$ 是一个 4×4 的方阵，即

$$\overline{\boldsymbol{k}}^{\mathrm{e}} = \begin{bmatrix} \dfrac{12EI}{l^3} & \dfrac{6EI}{l^2} & -\dfrac{12EI}{l^3} & -\dfrac{6EI}{l^2} \\[2mm] \dfrac{6EI}{l^2} & \dfrac{2EI}{l} & -\dfrac{6EI}{l^2} & -\dfrac{2EI}{l} \\[2mm] -\dfrac{12EI}{l^3} & -\dfrac{6EI}{l^2} & \dfrac{12EI}{l^3} & \dfrac{6EI}{l^2} \\[2mm] -\dfrac{6EI}{l^2} & -\dfrac{2EI}{l} & \dfrac{6EI}{l^2} & \dfrac{2EI}{l} \end{bmatrix} \tag{2.14}$$

此外，式（2.14）也可根据式（2.9）直接得到。

2.3.4　考虑剪切变形的梁单元刚度矩阵

以上推导的梁单元刚度矩阵适用于细长梁，忽略了剪切变形的影响。对剪切变形起重要作用的深梁，梁内的横向剪切力 Q 所产生的剪切变形将引起梁的附加挠度，使原来垂直于中面的截面变形后不再和中面垂直，发生翘曲，但仍假定原来垂直于中面的截面变形后保持为平面。

下面推导考虑剪切变形的铁摩辛柯梁（Timoshenko beam）单元刚度矩阵。为便于表述，将杆端位移和杆端力的上标 e 和上横线 "-" 省去。考虑只有 i 端有位移 v，其余杆端位移均为 0 的情况，如图 2.5（a）所示。此时梁单元的横向位移可表示为两部分的叠加，即

$$v = v_{\mathrm{b}} + v_{\mathrm{s}} \tag{2.15}$$

式中，v_{b} 为由弯曲应变引起的横向位移；v_{s} 为由剪切应变引起的附加横向位移。根据材料力学知识，有

$$\frac{\mathrm{d}v_{\mathrm{s}}}{\mathrm{d}x} = -\frac{kQ_i}{GA} \tag{2.16}$$

式中，x 为杆上沿单元坐标系 x 方向的某一段长度；$\mathrm{d}x$ 为单元某一微段长度；G 为材料

的剪切模量；A 为梁单元横截面面积；k 为考虑剪切应力不均匀分布的系数，矩形截面 $k=1.2$，圆形截面 $k=10/9$。

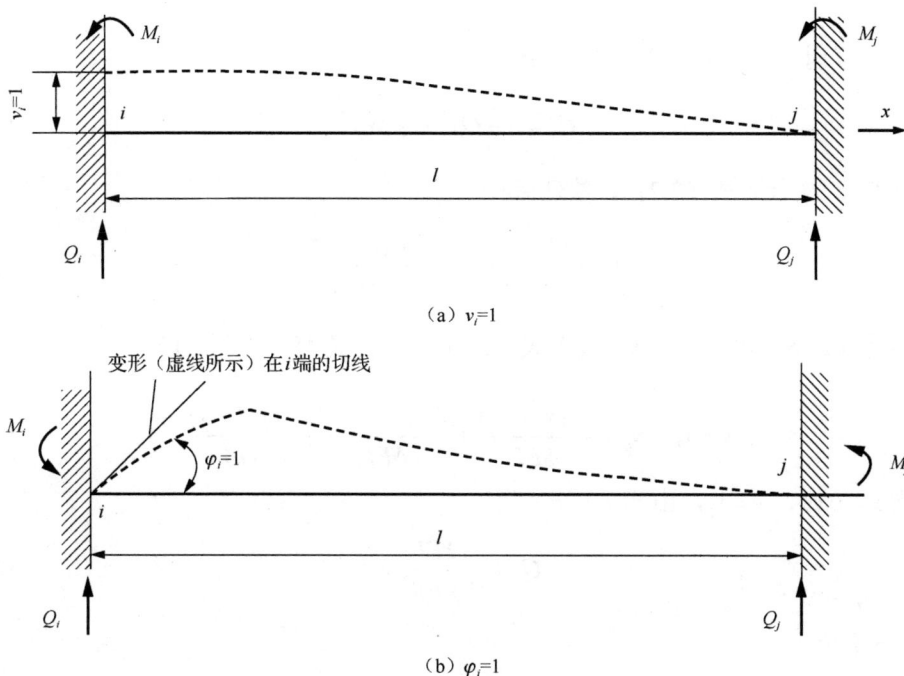

（a）$v_i=1$

（b）$\varphi_i=1$

图 2.5　考虑剪切变形梁单元示意图

对式（2.16）进行积分，得

$$v_s = C_1 - \frac{kQ_i}{GA}x \tag{2.17}$$

当 $x=l$ 时，$v_s=0$ ［图 2.5（a）］，$C_1 = kQ_i l/GA$，将其代入式（2.17）中，则有

$$v_s = \frac{kQ_i(l-x)}{GA} \tag{2.18}$$

单元内任一点的弯矩为 $Q_i x - M_i$，v_b 满足以下纯弯曲梁微分方程：

$$EI\frac{\mathrm{d}^2 v_b}{\mathrm{d}x^2} = Q_i x - M_i \tag{2.19}$$

对式（2.19）积分一次、两次后，分别得

$$EI\frac{\mathrm{d}v_b}{\mathrm{d}x} = \frac{1}{2}Q_i x^2 - M_i x + C_2 \tag{2.20}$$

$$EIv_b = \frac{1}{6}Q_i x^3 - \frac{1}{2}M_i x^2 + C_2 x + C_3 \tag{2.21}$$

当 $x=0$ 时，$\dfrac{\mathrm{d}v_b}{\mathrm{d}x}=0$；当 $x=l$ 时，$\dfrac{\mathrm{d}v_b}{\mathrm{d}x}=0$，代入式（2.20），得

$$C_2 = 0 \tag{2.22}$$

$$M_i = \frac{Q_i l}{2} \tag{2.23}$$

当 $x = l$ 时，$v_b = 0$，代入式（2.21），得

$$C_3 = -\frac{1}{6}Q_i l^3 + \frac{1}{2}M_i l^2 \tag{2.24}$$

将 C_2、C_3 代入式（2.21），整理后有

$$v_b = \frac{Q_i(x^3 - l^3)}{6EI} + \frac{M_i(l^2 - x^2)}{2EI} \tag{2.25}$$

将式（2.25）和式（2.18）代入式（2.15），并注意 $M_i = \frac{Q_i l}{2}$，有

$$v = v_b + v_s = \frac{Q_i(x^3 - l^3)}{6EI} + \frac{Q_i l(l^2 - x^2)}{4EI} + \frac{kQ_i(l-x)}{GA} \tag{2.26}$$

当 $x = 0$ 时，$v = v_i$，由式（2.26）得

$$Q_i = \frac{12EI}{(1+b)l^3}v_i \tag{2.27}$$

式中，b 取值为

$$b = \frac{12kEI}{GAl^2} = \frac{12kE}{G}\left(\frac{r}{l}\right)^2 \tag{2.28}$$

式中，r 为横截面的回转半径（$I = Ar^2$）。

由式（2.28）可知，当 r/l 较大时，b 不能忽略，表示剪切应变影响较大，则有

$$M_i = \frac{Q_i l}{2} = \frac{6EI}{(1+b)l^2}v_i \tag{2.29}$$

再由单元的平衡条件可求得

$$Q_j = -Q_i = -\frac{12EI}{(1+b)l^3}v_i \tag{2.30}$$

$$M_j = Q_i l - M_i = \frac{6EI}{(1+b)l^2}v_i \tag{2.31}$$

因为 v_i 不影响轴向力，所以有 $N_i = N_j = 0$，至此可求出单元刚度矩阵中第 2 列各元素为

$$k_{12} = \frac{N_i}{v_i} = 0 \tag{2.32}$$

$$k_{22} = \frac{Q_i}{v_i} = \frac{12EI}{(1+b)l^3} \tag{2.33}$$

$$k_{32} = \frac{M_i}{v_i} = \frac{6EI}{(1+b)l^2} \tag{2.34}$$

$$k_{42} = \frac{N_j}{v_i} = 0 \tag{2.35}$$

$$k_{52} = \frac{Q_j}{v_i} = -\frac{12EI}{(1+b)l^3} \tag{2.36}$$

$$k_{62} = \frac{M_j}{v_i} = \frac{6EI}{(1+b)l^2} \tag{2.37}$$

下面计算由转角位移 φ_i 引起的节点力，假定除 φ_i 外，其余杆端位移均为 0，如图 2.5 (b) 所示。此时，剪切应变引起的 v_s 仍由式（2.18）进行计算。关于 v_b 的计算，式（2.19）～式（2.21）仍然成立，只是系数 C_2、C_3 应由现在的边界条件来决定。

当 $x = 0$ 时，$v = v_b + v_s = 0$，即

$$\frac{kQ_i(l-x)}{GA} + \frac{\frac{1}{6}Q_i x^3 - \frac{1}{2}M_i x^2 + C_2 x + C_3}{EI} = 0 \tag{2.38}$$

得

$$C_3 = -\frac{EIkQ_i l}{GA} \tag{2.39}$$

当 $x = l$ 时，$\dfrac{\mathrm{d}v_b}{\mathrm{d}x} = 0$，得

$$C_2 = -\frac{Q_i l^2}{2} + M_i l \tag{2.40}$$

将 C_2、C_3 代入式（2.21），再将得式代入式（2.15），得

$$EIv = \frac{Q_i x}{2}\left(\frac{x^2}{3} - l^2\right) + M_i x\left(-\frac{x}{2} + l\right) - \frac{EIkQ_i x}{GA} \tag{2.41}$$

当 $x = l$ 时，$v = 0$，由式（2.41）得

$$M_i = \frac{(4+b)Q_i l}{6} \tag{2.42}$$

又当 $x = 0$ 时，$\dfrac{\mathrm{d}v_b}{\mathrm{d}x} = \varphi_i$，由此得

$$Q_i = \frac{6EI}{(1+b)l^2}\varphi_i \tag{2.43}$$

由单元的平衡条件得

$$Q_j = -Q_i = -\frac{6EI}{(1+b)l^2}\varphi_i \tag{2.44}$$

$$M_j = Q_i l - M_i = \frac{(2-b)EI}{(1+b)l}\varphi_i \qquad (2.45)$$

同理，φ_i 不影响轴向力，因此有 $N_i = N_j = 0$。由此得到梁单元刚度矩阵第 3 列各元素为

$$k_{13} = 0 \qquad (2.46)$$

$$k_{23} = \frac{6EI}{(1+b)l^2} \qquad (2.47)$$

$$k_{33} = \frac{(4+b)EI}{(1+b)l} \qquad (2.48)$$

$$k_{43} = 0 \qquad (2.49)$$

$$k_{53} = -\frac{6EI}{(1+b)l^2} \qquad (2.50)$$

$$k_{63} = \frac{(2-b)EI}{(1+b)l} \qquad (2.51)$$

类似地，可求出其余 2 列元素，最后得到铁摩辛柯梁单元在单元坐标系中的刚度矩阵为

$$\boldsymbol{k}^e = \begin{bmatrix} \dfrac{EA}{l} & 0 & 0 & -\dfrac{EA}{l} & 0 & 0 \\ 0 & \dfrac{12EI}{(1+b)l^3} & \dfrac{6EI}{(1+b)l^2} & 0 & -\dfrac{12EI}{(1+b)l^3} & \dfrac{6EI}{(1+b)l^2} \\ 0 & \dfrac{6EI}{(1+b)l^2} & \dfrac{(4+b)EI}{(1+b)l} & 0 & -\dfrac{6EI}{(1+b)l^2} & \dfrac{(2-b)EI}{(1+b)l} \\ -\dfrac{EA}{l} & 0 & 0 & \dfrac{EA}{l} & 0 & 0 \\ 0 & -\dfrac{12EI}{(1+b)l^3} & -\dfrac{6EI}{(1+b)l^2} & 0 & \dfrac{12EI}{(1+b)l^3} & -\dfrac{6EI}{(1+b)l^2} \\ 0 & \dfrac{6EI}{(1+b)l^2} & \dfrac{(2-b)EI}{(1+b)l} & 0 & -\dfrac{6EI}{(1+b)l^2} & \dfrac{(4+b)EI}{(1+b)l} \end{bmatrix} \qquad (2.52)$$

2.4 总体坐标系中的单元刚度矩阵

在单元分析中，杆端位移和杆端力都是在单元坐标系中定义的，然而组成结构的各个单元的单元坐标系不一定完全相同，如图 2.2 所示的 3 个单元有 3 个不同的单元坐标系。要考虑节点位移协调、受力平衡，在进行结构整体分析之前，必须将不同单元坐标系中的杆端力和杆端位移等量值换算到统一的坐标系（即总体坐标系）中，通过坐标转

换，将各单元坐标系下的单元刚度矩阵和荷载列阵转换到总体坐标系下的单元刚度矩阵和荷载列阵。

2.4.1　坐标转换

令总体坐标系中单元杆端力和杆端位移列矩阵分别为 $\boldsymbol{F}^\mathrm{e}$ 和 $\boldsymbol{\delta}^\mathrm{e}$，有

$$\boldsymbol{F}^\mathrm{e} = \begin{bmatrix} X_i^\mathrm{e} & Y_i^\mathrm{e} & M_i^\mathrm{e} & X_j^\mathrm{e} & Y_j^\mathrm{e} & M_j^\mathrm{e} \end{bmatrix}^\mathrm{T} \tag{2.53}$$

$$\boldsymbol{\delta}^\mathrm{e} = \begin{bmatrix} u_i^\mathrm{e} & v_i^\mathrm{e} & \varphi_i^\mathrm{e} & u_j^\mathrm{e} & v_j^\mathrm{e} & \varphi_j^\mathrm{e} \end{bmatrix}^\mathrm{T} \tag{2.54}$$

式（2.53）和式（2.54）中，杆端力和杆端位移以与总体坐标系正轴方向一致为正，弯矩和转角位移以逆时针方向为正。单元坐标系 $\bar{x}$ 轴与总体坐标系 x 轴之间的夹角用 α 表示，以从 $\bar{x}$ 轴方向顺时针转到 x 轴方向为正，如图 2.6 所示。

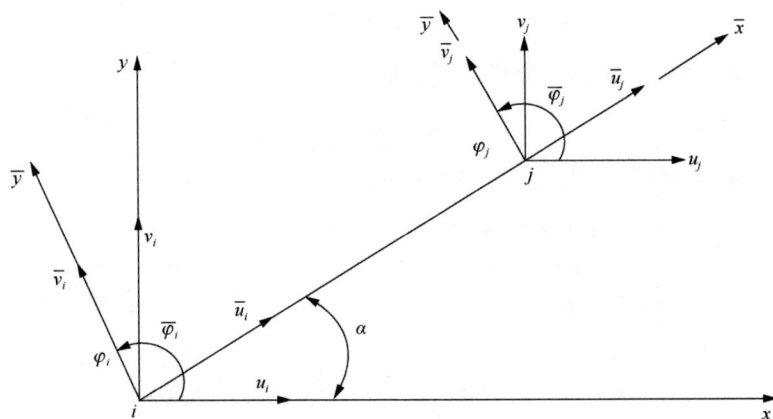

（a）杆端位移

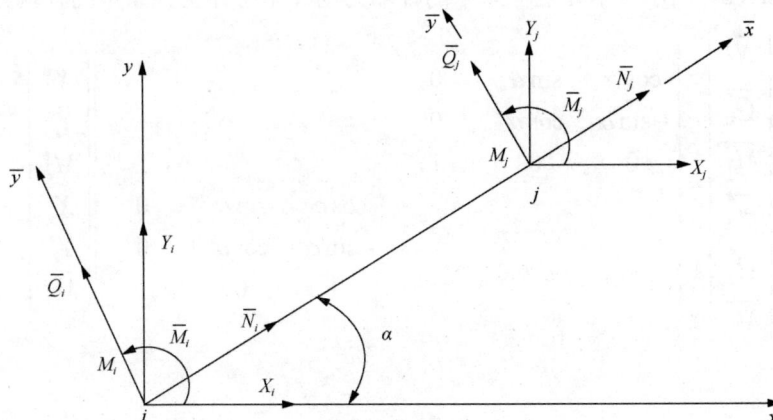

（b）杆端力

图 2.6　总体坐标系与单元坐标系转换示意图

如图 2.6（a）所示，将 i 端单元坐标系中的位移分量用总体坐标系中的位移分量表示，其投影关系为

$$\begin{cases} \overline{u}_i^e = u_i^e \cos\alpha + v_i^e \sin\alpha \\ \overline{v}_i^e = -u_i^e \sin\alpha + v_i^e \cos\alpha \\ \overline{\varphi}_i^e = \varphi_i^e \end{cases} \tag{2.55}$$

写成矩阵形式为

$$\overline{\boldsymbol{\delta}}_i^e = \boldsymbol{\lambda}\boldsymbol{\delta}_i^e \tag{2.56}$$

$$\boldsymbol{\lambda} = \begin{bmatrix} \cos\alpha & \sin\alpha & 0 \\ -\sin\alpha & \cos\alpha & 0 \\ 0 & 0 & 1 \end{bmatrix} \tag{2.57}$$

同理，j 端位移分量的投影关系为

$$\overline{\boldsymbol{\delta}}_j^e = \boldsymbol{\lambda}\boldsymbol{\delta}_j^e \tag{2.58}$$

将式（2.56）和式（2.58）合写成如下形式：

$$\overline{\boldsymbol{\delta}}^e = \boldsymbol{T}\boldsymbol{\delta}^e \tag{2.59}$$

式中，$\boldsymbol{T}$ 为坐标转换矩阵，它是一个正交矩阵，有 $\boldsymbol{T}^{-1} = \boldsymbol{T}^T$。

$$\boldsymbol{T} = \begin{bmatrix} \boldsymbol{\lambda} & \boldsymbol{0} \\ \boldsymbol{0} & \boldsymbol{\lambda} \end{bmatrix} = \begin{bmatrix} \cos\alpha & \sin\alpha & 0 & & & \\ -\sin\alpha & \cos\alpha & 0 & & \boldsymbol{0} & \\ 0 & 0 & 1 & & & \\ & & & \cos\alpha & \sin\alpha & 0 \\ & \boldsymbol{0} & & -\sin\alpha & \cos\alpha & 0 \\ & & & 0 & 0 & 1 \end{bmatrix} \tag{2.60}$$

如图 2.6（b）所示，单元坐标系中的杆端力同样用总体坐标系中的杆端力表示，有

$$\begin{bmatrix} \overline{N}_i^e \\ \overline{Q}_i^e \\ \overline{M}_i^e \\ \overline{N}_j^e \\ \overline{Q}_j^e \\ \overline{M}_j^e \end{bmatrix} = \begin{bmatrix} \cos\alpha & \sin\alpha & 0 & & & \\ -\sin\alpha & \cos\alpha & 0 & & & \\ 0 & 0 & 1 & & & \\ & & & \cos\alpha & \sin\alpha & 0 \\ & & & -\sin\alpha & \cos\alpha & 0 \\ & & & 0 & 0 & 1 \end{bmatrix} \begin{bmatrix} X_i^e \\ Y_i^e \\ M_i^e \\ X_j^e \\ Y_j^e \\ M_j^e \end{bmatrix} \tag{2.61}$$

简写为

$$\overline{\boldsymbol{F}}^e = \boldsymbol{T}\boldsymbol{F}^e \tag{2.62}$$

2.4.2 单元刚度矩阵组装

将 $\overline{\boldsymbol{F}}^e = \boldsymbol{T}\boldsymbol{F}^e$ 和 $\overline{\boldsymbol{\delta}} = \boldsymbol{T}\boldsymbol{\delta}^e$ 代入单元坐标系下的单元刚度方程 $\overline{\boldsymbol{F}}^e = \overline{\boldsymbol{k}}^e \overline{\boldsymbol{\delta}}^e$ 中，则有

$$TF^e = \overline{k}^e T\delta^e \tag{2.63}$$

式（2.63）两边同时乘以 T^{-1}，得

$$F^e = T^{-1}\overline{k}^e T\delta^e \tag{2.64}$$

由于 $T^{-1} = T^T$，可得

$$F^e = k^e\delta^e \tag{2.65}$$

$$k^e = T^T\overline{k}^e T \tag{2.66}$$

式中，k^e 为总体坐标系中的单元刚度矩阵。式（2.66）即为单元刚度矩阵由单元坐标系到总体坐标系的转换公式。

对仅承受拉压的杆单元，其总体坐标系单元刚度矩阵 k^e 仍采用式（2.66）计算，式中的 $\overline{k}^e$ 和 T 分别采用以下公式计算：

$$\overline{k}^e = \begin{bmatrix} \dfrac{EA}{l} & 0 & -\dfrac{EA}{l} & 0 \\ 0 & 0 & 0 & 0 \\ -\dfrac{EA}{l} & 0 & \dfrac{EA}{l} & 0 \\ 0 & 0 & 0 & 0 \end{bmatrix} \tag{2.67}$$

$$T = \begin{bmatrix} \cos\alpha & \sin\alpha & 0 & 0 \\ -\sin\alpha & \cos\alpha & 0 & 0 \\ 0 & 0 & \cos\alpha & \sin\alpha \\ 0 & 0 & -\sin\alpha & \cos\alpha \end{bmatrix} \tag{2.68}$$

式（2.67）是式（2.8）的一种扩充形式，以适应实际结构中有非水平的杆件（倾斜杆）。

显然，总体坐标系下的单元刚度矩阵 k^e 仍然是一个对称矩阵和奇异矩阵，前者仍然符合反力互等定理，后者仍是自由单元，缺乏必要的杆端约束条件。

由于在总体刚度矩阵组装时，对结构的每个节点分别建立平衡方程，因此，常把式（2.66）按单元的始末端节点 i、节点 j 进行分块，写成如下形式：

$$\begin{bmatrix} F_i^e \\ F_j^e \end{bmatrix} = \begin{bmatrix} k_{ii}^e & k_{ij}^e \\ k_{ji}^e & k_{jj}^e \end{bmatrix}\begin{bmatrix} \delta_i^e \\ \delta_j^e \end{bmatrix} \tag{2.69}$$

式中，F_i^e、F_j^e、δ_i^e、δ_j^e 分别为始端 i 和末端 j 的杆端力和杆端位移列向量，即

$$F_i^e = \begin{bmatrix} X_i^e \\ Y_i^e \\ M_i^e \end{bmatrix},\quad F_j^e = \begin{bmatrix} X_j^e \\ Y_j^e \\ M_j^e \end{bmatrix},\quad \delta_i^e = \begin{bmatrix} u_i^e \\ v_i^e \\ \varphi_i^e \end{bmatrix},\quad \delta_j^e = \begin{bmatrix} u_j^e \\ v_j^e \\ \varphi_j^e \end{bmatrix} \tag{2.70}$$

k_{ii}^{e}、k_{ij}^{e}、k_{ji}^{e}、k_{jj}^{e} 为单元刚度矩阵 k^{e} 的 4 个子块，即

$$k^{\mathrm{e}} = \begin{bmatrix} k_{ii}^{\mathrm{e}} & k_{ij}^{\mathrm{e}} \\ k_{jj}^{\mathrm{e}} & k_{jj}^{\mathrm{e}} \end{bmatrix} \tag{2.71}$$

每个子块都是 3×3 阶方阵。

2.5　总体刚度矩阵

通过虚位移原理或最小势能原理，可以推导出集成总体刚度矩阵后的刚度方程，即

$$K\delta = R \tag{2.72}$$

式中，K 为结构的总体刚度矩阵；δ 为结构的节点位移列向量；R 为结构的综合节点荷载列向量。

2.5.1　总体刚度矩阵的集成

把结构中所有的单元刚度矩阵 k^{e} 根据结构的节点位置在总体刚度矩阵中投放，便组成了总体刚度矩阵，这一点对任何有限元法均成立，因此，总体刚度矩阵 K 可以表示为

$$K = \sum_{i=1}^{m} k^{\mathrm{e}} \tag{2.73}$$

下面用图 2.7 所示的平面刚架示例说明总体刚度矩阵的组成过程，其思路同样适用于其他类型。由于在整体分析中涉及许多单元和连接它们的节点，必须对各个单元和节点进行编号，一般用①、②、③……表示单元号，用 1、2、3……表示节点号，并视支承也为节点，如图 2.7 所示；同时建立总体坐标系和各单元的单元坐标系，如图 2.8 所示。

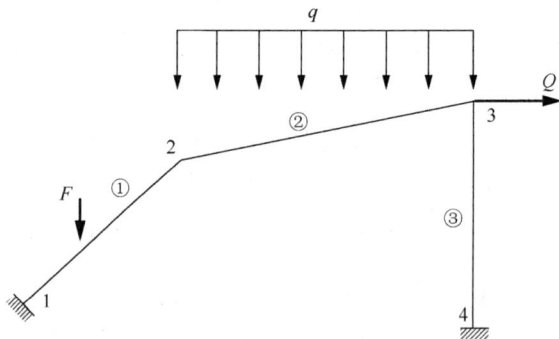

图 2.7　节点、单元编号

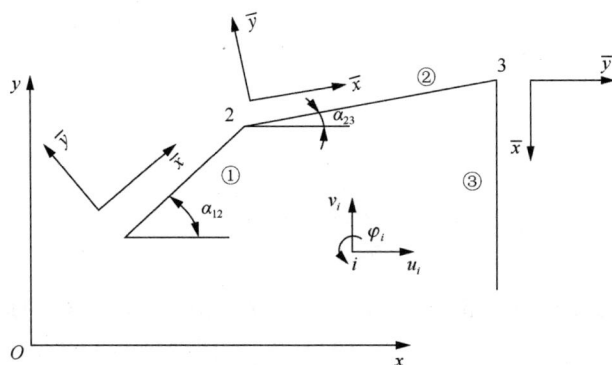

图 2.8　建立总体坐标系和单元坐标系

根据式（2.71），将 3 个单元刚度矩阵各用 4 个子块表示为

$$\boldsymbol{k}^1 = \begin{bmatrix} k_{11}^1 & k_{12}^1 \\ k_{21}^1 & k_{22}^1 \end{bmatrix} \begin{matrix} 1 \\ 2 \end{matrix} \qquad (2.74)$$

$$\boldsymbol{k}^2 = \begin{bmatrix} k_{22}^2 & k_{23}^2 \\ k_{32}^2 & k_{33}^2 \end{bmatrix} \begin{matrix} 2 \\ 3 \end{matrix} \qquad (2.75)$$

$$\boldsymbol{k}^3 = \begin{bmatrix} k_{33}^3 & k_{34}^3 \\ k_{43}^3 & k_{44}^3 \end{bmatrix} \begin{matrix} 3 \\ 4 \end{matrix} \qquad (2.76)$$

在平面杆系中，每个节点都有两个线位移和一个转角位移，该刚架有 4 个节点，共 12 个节点位移分量，将它们按节点编号顺序排列成一列阵，称为结构的节点位移列向量，即

$$\boldsymbol{\delta} = \begin{bmatrix} \boldsymbol{\delta}_1 \\ \boldsymbol{\delta}_2 \\ \boldsymbol{\delta}_3 \\ \boldsymbol{\delta}_4 \end{bmatrix} \qquad (2.77)$$

其中

$$\boldsymbol{\delta}_1 = \begin{bmatrix} u_1 \\ v_1 \\ \varphi_1 \end{bmatrix} \qquad (2.78)$$

$$\boldsymbol{\delta}_2 = \begin{bmatrix} u_2 \\ v_2 \\ \varphi_2 \end{bmatrix} \qquad (2.79)$$

$$\boldsymbol{\delta}_3 = \begin{bmatrix} u_3 \\ v_3 \\ \varphi_3 \end{bmatrix} \tag{2.80}$$

$$\boldsymbol{\delta}_4 = \begin{bmatrix} u_4 \\ v_4 \\ \varphi_4 \end{bmatrix} \tag{2.81}$$

式中，$\boldsymbol{\delta}_i$ 为节点 i 的位移列向量；u_i、v_i、φ_i 分别为节点 i 沿总体坐标系 x 轴、y 轴的两个线位移和一个转角位移，并规定沿总体坐标系 x 轴、y 轴的正方向和逆时针方向为正。

结构上的综合节点荷载列阵 $\boldsymbol{R}$ 的列向量与节点位移列向量相对应，即

$$\boldsymbol{R} = \begin{bmatrix} \boldsymbol{R}_1 \\ \boldsymbol{R}_2 \\ \boldsymbol{R}_3 \\ \boldsymbol{R}_4 \end{bmatrix} \tag{2.82}$$

$$\boldsymbol{R}_1 = \begin{bmatrix} x_1 \\ y_1 \\ m_1 \end{bmatrix} \tag{2.83}$$

$$\boldsymbol{R}_2 = \begin{bmatrix} x_2 \\ y_2 \\ m_2 \end{bmatrix} \tag{2.84}$$

$$\boldsymbol{R}_3 = \begin{bmatrix} x_3 \\ y_3 \\ m_3 \end{bmatrix} \tag{2.85}$$

$$\boldsymbol{R}_4 = \begin{bmatrix} x_4 \\ y_4 \\ m_4 \end{bmatrix} \tag{2.86}$$

式中，$\boldsymbol{R}_i$ 为节点 i 的荷载列向量；x_i、y_i、m_i 分别为节点 i 沿总体坐标系轴方向的水平力、剪力和弯矩，它们的正负号与相应的节点位移相同。

2.5.2　单元刚度矩阵的投放

单元刚度子块以"对号入座"方式进行投放，即把每个单元刚度矩阵的 4 个子块按其两个下标号码投放到总体刚度矩阵相应位置上。例如，图 2.7 中的单元②，4 个子块分别投放在总体刚度矩阵中的第 2 行第 2 列、第 2 行第 3 列、第 3 行第 2 列、第 3 行第 3 列，如图 2.9 所示。这种利用坐标变换后的单元刚度矩阵子块"对号入座"直接形成总体刚度的方法，称为直接刚度法。

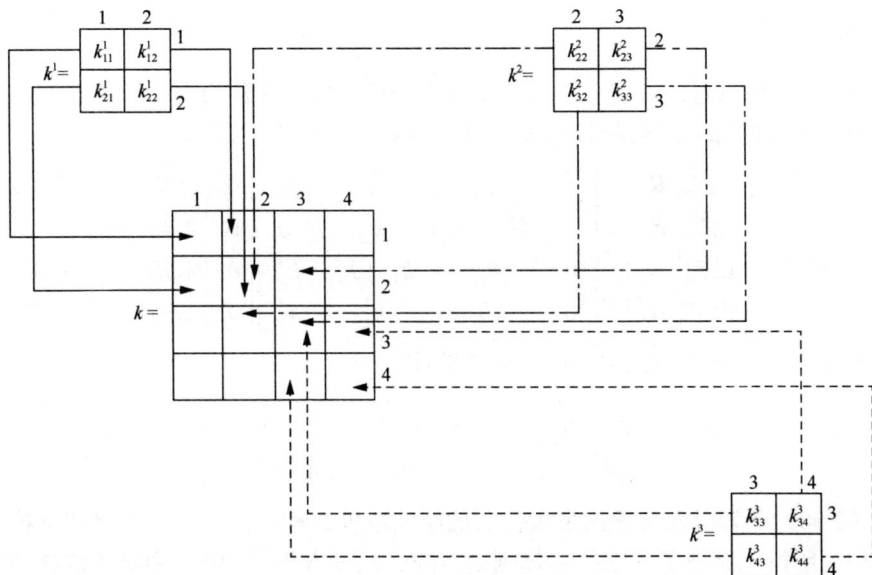

图 2.9　单元刚度矩阵投放过程示意图

"对号入座"时，具有相同下标的各单元刚度矩阵子块在总体刚度矩阵中的同一位置上要叠加，如图 2.9 中 k_{22}^2 与 k_{22}^1、k_{33}^2 与 k_{33}^3 均出现了叠加，在没有单元刚度矩阵子块入座的位置上则为零块。用矩阵表示，形式为

$$K = \begin{bmatrix} k_{11} & k_{12} & k_{13} & k_{14} \\ k_{21} & k_{22} & k_{23} & k_{24} \\ k_{31} & k_{32} & k_{33} & k_{34} \\ k_{41} & k_{42} & k_{43} & k_{44} \end{bmatrix} = \begin{bmatrix} k_{11}^1 & k_{12}^1 & 0 & 0 \\ k_{21}^1 & k_{22}^1 + k_{22}^2 & k_{23}^2 & 0 \\ 0 & k_{32}^2 & k_{33}^2 + k_{33}^3 & k_{34}^3 \\ 0 & 0 & k_{43}^3 & k_{44}^3 \end{bmatrix} \tag{2.87}$$

进一步将刚度矩阵展开，并结合方程（2.72），有

$$\begin{bmatrix} \boldsymbol{R}_1 \\ \boldsymbol{R}_2 \\ \boldsymbol{R}_3 \\ \boldsymbol{R}_4 \end{bmatrix} = \begin{bmatrix} k_{11}^1 & k_{12}^1 & 0 & 0 \\ k_{21}^1 & k_{22}^1 + k_{22}^2 & k_{23}^2 & 0 \\ 0 & k_{32}^2 & k_{33}^2 + k_{33}^3 & k_{34}^3 \\ 0 & 0 & k_{43}^3 & k_{44}^3 \end{bmatrix} \begin{bmatrix} \boldsymbol{\delta}_1 \\ \boldsymbol{\delta}_2 \\ \boldsymbol{\delta}_3 \\ \boldsymbol{\delta}_4 \end{bmatrix} \tag{2.88}$$

需要注意的是，式（2.88）中的总体刚度矩阵的每个子块均为 3×3 矩阵，因此，实际总体刚度矩阵为 12×12 的一个方阵。

结构刚度矩阵 $\boldsymbol{K}$ 具有以下性质。

（1）对称性。仍可根据反力互等定理来解释。

（2）奇异性。由于式（2.88）中没有引入结构的支承约束条件，结构位移中包含刚体位移，其解不具有唯一性，同时逆矩阵也不存在。因此，要求出未知的节点位移，必须引入支承约束条件，修改相应的刚度矩阵后，方能求解。

2.5.3 约束处理

从图 2.7 中可以看出，节点 1 和节点 4 为固接，所有位移均为 0，但支座反力未知；节点 2 和节点 3 的综合节点荷载已知，但位移未知，如式（2.89）所示。

$$
\begin{matrix} \text{未知} \\ \text{已知} \\ \text{已知} \\ \text{未知} \end{matrix}
\begin{bmatrix} \boldsymbol{R}_1 \\ \boldsymbol{R}_2 \\ \boldsymbol{R}_3 \\ \boldsymbol{R}_4 \end{bmatrix} =
\begin{bmatrix} k_{11}^1 & k_{12}^1 & 0 & 0 \\ k_{21}^1 & k_{22}^1+k_{22}^2 & k_{23}^2 & 0 \\ 0 & k_{32}^2 & k_{33}^2+k_{33}^3 & k_{34}^3 \\ 0 & 0 & k_{43}^3 & k_{44}^3 \end{bmatrix}
\begin{bmatrix} \boldsymbol{\delta}_1 \\ \boldsymbol{\delta}_2 \\ \boldsymbol{\delta}_3 \\ \boldsymbol{\delta}_4 \end{bmatrix}
\begin{matrix} \text{已知} \\ \text{未知} \\ \text{未知} \\ \text{已知} \end{matrix}
\tag{2.89}
$$

将 $\delta_1=\boldsymbol{0}$、$\delta_4=\boldsymbol{0}$ 代入式（2.89），并展开后，得

$$
\begin{bmatrix} \boldsymbol{R}_2 \\ \boldsymbol{R}_3 \end{bmatrix} =
\begin{bmatrix} k_{22}^1+k_{22}^2 & k_{23}^2 \\ k_{32}^2 & k_{33}^2+k_{33}^3 \end{bmatrix}
\begin{bmatrix} \boldsymbol{\delta}_2 \\ \boldsymbol{\delta}_3 \end{bmatrix}
\tag{2.90}
$$

式（2.90）即为引入支承约束条件后的结构刚度方程，由删除了与已知位移为 0 对应的行和列所得，缩减了原来的总体刚度矩阵。刚度方程（2.90）中除了位移未知外其余均已知，因此，可以通过矩阵运算求出未知位移。

此外，从式（2.89）和式（2.90）中不难看出，对应于节点位移为 0 的单元刚度矩阵子块，在求解节点位移时对刚度方程不起作用。因此，对于有固接约束支承的结构，在节点编号时可采用"由柔到刚"的编排次序，先依次编排有非约束位移（即待求的未知位移）的节点，再依次编排有约束位移的节点，如图 2.10（a）所示；也可采用"由刚到柔"的编排次序，先依次编排有约束位移的节点，再依次编排有非约束位移的节点，如图 2.10（b）所示。刚度形成之前就引入约束条件的方法称为先处理法，刚度方程形成后再处理约束条件的方法称为后处理法。

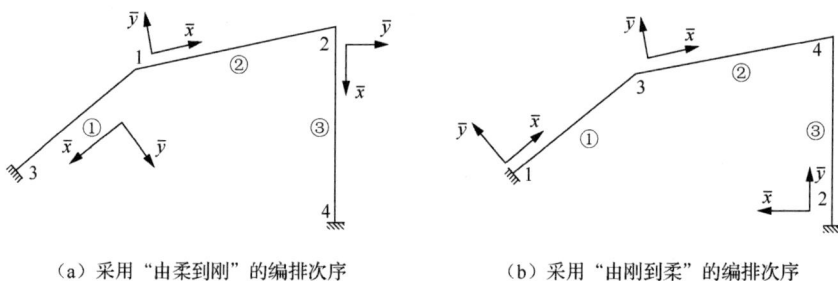

（a）采用"由柔到刚"的编排次序　　　　　　（b）采用"由刚到柔"的编排次序

图 2.10　节点编排次序

对图 2.10（a）所示的节点进行次序编排，其刚度方程为

$$
\begin{matrix} \text{已知} \\ \text{已知} \\ \text{未知} \\ \text{未知} \end{matrix}
\begin{bmatrix} \boldsymbol{R}_1 \\ \boldsymbol{R}_2 \\ \boldsymbol{R}_3 \\ \boldsymbol{R}_4 \end{bmatrix} =
\begin{bmatrix} k_{11}^1+k_{11}^2 & k_{12}^2 & k_{13}^1 & 0 \\ k_{21}^2 & k_{22}^2+k_{22}^3 & 0 & k_{24}^3 \\ k_{31}^1 & 0 & k_{33}^1 & 0 \\ 0 & k_{42}^3 & 0 & k_{44}^3 \end{bmatrix}
\begin{bmatrix} \boldsymbol{\delta}_1 \\ \boldsymbol{\delta}_2 \\ \boldsymbol{\delta}_3 \\ \boldsymbol{\delta}_4 \end{bmatrix}
\begin{matrix} \text{未知} \\ \text{未知} \\ \text{已知} \\ \text{已知} \end{matrix}
\tag{2.91}
$$

对图 2.10（b）所示的节点进行次序编排，其刚度方程则为

$$
\begin{matrix}
未知 \\
未知 \\
已知 \\
已知
\end{matrix}
\begin{bmatrix}
\boldsymbol{R}_1 \\
\boldsymbol{R}_2 \\
\boldsymbol{R}_3 \\
\boldsymbol{R}_4
\end{bmatrix}
=
\begin{bmatrix}
k_{11}^1 & 0 & k_{13}^1 & 0 \\
k_{21}^1 & k_{22}^3 & 0 & k_{24}^3 \\
k_{31}^1 & 0 & k_{33}^1 + k_{33}^2 & k_{34}^2 \\
0 & k_{42}^3 & k_{43}^2 & k_{44}^2 + k_{44}^3
\end{bmatrix}
\begin{bmatrix}
\boldsymbol{\delta}_1 \\
\boldsymbol{\delta}_2 \\
\boldsymbol{\delta}_3 \\
\boldsymbol{\delta}_4
\end{bmatrix}
\begin{matrix}
已知 \\
已知 \\
未知 \\
未知
\end{matrix}
\tag{2.92}
$$

式（2.90）通过缩减原来的总体刚度矩阵来降低位移方程的阶数，虽然提高了计算速度，但是这种紧缩总体刚度矩阵的方法使程序编写变得复杂。因此，在有限单元法中，一般采用以下两种处理方法。

（1）对角元素充大数。在节点位移分量为 0 所对应的主对角元素位置处置一个大数，如 $k(i,i)=1020$，这时其余的副系数 $k(i,j)$ 元素值相对较小，这样就可使位移 δ_i 趋于 0。大数参加运算，虽然降低了计算精度，但是会出现方程组变成病态而得不到正确解的情况。

（2）充 0 置 1。在总体刚度矩阵中，在节点位移分量为 0 所对应的主对角元素位置处置 1，将该主元素所在的行和列中的所有副元素全部充 0，同时综合节点荷载列阵中与零节点位移分量所对应的元素也充 0，相当于划去了位移为 0 的方程，得到边界行上位移 $\delta_i = \boldsymbol{0}$ 的结果。这种方法编程简单，计算可靠，应用广泛。

对图 2.10（a）所示的刚架结构，用充 0 置 1 法引入边界条件，方程（2.91）变为

$$
\begin{bmatrix}
\boldsymbol{R}_1 \\
\boldsymbol{R}_2 \\
\boldsymbol{0} \\
\boldsymbol{0}
\end{bmatrix}
=
\begin{bmatrix}
K_{11}^1 + K_{11}^2 & K_{12}^2 & 0 & 0 \\
K_{21}^2 & K_{22}^2 + K_{22}^3 & 0 & 0 \\
0 & 0 & 1 & 0 \\
0 & 0 & 0 & 1
\end{bmatrix}
\begin{bmatrix}
\boldsymbol{\delta}_1 \\
\boldsymbol{\delta}_2 \\
\boldsymbol{\delta}_3 \\
\boldsymbol{\delta}_4
\end{bmatrix}
\tag{2.93}
$$

这种处理方法得到的结果与缩减刚度矩阵得到的结果完全一致，但求解的方程数要增加。另外，引入边界条件后，总体刚度矩阵中的部分元素 k_{31}^1、k_{42}^3、k_{13}^1、k_{24}^3 已变为 0，$\boldsymbol{R}_3$ 和 $\boldsymbol{R}_4$ 已变为零矩阵，而在计算支承反力时又需要这些元素，因此，在充 0 置 1 前，必须保存这些元素。

2.6　荷载列阵的形成

方程（2.72）中等式右边的荷载列阵 $\boldsymbol{R}$ 是一个综合节点荷载列阵，如果不是节点荷载，就不能直接用于结构矩阵分析。在实际结构中往往会遇到非节点荷载（节间荷载）的情况，如图 2.7 中的刚架，其中除了作用节点荷载 Q 外，还作用杆间集中力 F 和均布荷载 q 等非节点荷载，因此需要在形成综合节点前将节间荷载转换为等效节点荷载。在结构矩阵分析中，等效节点荷载可以根据虚功相等的原则来进行计算，也可以采用位移法中的等效变换方法来计算。

等效节点荷载是指变换后的节点荷载在原结构上产生的节点位移与非节点荷载所产生的节点位移相同。

图 2.11（a）所示为一个支承于节点 A 和节点 B 并承受各种荷载的梁，梁上作用有节点荷载 M 和 F_2、节间荷载 q 和 F_1。为了用等效节点荷载代替节间荷载，在结构的节点施加抵抗位移的约束，这样就把原结构变成两个固端梁，如图 2.11（b）所示。两个固端在节间荷载作用下将产生一组固端力，在图中表示为对结构的约束力，如图 2.11（c）所示。将这些约束力的方向反转，构成一组同节点荷载等效的力和力偶，再将这组等效节点荷载与实际节点荷载相加，产生如图 2.11（d）所示的综合节点荷载，用该综合节点荷载即可进行结构分析。

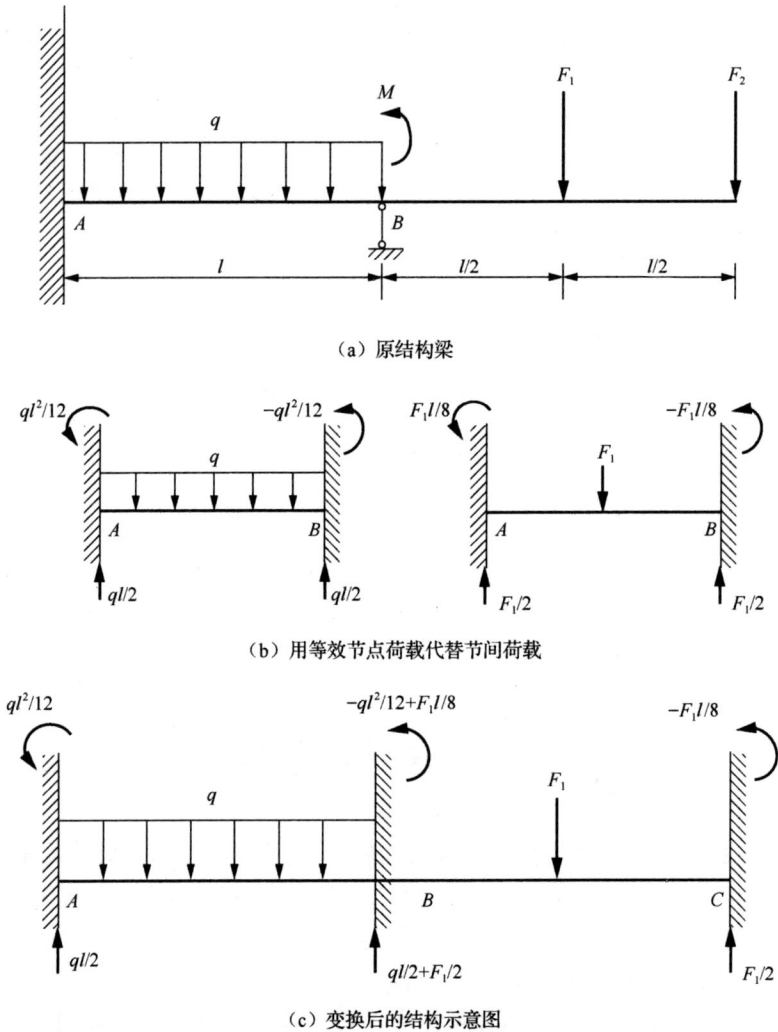

（a）原结构梁

（b）用等效节点荷载代替节间荷载

（c）变换后的结构示意图

图 2.11 综合节点荷载转换过程

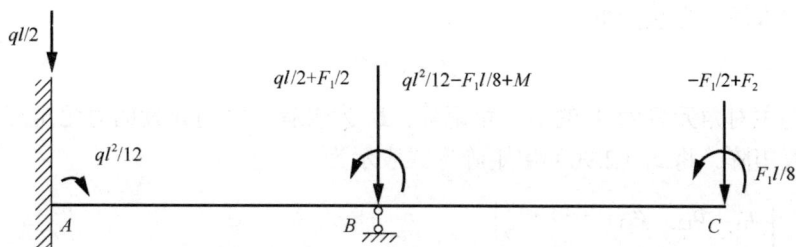

（d）综合节点荷载

图 2.11（续）

如前所述，用等效节点荷载代替原荷载应使节点的位移完全相同。从图 2.11 中可以看出：图 2.11（d）所示结构上的各力与图 2.11（c）上的各力叠加后便是原结构梁上的实际荷载 [图 2.10（a）]。由于约束梁的全部节点位移为 0，图 2.11（c）与（d）上的节点位移叠加必然产生实际梁的节点位移。因此，可以断定梁在实际荷载作用下的节点位移与在综合节点荷载作用下的节点位移是相同的。此外，综合节点荷载作用下的支座反力与实际荷载产生的反力也是相等的，该结论可用图 2.11（c）与（d）的各力叠加证实。

由综合节点荷载产生的杆端力与实际荷载产生的不同，这两者引起的内力并不完全相等，因此，在求实际荷载引起的杆端力时，必须把约束结构中的杆端力与综合节点荷载引起的杆端力相加。换言之，等效节点荷载算出的内力加上相应的固端力后才与原荷载引起的内力相等。例如，将图 2.11（c）与（d）中的梁杆端力叠加，便得到图 2.11（a）所示梁的实际杆端力。图 2.11（d）中的梁杆端力将作为分析成果给出，而图 2.11（c）中的杆端力则由固端力的计算得出。

2.7　方 程 求 解

有限单元法中的刚度方程最终归结为一次多元线性方程组，即

$$\begin{cases} a_{11}x_1 + a_{12}x_2 + \cdots + a_{1n}x_n = b_1 \\ \quad\vdots \\ a_{n1}x_1 + a_{n2}x_2 + \cdots + a_{nn}x_n = b_n \end{cases} \tag{2.94}$$

将式（2.94）写成矩阵形式为

$$Ax = b \tag{2.95}$$

计算方程（2.94）的方法包括直接法和迭代法两种，其中直接法运算量小，运算速度快，但计算精度受到限制。目前解方程的方法有很多，如高斯消去法、三角化分解法、子空间迭代法等，本节介绍常用的三角化分解法，其他方法可参阅相关的书籍。

三角化分解是将刚度矩阵分解为一个上三角矩阵或下三角矩阵，然后结合右端项列阵进行回代求解，方法如下：

$$A = LDL^{\mathrm{T}} \tag{2.96}$$

式中，L 为主对角元素为 1 的下三角矩阵；D 为仅有主对角元素的对角矩阵；L^{T} 为 L 矩阵的转置矩阵。将式（2.96）用矩阵形式表示为

$$
\begin{bmatrix}
a_{11} & a_{12} & a_{13} & \cdots & a_{1n} \\
a_{21} & a_{22} & a_{23} & \cdots & a_{2n} \\
a_{31} & a_{32} & a_{33} & \cdots & a_{3n} \\
\vdots & \vdots & \vdots & & \vdots \\
a_{n1} & a_{n2} & a_{n3} & \cdots & a_{nn}
\end{bmatrix}
$$

$$
=
\begin{bmatrix}
1 & & & & \\
l_{21} & 1 & & & \\
l_{31} & l_{32} & 1 & & \\
\vdots & \vdots & \vdots & 1 & \\
l_{n1} & l_{n2} & l_{n3} & \cdots & 1
\end{bmatrix}
\begin{bmatrix}
d_1 & & & & \\
 & d_2 & & & \\
 & & d_3 & & \\
 & & & \ddots & \\
 & & & & d_n
\end{bmatrix}
\begin{bmatrix}
1 & l_{21} & l_{31} & \cdots & l_{n1} \\
 & 1 & l_{32} & \cdots & l_{n2} \\
 & & 1 & \cdots & l_{n3} \\
 & & & \ddots & \vdots \\
 & & & & 1
\end{bmatrix} \tag{2.97}
$$

$$
=
\begin{bmatrix}
d_1 & & & & \\
l_{21}d_1 & d_2 & & & \\
l_{31}d_1 & l_{32}d_2 & d_3 & & \\
\vdots & \vdots & \vdots & \ddots & \\
l_{n1}d_1 & l_{n2}d_2 & l_{n3}d_3 & \cdots & d_n
\end{bmatrix}
\begin{bmatrix}
1 & l_{21} & l_{31} & \cdots & l_{n1} \\
 & 1 & l_{32} & \cdots & l_{n2} \\
 & & 1 & \cdots & l_{n3} \\
 & & & \ddots & \vdots \\
 & & & & 1
\end{bmatrix}
$$

将式（2.97）展开，得

$$
\begin{cases}
a_{11} = d_1 \\
a_{21} = l_{21}d_1 \\
a_{22} = l_{21}d_1 l_{21} + d_2 \\
a_{31} = l_{31}d_1 \\
a_{32} = l_{31}d_1 l_{31} + l_{32}d_2 \\
a_{33} = l_{31}d_1 l_{31} + l_{32}d_2 l_{32} + d_3 \\
\cdots\cdots
\end{cases} \tag{2.98}
$$

$$
\begin{cases}
d_1 = a_{11} \\
l_{21} = a_{21}/d_1 \\
d_2 = a_{22} - l_{21}d_1 l_{21} \\
l_{31} = a_{31}/d_1 \\
l_{32} = (a_{32} - l_{31}d_1 l_{31})/d_2 \\
d_3 = a_{33} - l_{31}d_1 l_{31} - l_{32}d_2 l_{32} \\
\cdots\cdots
\end{cases} \tag{2.99}
$$

将式（2.98）写成一般形式，则有

$$a_{ij} = T_1 l_{j1} + T_2 l_{j2} + \cdots + T_{j-1} l_{j,j-1} + T_j \quad (i<j) \tag{2.100}$$

$$a_{ii} = T_1 l_{i1} + T_2 l_{i2} + \cdots + T_{i-1} l_{i,i-1} + d_i \quad (i = j) \tag{2.101}$$

式中，

$$\begin{cases} T_1 = l_{i1} d_1 \\ T_2 = l_{i2} d_2 \\ \vdots \\ T_j = l_{ij} d_j \end{cases} \tag{2.102}$$

由式（2.100）得

$$T_j = a_{ij} - (T_1 l_{j1} + T_2 l_{j2} + \cdots + T_{j-1} l_{j,j-1}) = a_{ij} - \sum_{k=1}^{j-1} T_k l_{jk} \tag{2.103}$$

由式（2.102）得

$$l_{ij} = T_j / d_j \tag{2.104}$$

由式（2.101）得

$$d_i = a_{ii} - (T_1 l_{i1} + T_2 l_{i2} + \cdots + T_{i-1} l_{i,i-1}) = a_{ii} - \sum_{k=1}^{i-1} T_k l_{ik} \tag{2.105}$$

通过上述计算，可计算出式（2.96）中的下三角矩阵 L 和主对角元素的对角矩阵 D。按式（2.96），将矩阵 A 分解后，代入式（2.95），得

$$LDL^T x = b \tag{2.106}$$

令 $DL^T x = Y$，代入式（2.106），得

$$LY = b \tag{2.107}$$

通过自上而下的回代可以求得 Y 的各个元素为

$$y_1 = b_1 \tag{2.108}$$

$$y_i = b_i - \sum_{j=1}^{i=1} l_{ij} y \quad (i = 2,3,\cdots,n) \tag{2.109}$$

再将 Y 代入 $DL^T x = Y$，两边同乘 D^{-1}，得

$$L^T x = D^{-1} Y \tag{2.110}$$

由于 D 是一个对角矩阵，它的逆矩阵 D^{-1} 容易求得，可以通过回代进而求出方程的解 x。

2.8　杆件单元内力计算

2.8.1　节点位移产生的截面应力

通过 2.7 节方程的求解，得到了各个杆件单元在总体坐标系中的节点位移 δ^e，再经过坐标变换得到单元坐标系中的单元杆端位移列阵 $\overline{\delta^e}$，然后根据单元刚度方程计算出杆端力 F^e，对有节间荷载的单元，还应计算由此产生的内力，两者叠加，即为杆件单元的截面内力。由节点位移产生的截面内力计算示意图如图 2.12 所示。

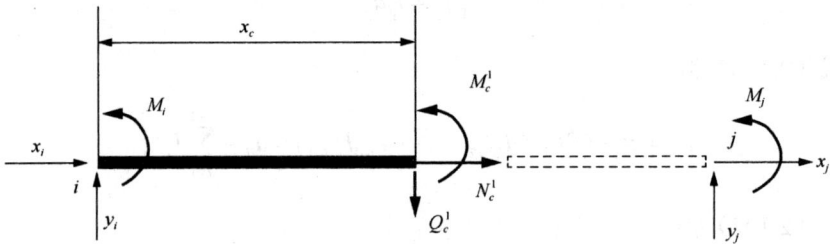

图 2.12　由节点位移产生的截面内力计算示意图

$$\begin{cases} M_c^1 = -M_i + y_i x_c \\ N_c^1 = -x_i \\ Q_c^1 = y_i \end{cases} \tag{2.111}$$

式中，x_i、y_i、M_i 分别为单元 i 端由节点位移得到的单元坐标系中的杆力；M_c^1 为由节点位移在 c 截面产生的弯矩；N_c^1 为由节点位移在 c 截面产生的轴力；Q_c^1 为由节点位移在 c 截面产生的剪力。

2.8.2　节间荷载产生的内力

不同荷载类型和不同位置的节点等效荷载列阵是有差异的，在计算单元截面内力时，需要根据所求截面的位置进行内力计算。下面以杆件上作用集中力 q 为例加以说明，如图 2.13 所示。其他类型的荷载内力计算可参照此执行。

如图 2.13（a）所示，当 $x_q > x_c$ 时，有

$$\begin{cases} M_c^2 = -M_i + Ry_i x_c \\ N_c^2 = -Rx_i \\ Q_c^2 = Ry_i \end{cases} \tag{2.112}$$

如图 2.13（b）所示，当 $x_q < x_c$ 时，有

$$\begin{cases} M_c^2 = -M_i + Ry_i x_i - q(x_c - x_q) \\ N_c^2 = -Rx_i \\ Q_c^2 = Ry_i - q \end{cases} \tag{2.113}$$

（a）$x_q > x_c$

（b）$x_q < x_c$

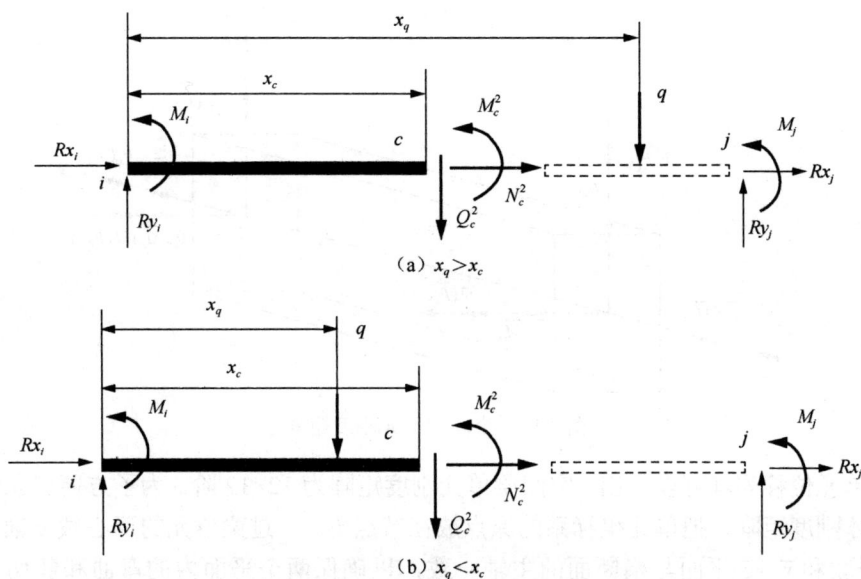

图 2.13 由节间荷载产生的截面内力

2.8.3 单元截面力

任一截面 c 的内力计算式如下：

$$\begin{cases} M_c = M_c^1 + M_c^2 \\ N_c = N_c^1 + N_c^2 \\ Q_c = Q_c^1 + Q_c^2 \end{cases} \tag{2.114}$$

式中，M_c^1 为由节点位移在 c 截面产生的弯矩；M_c^2 为由节点荷载在 c 截面产生的弯矩；N_c^1 为由节点位移在 c 截面产生的轴力；N_c^2 为由节点荷载在 c 截面产生的轴力；Q_c^1 为由节点位移在 c 截面产生的剪力；Q_c^2 为由节点荷载在 c 截面产生的剪力。

2.9 空间梁单元简介

空间梁单元每个节点都有 6 个自由度，即 3 个线位移和 3 个转角位移，相应的作用于每个节点上的杆端力有 3 个力和 3 个力矩，如图 2.14 所示。

单元杆位移列阵为

$$\boldsymbol{\delta}^e = \begin{bmatrix} u_i & v_i & w_i & \theta_{xi} & \theta_{yi} & \theta_{zi} & u_j & v_j & w_j & \theta_{xj} & \theta_{yj} & \theta_{zj} \end{bmatrix}^T \tag{2.115}$$

单元杆端力列阵为

$$\boldsymbol{F}^e = \begin{bmatrix} F_{Ni} & F_{Qyi} & F_{Qzi} & M_{xi} & M_{yi} & M_{zi} & F_{Nj} & F_{Qyj} & F_{Qzj} & M_{xj} & M_{yj} & M_{zj} \end{bmatrix}$$

$$\tag{2.116}$$

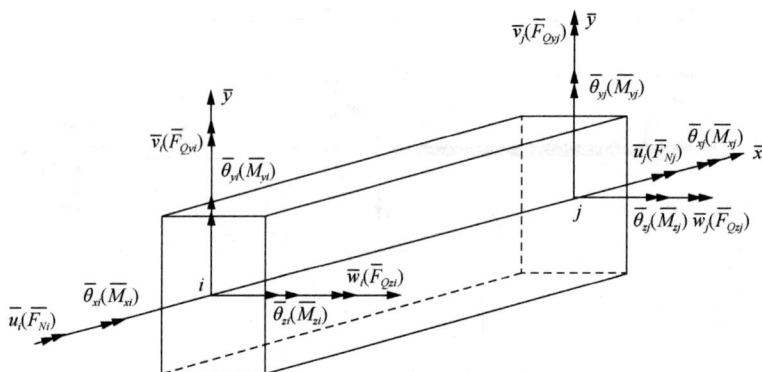

图 2.14　空间梁单元刚度矩阵

　　从单元位移列阵可以看出，空间梁单元刚度矩阵为 12×12 阶。为了方便建立空间梁单元总体刚度矩阵，把单元坐标系的原点放在节点 i 上，过梁单元的形心做 x 轴，并使 $\bar{x}-\bar{y}$ 平面和 $\bar{x}-\bar{z}$ 平面与横断面的主轴一致，以确保两个平面内的弯曲和剪切互相独立，否则 $\bar{x}-\bar{y}$ 平面内的弯矩和剪力，不但依赖于它们的对应位移，而且依赖于 $\bar{x}-\bar{z}$ 平面内力系的对应位移。通过选定坐标轴，梁单元的全部力可以分离成彼此独立的 4 组，即轴向力、扭矩、$\bar{x}-\bar{y}$ 平面内的弯矩和剪力及 $\bar{x}-\bar{z}$ 平面内的弯矩和剪力。此时可按照平面梁单元总体刚度矩阵构建思路，先在单元坐标系下建立空间梁单元特性方程，然后再变换到总体坐标系下，得到空间梁单元总体刚度矩阵，变换过程在此不再赘述。

第 3 章　MIDAS/Civil 基本操作

3.1　MIDAS/Civil 简介

MIDAS/Civil 是 MIDAS（迈达斯）Family Program 系列产品之一，该软件从 1996 年开始研发，2001 年 11 月首次发布。MIDAS/Civil 是一款通用结构及桥梁结构分析设计软件，用于桥梁结构、地下结构、工业建筑结构等的静力分析、动力分析、非线性分析、施工阶段分析和优化设计。在桥梁结构分析中，MIDAS/Civil 结合中国公路、铁路和城市道路设计规范，提供了建模、分析、后处理设计的一体化功能，MIDAS/Civil 的主要特点如下。

（1）建模便捷，MIDAS/Civil 提供了菜单、Excel、多特性文本和 AutoCAD 导入等建模方法，还可导入由 SAP 2000 创建的有限元模型。

（2）MIDAS/Civil 提供了悬索桥、斜拉桥的建模助手，以及采用顶推法、悬臂法、移动支架法/满堂支架法施工的桥梁建模助手。

（3）MIDAS/Civil 内置丰富的材料和截面数据库，提供了中国、美国、英国、德国、日本、韩国等国家和地区的材料和截面数据库。用户还可根据建模需要自行定义材料和截面特性。

（4）MIDAS/Civil 单元类型丰富，提供了桁架、一般梁/变截面梁、平面应力/平面应变、只受拉/只受压、间隙、钩、索、加劲板轴对称、板单元（厚板/薄板、面内/面外厚度、正交各向异性）、实体单元（六面体、楔形体、四面体）等工程结构分析所需的单元类型。

（5）MIDAS/Civil 提供了静力分析、动力分析、静力弹塑性分析、动力弹塑性分析、动力边界非线性分析、几何非线性分析、索力优化、屈曲分析、移动荷载分析、支座沉降分析、热传导分析、水化热分析、施工阶段分析、联合截面施工阶段分析等功能。

（6）在后处理中，MIDAS/Civil 可以根据桥梁设计规范自动生成荷载组合，也可以添加和修改荷载组合。

（7）MIDAS/Civil 可以输出各种反力、位移、内力和应力的图形、表格和文本；提供静力和动力分析的动画文件；提供移动荷载追踪器的功能，可找出指定单元发生最大内力（位移等）时移动荷载的作用位置；提供局部方向内力的合力功能，可将板单元或实体单元上任意位置的节点力组合成内力。

（8）MIDAS/Civil 可以在结构分析后对多种形式的梁、柱截面进行设计与验算。

3.1.1　MIDAS/Civil 用户界面

MIDAS/Civil 用户界面如图 3.1 所示。

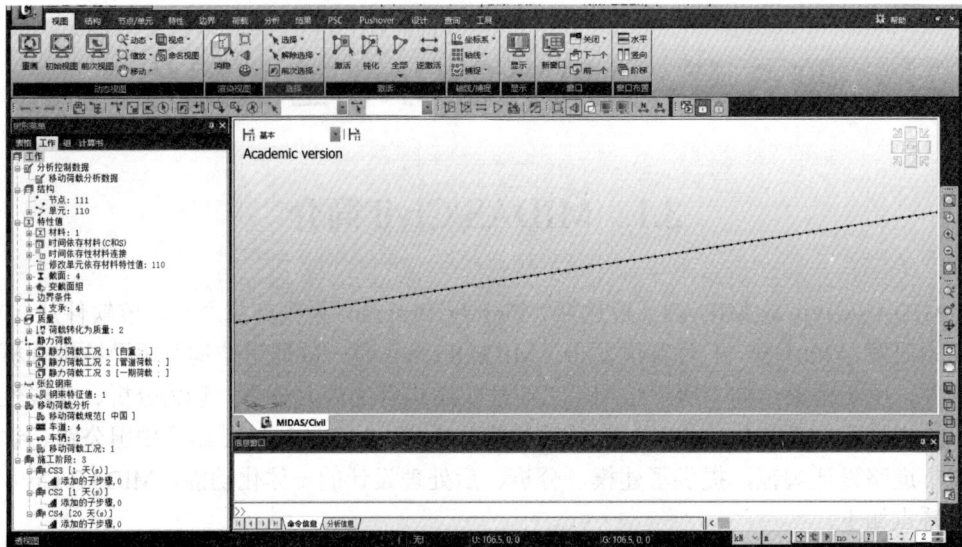

图 3.1　MIDAS/Civil 用户界面

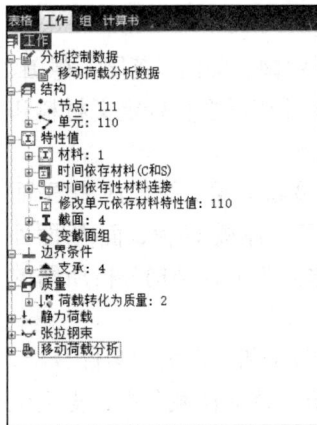

图 3.2　树形菜单

1. 主菜单

主菜单中内置了 MIDAS/Civil 软件所有的菜单命令和快捷键。用户通过选择菜单命令或按快捷键，可以完成模型建立、计算分析、结果输出和设计的全过程。

2. 树形菜单

树形菜单（图 3.2）是 MIDAS/Civil 软件的一大特色。树形菜单将所有关联菜单以阶梯结构显示，方便用户观察和管理模型数据。在该菜单中，MIDAS/Civil 还提供了通过拖放方式对单元和节点赋予材料、截面、约束和组类别等属性的功能。通过树形菜单，用户同样可以完成模型建立、计算、结果输出和设计等工作。

3. 图标菜单

为简化操作，MIDAS/Civil 软件将经常使用的命令显示在图标菜单中。用户也可以根据需要自定义图标菜单，如图 3.3 所示。

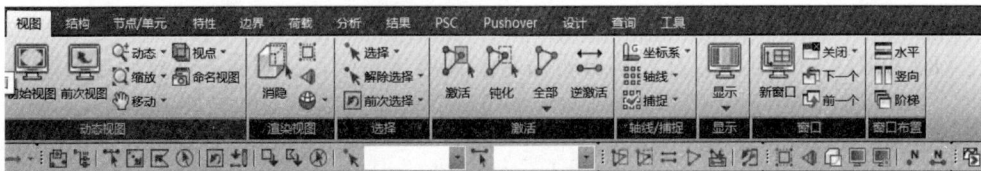

图 3.3　图标菜单

4. 关联菜单

在模型窗口或树形菜单中右击选择相应命令，软件会自动根据当前的操作状态弹出相应的关联菜单。

5. 表格窗口

MIDAS/Civil 除了提供交互式的输入、输出功能外，还提供使用电子表格处理数据的功能。该表格形式与 Excel 兼容，在批量输入、批量修改或按属性整理及查询时非常实用。

6. 模型窗口

模型窗口是 MIDAS/Civil 在图形用户界面下建立模型和显示结果的操作窗口。模型窗口可以分割为若干个子窗口，各子窗口允许使用不同的坐标系。子窗口都基于当前的模型或结果数据库，因此任意一个子窗口中的操作结果都会在其他子窗口内得到实时反映。模型窗口既可以展示一般形态的模型，也可以将模型和分析结果通过使用去除隐藏线、调整明暗、照明、颜色分离处理等功能展示渲染画面。

7. 信息窗口

信息窗口用于显示在建模和分析过程中出现的各种提示、警告或错误信息。信息窗口是帮助查找模型问题所在的重要途径。

8. 命令行

命令行是输入 MIDAS/Civil 预定义快捷命令的区域。快捷命令与主菜单、树形菜单、图标菜单和关联菜单中的命令具有相同的功能。

9. 状态条

状态条位于图形界面的最下端，显示了模型的单位体系、坐标描述、捕捉到的节点或单元的信息，并为用户提供了快速查询、单位变更、单元捕捉及选择过滤器等功能，如图 3.4 所示。

图 3.4　状态条

3.1.2　MIDAS/Civil 初始化设置

1. 单位体系的设定或变更

MIDAS/Civil 允许用户根据需要设定或变更模型单位体系，如图 3.5 所示。

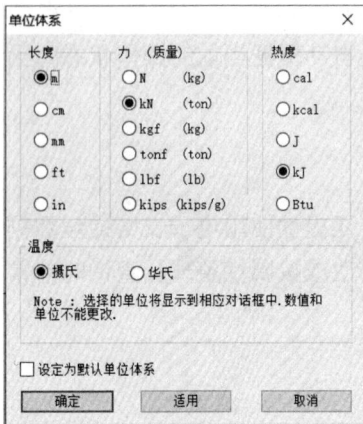

图 3.5 "单位体系"对话框

例如，在输入单元节点坐标时单位使用"m"，在输入截面时单位变更为"mm"。对由长度单位和力的单位组合而成的弯矩、应力、弹性系数等组合单位，程序会根据长度和力的单位自动进行组合。温度的单位无须另行设定，只需要将长度、质量、时间等单位统一即可。用户可在主菜单中选择"工具"→"单位体系"命令，打开"单位体系"对话框，变更单位体系。

2. 设定建模所需的坐标系

MIDAS/Civil 提供了 4 种坐标系，即总体坐标系、单元坐标系、节点坐标系和用户坐标系。

1）总体坐标系

总体坐标系为笛卡儿直角坐标系，遵循右手定则，各轴以大写字母 X、Y、Z 表示。其中 Z 轴默认在模型窗口内竖直向上，因此将结构的竖直方向定义为总体坐标系的 Z 轴方向会比较便利。

2）单元坐标系

单元坐标系同样遵循右手定则，各轴以小写字母 x、y、z 表示。作用于梁单元、桁架单元、板单元上的荷载都是在单元坐标系中输入，单元内力、应力输出也基于单元坐标系。

3）节点坐标系

节点坐标系是赋予节点以特殊方向的坐标系。节点坐标系亦遵循右手定则，各轴以小写字母 x、y、z 表示。当端部节点约束方向、弹簧支承方向及节点的强迫位移与总体坐标系的坐标轴方向不平行时，应采用节点坐标系。

4）用户坐标系

用户坐标系是为方便建模而在总体坐标系上附加设定的坐标系。MIDAS/Civil 在创建新文件时会自动创建一个用户坐标系，初始的用户坐标系与总体坐标系相同。用户坐标系中的坐标轴用小写字母 x、y、z 表示。

3.1.3 MIDAS/Civil 界面操作

1. 工具条与图标菜单的设置

MIDAS/Civil 提供了两个重要的工具条，即主成分工具条和次成分工具条。主成分工具条提供视图和图形的相关图标菜单，次成分工具条提供前处理、结果查询等相关图标菜单。在主成分工具条中，图标菜单的数量不受限制，用户可随意排列或添加常用的图标菜单，具体操作如下：选择"工具"→"用户定制"命令，打开"用户定制"对话框，拖动图标菜单到指定位置，或按 Ctrl 键并拖动，将图标菜单复制到指定位置。

2. 模型画面处理

为使输入模型和分析结果能以图像形式表现，MIDAS/Civil 提供了丰富的模型画面处理功能。模型画面处理功能既可以通过视图菜单运行，也可以通过单击工具条上的图标运行。

1）模型画面处理功能

常用模型画面处理功能如表 3.1 所示。

表 3.1　常用模型画面处理功能

名称	图标	操作	快捷键	功能说明
重画		选择"视图"→"重画"命令	F3	刷新屏幕，清除执行命令的痕迹
初始画面		选择"视图"→"初始视图"命令	Ctrl+F3	将窗口恢复至初始状态，即第一次打开文件时的窗口状态
前次视图		选择"视图"→"前次视图"命令	Ctrl+B	将模型空间窗口恢复为执行视图处理前的状态

2）模型形状表现功能

MIDAS/Civil 的模型形状表现功能包括收缩单元、透视、消隐等，帮助用户以多种形态表现模型的输入状态，如表 3.2 所示。

表 3.2　模型形状表现功能

名称	图标	操作	快捷键	功能说明
收缩单元		选择"视图"→"收缩单元"命令	Ctrl+K	将已建立的模型单元按一定比例缩小后重新显示在画面上
透视		选择"视图"→"透视图"命令	Ctrl+J	显示模型的透视图
消隐		选择"视图"→"消隐"命令	Ctrl+H	在屏幕上显示单元的厚度和截面方式并消除隐藏的线

3）视点调整、缩放及移动功能

MIDAS/Civil 的各种视点处理功能可以帮助用户通过多种视角和观察点准确地查看模型的输入状态或分析结果。视点处理功能如表 3.3～表 3.5 所示。

表 3.3　视点调整功能

名称	图标	操作	功能说明
标准		选择"视图"→"视点"→"标准"命令	显示模型的等轴视图
顶面		选择"视图"→"视点"→"顶面（+Z）"命令	显示+Z方向观察的模型
底面		选择"视图"→"视点"→"底面（−Z）"命令	显示−Z方向观察的模型
左面		选择"视图"→"视点"→"左面（−X）"命令	显示−X方向观察的模型
右面		选择"视图"→"视点"→"右面（+X）"命令	显示+X方向观察的模型
正面		选择"视图"→"视点"→"正面（−Y）"命令	显示−Y方向观察的模型
背面		选择"视图"→"视点"→"背面（+Y）"命令	显示+Y方向观察的模型
向左旋转		选择"视图"→"视点"→"向左旋转"命令	绕屏幕的垂直方向顺时针转动模型
向右旋转		选择"视图"→"视点"→"向右旋转"命令	绕屏幕的垂直方向逆时针转动模型
向上旋转		选择"视图"→"视点"→"向上旋转"命令	绕屏幕的水平方向向上转动模型
向下旋转		选择"视图"→"视点"→"向下旋转"命令	绕屏幕的水平方向向下转动模型

表 3.4　视点缩放功能

名称	图标	操作	功能说明
对齐		选择"视图"→"缩放"→"对齐"命令	将模型按照画面的大小进行放大和缩小
窗口		选择"视图"→"缩放"→"窗口"命令	将按鼠标所指定的四方形领域放大
放大		选择"视图"→"缩放"→"放大"命令	将当前画面逐步放大
缩小		选择"视图"→"缩放"→"缩小"命令	将当前画面逐步缩小
自动对齐		选择"视图"→"缩放"→"自动对齐"命令	使整个模型在工作窗口总是充满显示

表 3.5 视点移动功能

名称	图标	操作	功能说明
向左		选择"视图"→"移动"→"左"命令	模型将向左移动一定距离
向右		选择"视图"→"移动"→"右"命令	模型将向右移动一定距离
向上		选择"视图"→"移动"→"上"命令	模型将向上移动一定距离
向下		选择"视图"→"移动"→"下"命令	模型将向下移动一定距离

4）显示设置

在主菜单中选择"视图"→"显示"命令，或使用快捷键"Ctrl+E"，打开"显示"对话框，即可将节点编号、单元编号、材料特性、截面类型、边界条件、荷载等信息显示在屏幕上，如图 3.6 所示。

当用户需要调整系统默认设置时，在主菜单中选择 "视图"→"显示选项"命令，打开"显示选项"对话框，如图 3.7 所示，修改在模型窗口中显示的图形、字符串或符号的表现形式。修改显示选项后的设定值会注册到 Windows 的注册表中，因此即使结束或重新启动程序，这些值仍将保持不变。

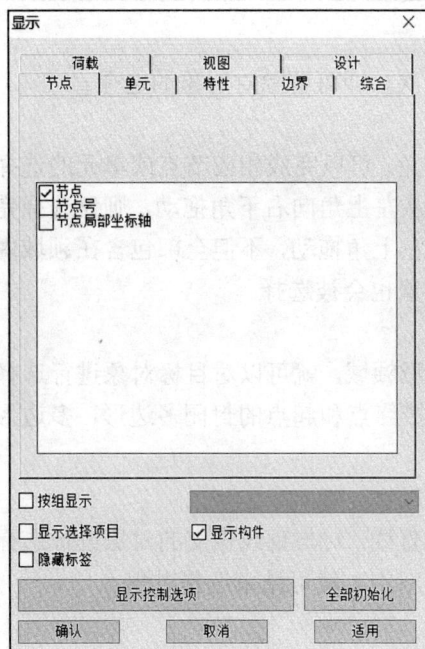

图 3.6 "显示"对话框

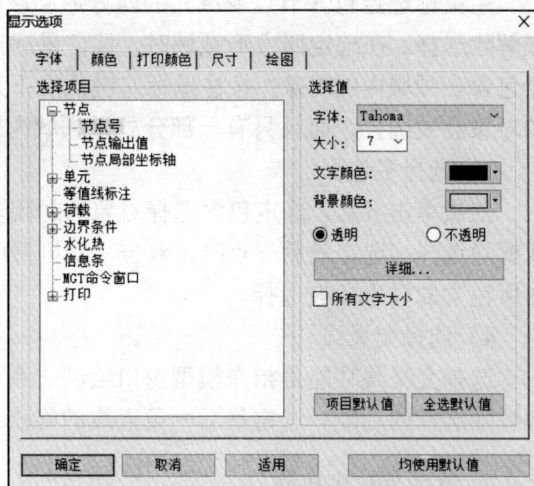

图 3.7 "显示选项"对话框

3. 选择功能

选择功能在复制节点、单元及输入各种边界条件等属性时经常被使用。另外，在对某些特定部分做选择性激活/钝化、查询输入/输出时，选择功能是指定对象的常用方法。MIDAS/Civil 提供的选择功能如表 3.6 所示。

表 3.6　选择功能

图标	功能说明	图标	功能说明
	选择节点		选择交叉线
	选择单元		选择组
	选择立体		单选
	选择窗口		前次选择
	选择多边形		选择平面
	全选		选择新建立个体

1）单选

单击即可选择单个对象，对已选对象再单击一次，即可解除对对象的选择。

2）选择窗口

用鼠标选定包含节点或单元的四方形领域的对角，可以完成相应节点或单元的选择或解除选择。在选定四方形领域时，按住鼠标左键从左上角向右下角拖动，则仅选择完全包含在领域内的对象；按住鼠标左键从右下角向左上角拖动，不但全部包含在领域内的对象会被选择，而且只有一部分处于领域内的对象也会被选择。

3）选择多边形

依次单击各点，选定包含选择对象的封闭多边形领域，就可以对目标对象进行选择或解除选择。选定最后一点时，双击，就可形成连接终点和起点的封闭多边形，多边形内所包含的对象即被选择。

4）选择交叉线

选择交叉线功能是指在模型窗口绘制一系列的直线，对与直线相交的对象进行选择或解除选择的功能。选定最后一条直线的终点时，双击，就可结束选择过程。

4. 激活与钝化功能

在建模过程中或后处理阶段，为使模型窗口简单化，常常用到激活与钝化功能。激活是将模型的部分或全部对象处于建模操作状态；钝化是将模型的部分或全部对象处于建模的非操作状态，对被激活的模型对象进行选择、增加、修改等建模操作。默认情况下模型所有对象均处于激活状态。MIDAS/Civil 提供的激活与钝化功能如表 3.7 所示。

表 3.7　激活与钝化功能

名称	图标	快捷键	功能说明
激活		F2	只激活所选部分，剩余部分为钝化状态
钝化		Ctrl+F2	只钝化所选部分，剩余部分为激活状态
逆激活			将当前的激活部分与钝化部分互换
全部激活		Ctrl+A	将处于钝化状态的所有节点和单元转换为激活状态
按属性激活		Ctrl+D	对包含用户坐标系原点的 X-Y 平面或者某一层、指定平面或组等进行激活
激活前次			返回到此前的激活或钝化状态

　　模型的激活与钝化功能经常与选择功能结合使用。此外，在定义施工阶段时，也需要使用激活与钝化功能。

3.1.4　数据输入方式

　　MIDAS/Civil 提供了多种数据输入方式。

　　1）逗号或空格区分多个数字数据

　　在一个数据输入栏中同时输入几个数字的数据时，使用逗号或空格来区分，如"15，20，35"或者"15　20　35"。

　　2）反复次数用"@"表示

　　在输入长度数据时，若需要反复输入相同的长度数据，可以按"$n@d$"输入，其中 n 表示反复次数，d 表示长度。例如，"5.0，10.0，10.0，15.0，15.0，15.0，20.0"与"5.0，2@10.0，3@15.0，20.0"是相同的。

　　3）连续符"to"和增量符"by"

　　在输入连续或者以一定增量增加的节点号或单元号时，可以简单地以"开始号 to 结束号"或者"开始号 to 结束号 by 增量"的格式来输入。此外，"to"还可简写为"t"。例如，"21，22，…，54，55，56"可输入为"21to56"或者"21t56"；"5，10，15，20，25，30，35，40"可输入为"5to40by5"或者"5t40by5"。

　　4）指定输入对象

　　在输入位置数据或构件的截面和材料数据时，可以在模型窗口中通过指定对象取代键盘输入。在输入长度或具有方向性的增量时，在模型窗口中指定输入对象的起点和终点，同样可以取代键盘输入。

3.2 建 立 项 目

本章以 1×20m 预应力简支箱梁桥支架现浇为例，详细地介绍 MIDAS/Civil 的建模方法。

3.2.1 预应力简支箱梁桥支架现浇示例参数

简支箱梁采用 C50 混凝土，梁高 1.5m，顶板宽 12m，底板宽 8m，顶板、底板厚 25cm，腹板厚 50cm，立面布置和横断面尺寸如图 3.8 和图 3.9 所示。桥面铺装采用厚 10cm 的 C40 混凝土，两侧人行道和栏杆重度按 7kN/m 合计。

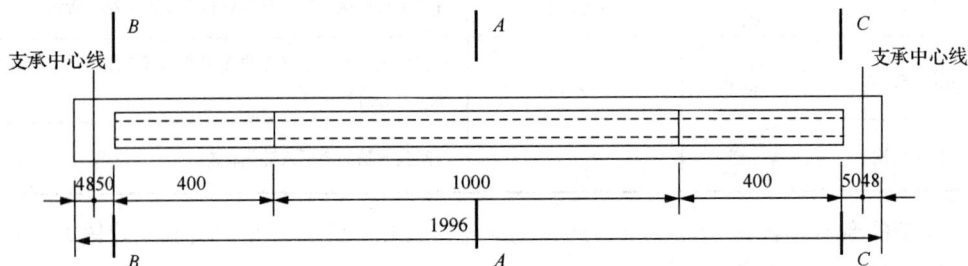

图 3.8 箱梁立面图（单位：cm）

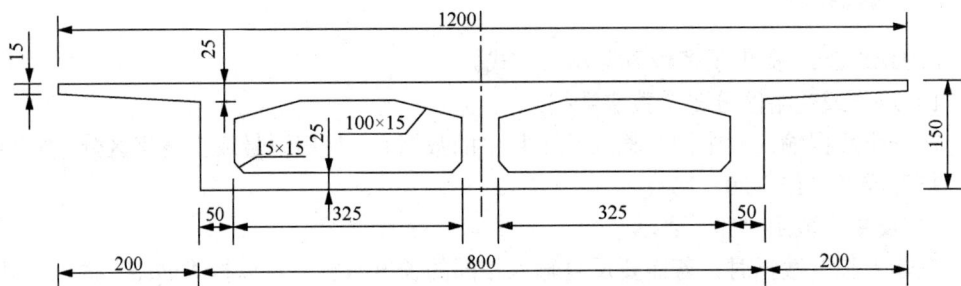

（a）A—A断面图

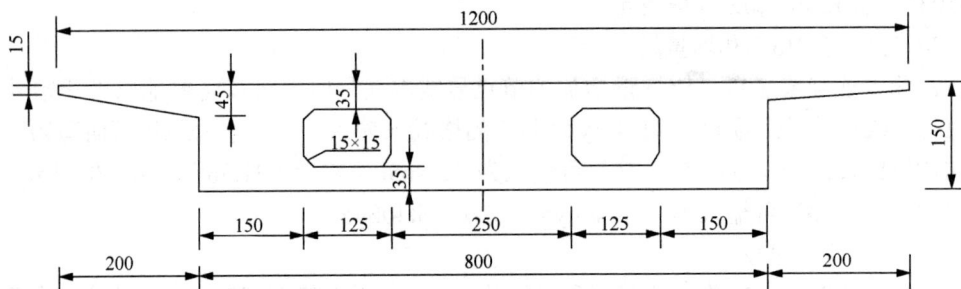

（b）B—B断面图

图 3.9 横断面尺寸（单位：cm）

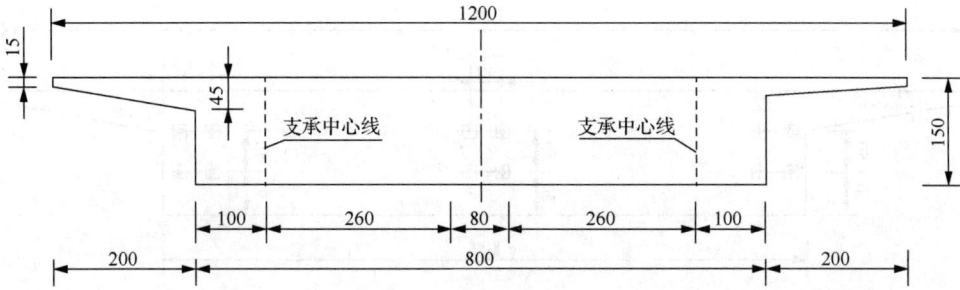

（c）C—C 断面图

图 3.9（续）

设计荷载为公路 I 级，人群荷载为 3.0kN/m²；桥面布置为净 9m+2₁×5m 人行道，桥面全宽 12m；结构安全系数为二级。预应力筋为抗拉强度标准值为 1860MPa 的钢绞线，公称直径为 15.20mm，公称面积为 139mm²，锚下张拉控制应力为 1395MPa，弹性模量为 $1.95×10^5$MPa，最大松弛率为 3.5%。预应力筋纵向和横向布置图分别如图 3.10 和图 3.11 所示，钢束大样图如图 3.12 所示，两端支座平面布置图如图 3.13 所示。

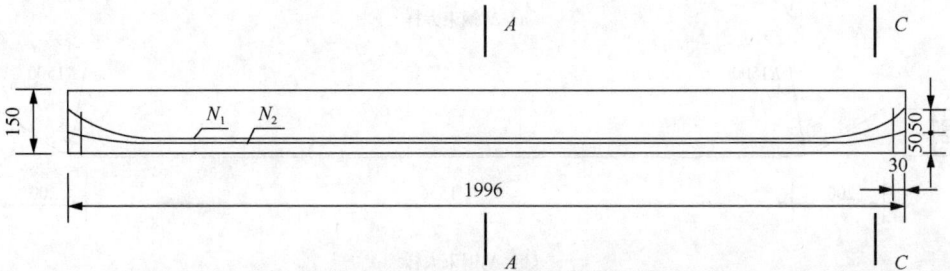

图 3.10 预应力筋纵向布置图（单位：cm）

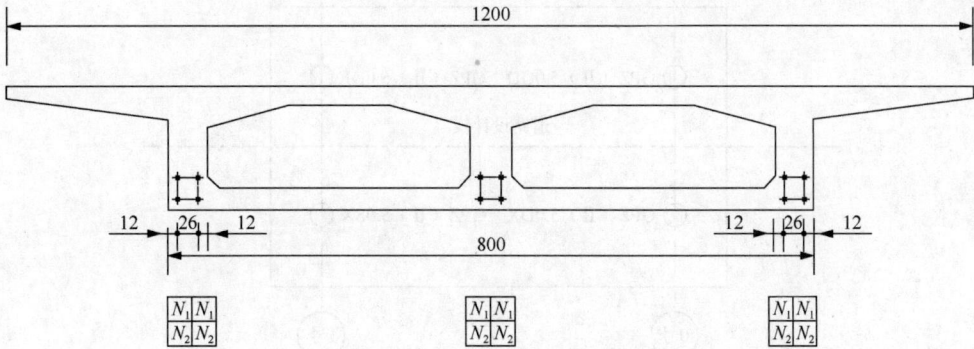

（a）A—A 断面图

图 3.11 预应力筋横向布置图（单位：cm）

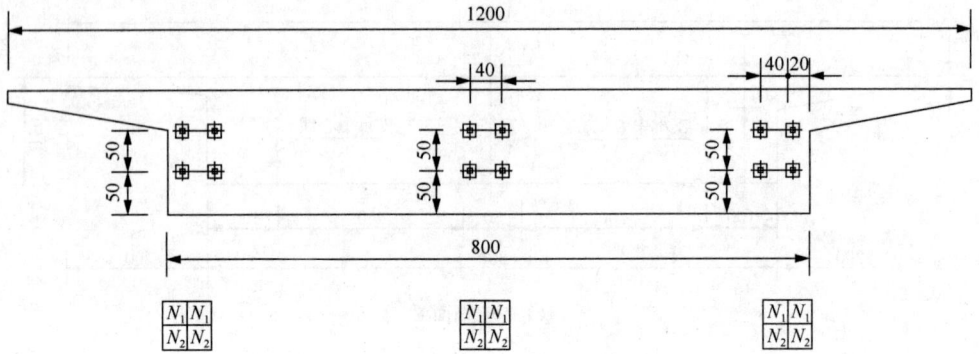

（b）C—C断面图

图 3.11（续）

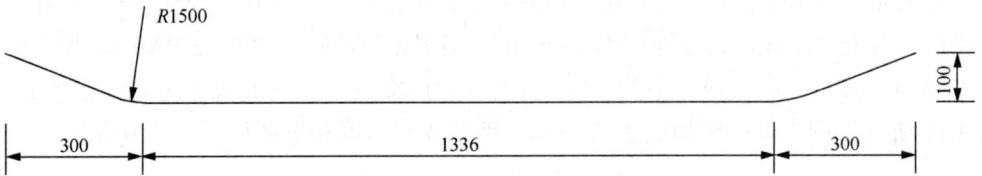

（a）N_1 钢束大样

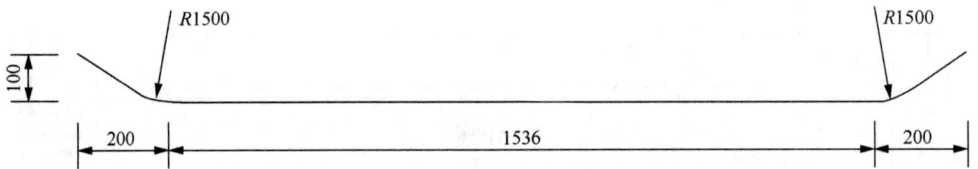

（b）N_2 钢束大样

图 3.12 钢束大样图（单位：mm）

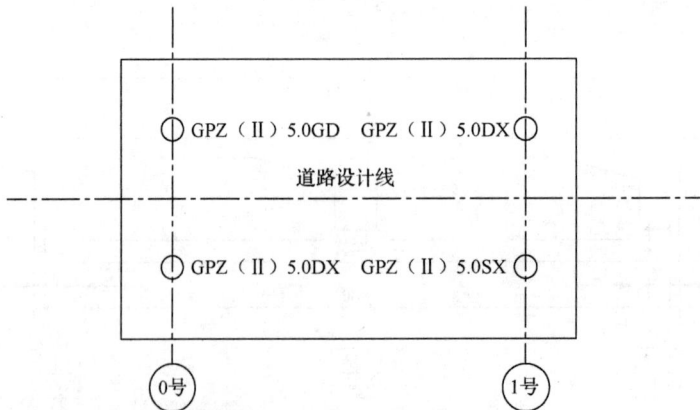

GPZ—钢制盆式支座。

图 3.13 支座平面布置图

预应力混凝土主梁的施工过程划分为 5 个阶段，具体工作内容如表 3.8 所示。

表 3.8　主梁施工阶段工作内容

施工阶段	施工天数/d	分析工况
CS1	10	支架现浇、混凝土养护
CS2	1	预应力张拉
CS3	1	拆除支架（按 1d 完成落架）
CS4	20	桥面铺装、人行道及栏杆施工
CS5	3650	计算混凝土 10 年收缩、徐变

3.2.2　建模要点

根据简支梁桥的构造和支座布置形式，采用梁单元进行建模和分析。具体过程如下。

（1）简化模型。本例为单跨等高度简支箱梁，分析模型可近似简化为一条直线，单元节点选择在横截面的中下部。

（2）建立总体坐标系。将总体坐标系的坐标原点建立在箱梁左端的截面顶缘上。

（3）划分单元长度。箱梁两端各有 0.98m 实腹段，但在距梁端 0.48m 处设有永久支座，故须将实腹段划分为 2 个单元。其余按 1m 长划分单元，累计划分 22 个单元，23 个节点。将划分后的节点和单元信息绘制在草图上，供输入、模型检查和计算分析时参考。

（4）每个支承点由 2 个支座组成，由于模拟梁单元的节点位置与支承点位置不重合，因此需要用刚臂单元节点和支承节点。

3.2.3　创建项目文件

MIDAS/Civil 以项目方式管理分析模型和计算结果，并将它们存放在用户指定的文件夹中。建立项目的操作过程如下。

（1）新建文件夹，如在 D 盘上创建一个名为"预应力简支箱梁"的文件夹。

（2）启动 MIDAS/Civil 软件。

（3）选择"文件"→"新项目"命令，新建一个工程。

（4）选择"文件"→"保存"命令，选择刚才建立的文件夹"D:\预应力简支箱梁"。在文件名中输入"预应力简支箱梁"，系统自动保存为".mcb"格式。

3.2.4　设置结构类型

1. 定义结构分析类型

MIDAS/Civil 是基于空间单元开发的软件，但在实际工程中往往会遇到平面问题。为约束单元的无效自由度，并缩减总体刚度方程数目，需要定义分析模型的结构类型。MIDAS/Civil 提供了"3-D"、"X-Z 平面"、"Y-Z 平面"、"X-Y 平面"和"约束 RZ"

共 5 种结构类型，如图 3.14 所示。

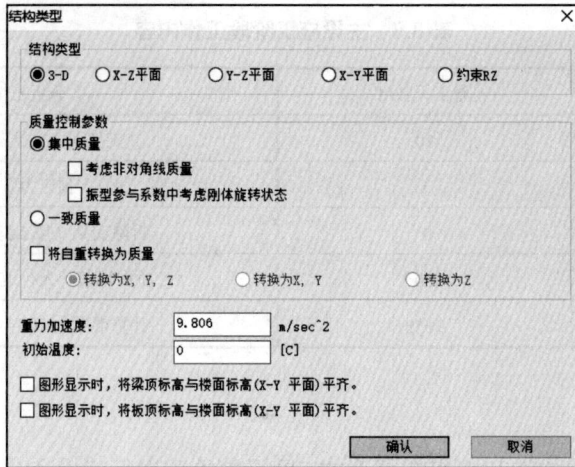

图 3.14 "结构类型"对话框

（1）"3-D"指按三维空间结构进行分析，此时分析模型中单元的所有自由度均为有效自由度，在分析复杂结构的动力和稳定时，可能要耗费较多时间。当选用"3-D"结构类型分析二维问题时，用户需要自行施加足够的约束，以确保模型是一个几何不变体系。

（2）"X-Z 平面"指在全局坐标系 X-Z 平面内的二维分析，这是 MIDAS/Civil 默认的二维坐标系，在分析由梁单元、杆单元组成的平面杆系结构问题时，应选择该结构类型。此时，该体系的有效自由度为 X-Z 平面内的平动自由度和绕平面法线的转动自由度，而 DY、RX、RZ 为无效自由度。

（3）"Y-Z 平面""X-Y 平面"则分别表示在全局坐标系 Y-Z 平面内和 X-Y 平面内的二维分析。

（4）"约束 RZ"指约束绕全局坐标系 Z 轴转动自由度的三维分析。

2. 将结构的自重转换为质量

在开展动力相关分析时，需要使用单元质量矩阵。单元质量矩阵分为集中质量矩阵和一致质量矩阵，一般情况下选择集中质量矩阵，以提高运算速度。但在开展结构静力和稳定分析时，需要进行转换。此外，MIDAS/Civil 还提供了"定义节点质量"和"将荷载转换为质量"两种生成附加质量矩阵的方法。

3. 重力加速度

重力加速度 g_w 的取值为 $9.806 \text{m}^2/\text{s}$。改变模型中的单位体系，程序会自动根据新单位体系换算重力加速度值。用户输入的重力加速度值会影响材料的质量密度。在 MIDAS/Civil 中，质量密度的计算式为

$$质量密度 = 重度 / g_w \tag{3.1}$$

34423

4. 初始温度

分析单元整体温度变化效应时，需要定义初始温度，程序中使用温差计算温度作用。温差可由最终温度与初始温度计算得到。在做水化热分析时，初始温度不起作用。

3.3　节点命令

MIDAS/Civil 提供了多种创建节点的方法，如捕捉栅格网、输入坐标、复制已有节点、分割已有节点等，还可采用 Excel 创建节点。下面介绍几种常用的节点命令，其余命令的使用方法请参考系统在线帮助文件。

3.3.1　建立节点

当需要创建单个节点或同时创建多个等间距布置的节点时，选择"节点/单元"→"建立节点"命令，打开"树形菜单"对话框，在"节点"选项卡下的下拉列表中选择"建立节点"选项，如图 3.15 所示。通常，单元节点设置在桁架或梁截面质心处，板单元设置在中性面上，实体单元直接建立在单元节点上，梁单元的节点还可设置在横截面其他位置。

1. 节点起始号

新建节点的编号自动设置为当前最大节点编号+1，如图 3.16 所示。系统默认节点起始号为 1，但亦允许用户根据建模需要自行设定节点起始号。

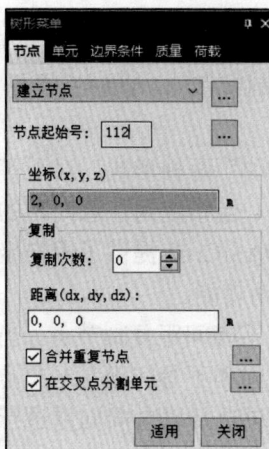

图 3.15　"建立节点"选项界面　　　图 3.16　"节点编号"对话框

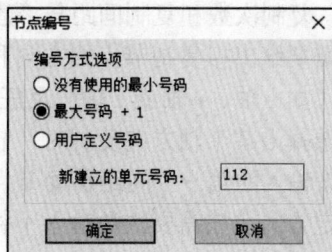

2. 坐标

当用户未定义新的用户坐标系时，MIDAS/Civil 默认用户坐标系的节点坐标值 x、y、

z 与总体坐标系中的坐标值一致，但当用户在新定义的用户坐标系中输入节点时，应输入用户坐标系坐标，系统会自动将该坐标换算到总体坐标系中。MIDAS/Civil 采用以下两种方式输入节点坐标：一种方式是直接在坐标文本框内输入总体坐标系中的 X、Y、Z；另一种是先单击坐标文本框，然后在工作窗口中选择目标位置，一旦选中，节点坐标立即显示在坐标文本框和状态条内。

3. 复制

当需要同时生成多个等间距及方向一致的节点坐标时，可以采用"复制"选项，并给出节点复制次数和在各坐标轴方向的距离 dx、dy、dz。其中小写的 dx、dy、dz 代表用户坐标系，默认为总体坐标系。复制间距可以直接在文本框内输入，也可以单击距离文本框后，在工作窗口中指定。

4. 合并重复节点

在建模过程中，若出现新建节点与已有节点位置重复，可以通过"合并重复节点"复选框决定是否将重叠的节点进行合并。

5. 在交叉点分割单元

当新建的节点刚好处在已有线单元（梁单元或桁架单元）上时，MIDAS/Civil 会提示用户是否需要将该线单元进行单元分割，若选择进行单元分割，在新建节点位置将线单元分割，否则不予分割。必要时，还需要修改合并容许误差和相交容许误差。

3.3.2 复制或移动节点

图 3.15 所示的"建立节点"选项界面下的"复制"区域，只能设置复制等间距的节点，但在实际建模过程中往往会遇到任意间距的节点复制或移动，此时应选择"移动/复制节点"选项，如图 3.17 所示。

"移动/复制节点"选项实际包含了"复制"或"移动"两种形式。对于等间距的节点复制，复制次数和复制间距与"建立节点"选项相同。当指定为任意间距的复制或移动时，需要给出拟复制节点的方向和相应的间距。MIDAS/Civil 提供了用户坐标系下仅沿某轴（如 x 轴、y 轴或 z 轴）及任意方向的复制或移动功能。

当选择沿某个轴方向复制时，节点仅沿该轴方向以不等间距复制节点。当选择为移动时，按输入的第一个间距移动节点；当选择以任意方向和不等间距复制节点时，还需要在指定方向上按需要次数输入不相等的复制间距。如果选择以方向向量进行节点复制或移动，则在文本框内输入 x、y、z 方向上的向量分量。

在建立复杂模型时，往往先建立局部模型，并在节点上设置边界条件、节点集中荷载等节点属性，然后选择"移动/复制节点"选项生成模型中的其余部分。选中"复制节点属性"复选框并单击后面的按钮，MIDAS/Civil 会将局部模型中的节点属性复制到新模型中，如图 3.18 所示。

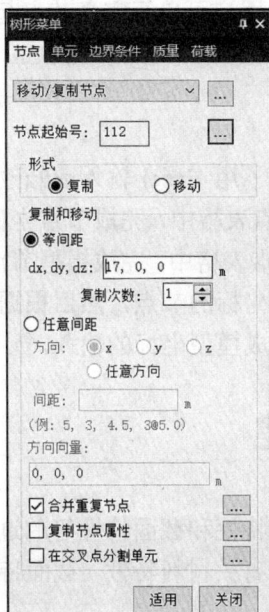

图 3.17　"移动/复制节点"选项界面

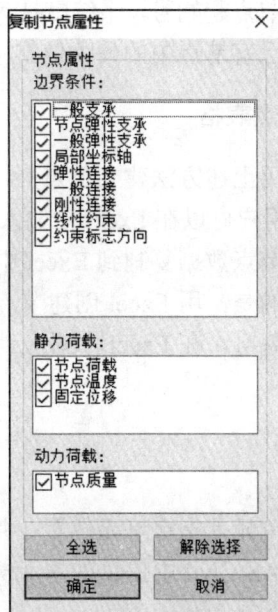

图 3.18　"复制节点属性"对话框

　　"合并重复节点"和"在交叉点分割单元"复选框的内容与"建立节点"选项下的相同，在此不再重复赘述。

3.3.3　镜像节点

　　对于模型中具有对称性的节点，只需要建立其中一半的节点，剩余节点在"节点"选项卡下的下拉列表中选择"镜像节点"选项来生成，如图 3.19 所示。

　　"镜像节点"选项包含"复制"和"移动"两种形式。镜像是针对某个特定平面（镜面）而言的。通常情况下，节点的复制或移动是关于用户坐标系中的 y-z 平面、x-y 平面和 z-x 平面共 3 个平面。但当复制或移动的节点不能由上述 3 个平面所定义时，可由不在同一直线上的 3 个点来确定镜像平面。当镜像节点的镜面平行于 y-z 平面时，需要进行镜面平移到相应位置点的"复制"或"移动"操作，如 x 文本框内输入为零，表示镜面刚好为 y-z 平面。同理，当镜像节点的镜面平行于 x-y 平面或 z-x 平面时，则相应输入 z 和 y 位置。

　　例如，对于图 3.8 中的箱梁模型，假定已经建立了左半跨的节点，选择"镜像节点"选项复制右半跨节点。显然，镜面平行于 y-z 平面，位于跨中位置 x=9.98m 处，故在 x 文本框内输入 9.98。复制镜像节点时，需要定义被复

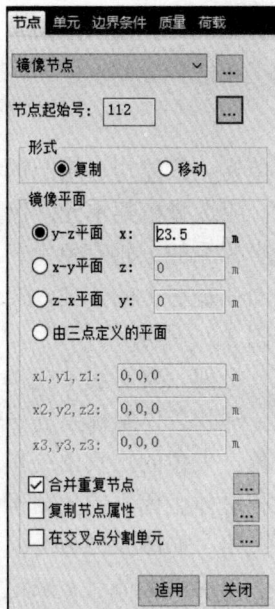

图 3.19　"镜像节点"选项界面

制节点的节点起始号，系统默认为当前最大节点号+1，用户可自行定义节点起始号，但必须大于已有节点中的最大值。

3.3.4 节点表格

除采用上述方法建立节点外，MIDAS/Civil 还提供了用 Excel 输入或修改节点坐标的功能。用户可以在 Excel 中输入坐标，然后复制到节点表格中，完成节点坐标的输入；也可以将节点数据复制到 Excel 中，修改后再复制到节点表格中，完成模型节点的修改。需要注意的是，用 Excel 创建节点坐标前，先建立任意坐标的节点，然后根据节点表格中的节点编号，在 Excel 中对应地输入模型坐标值，完成模型坐标的输入。

3.4 单 元 创 建

创建单元是指定单元位置，并赋予单元类型、材料特性和截面特性等的过程。本节介绍 MIDAS/Civil 中提供的单元类型和单元创建方法，有关材料特性、截面特性的输入将在 3.5 节中介绍。

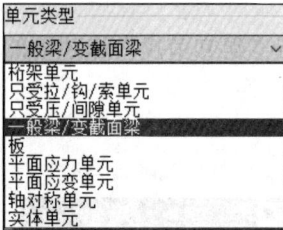

3.4.1 单元类型

单元类型
一般梁/变截面梁 ⌄
桁架单元
只受拉/钩/索单元
只受压/间隙单元
一般梁/变截面梁
板
平面应力单元
平面应变单元
轴对称单元
实体单元

图 3.20 单元类型

MIDAS/Civil 提供了"桁架单元""只受拉/钩/索单元""只受压/间隙单元""一般梁/变截面梁"等 9 种单元类型，如图 3.20 所示。本节介绍在桥梁结构分析中经常使用的几种单元类型。

1. 桁架单元

桁架单元由 2 个节点构成，属于单向受拉/受压的三维线性单元，只能传递轴向的拉力和压力。在分析桁架桥、交叉支承结构、空间网架等结构时，应选择桁架单元。仅具有轴向刚度的桁架单元、只受拉单元和只受压单元，只有单元坐标系的 x 轴有意义，x 轴是确定结构变形的基准，但利用 y 轴和 z 轴可以确定桁架截面在视窗上的方向，在 MIDAS/Civil 中，用 β 角来表示单元坐标系的 y 轴和 z 轴方向，如图 3.21 所示。

桁架、梁等线单元单元坐标系的 x 轴方向由 N_1 点指向 N_2 点，当线单元的单元坐标系 x 轴和总体坐标系的 z 轴平行时，单元的 β 角为单元坐标系 x 轴和总体坐标系 z 轴的夹角。夹角的正负由绕单元坐标系 x 轴转动的右手定则决定。当线单元的单元坐标系 x 轴和总体坐标系的 z 轴不平行时，单元的 β 角为总体坐标系 z 轴和单元坐标系 x-z 平面的夹角，如图 3.22 所示。

当用参考节点 k 来定义构件方向时，程序内部自动计算构件角度，并将其作为 β 角输入。

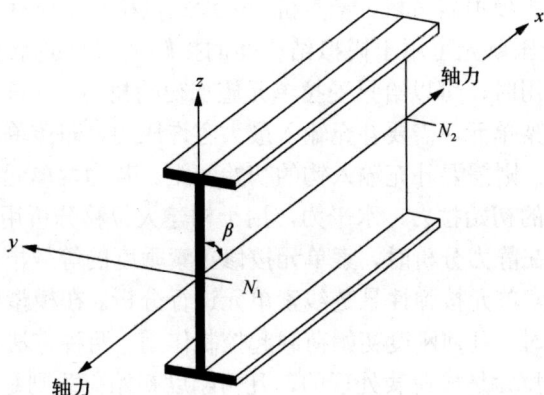

图 3.21　桁架单元单元坐标系及内力符号规定（以图中方向为正）

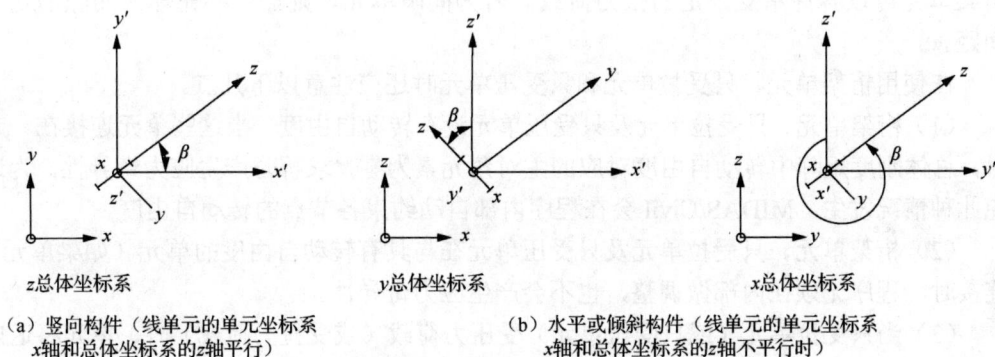

z 总体坐标系　　　　　　　　　y 总体坐标系　　　　　　　　　x 总体坐标系

（a）竖向构件（线单元的单元坐标系　　　　　（b）水平或倾斜构件（线单元的单元坐标系
　　　x 轴和总体坐标系的 z 轴平行）　　　　　　　　x 轴和总体坐标系的 z 轴不平行时）

图 3.22　β 角的定义示例

2. 只受拉单元、只受压单元

工程实际中往往有些构件只能承受拉力情况，如钩、拉索，还有些构件只能承受压力而不能承受拉力，如间隙。当结构分析中需要反映这些单元的属性时，应选择"只受拉/钩/索单元"选项或"只受压/间隙单元"选项，如图 3.23 和图 3.24 所示。由于只受拉单元或只受压单元是一种具有非线性行为的单元，因此，需要通过若干次迭代计算后才能得到结果。

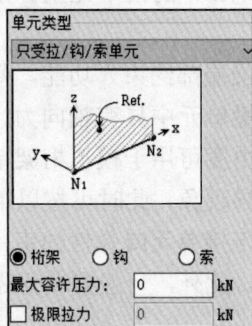

图 3.23　"只受拉/钩/索单元"选项　　　　　图 3.24　"只受压/间隙单元"选项

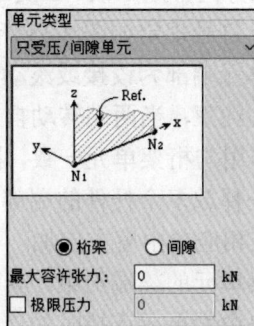

只受拉单元可用于模拟斜拉桥、悬索桥、中承式拱桥和下承式拱桥中可以忽略垂度的拉索或吊杆；只受压单元可用于模拟结构间的接触面或只能承受压力的地基边界条件；当有初始张力作用时，可以给只受拉单元施加初始拉力。

对于只受拉的桁架单元，需要补充输入最大容许压力，即该单元可以容许承受的最大压力。若为钩单元，则需要补充输入钩的初始间距。若为索单元，则需要补充输入单元的无应力索长、索的初始拉力、水平力，用于构建大位移分析用的初始拉力。

需要注意的是，在静力分析时，索单元按修正索垂度的等效桁架单元进行分析；在几何非线性分析时，索单元按弹性悬链线索单元进行分析。在模型中同时输入初始拉力和几何刚度初始荷载时，几何刚度初始荷载起控制作用。两种方法虽然均适用于大位移分析，但程序内初始拉力是按荷载处理的，几何刚度初始荷载则是按初始刚度处理的，分析结果有所不同。对于只受压的桁架单元，则需要补充输入最大容许张力，即只受压桁架单元可以容许承受一定的张力荷载。若为间隙单元，则需要补充输入间隙的初始间距。

在使用桁架单元、只受拉单元和只受压单元时还应注意以下几点。

（1）桁架单元、只受拉单元及只受压单元没有转动自由度。当这些单元连接在一起时，总体刚度矩阵中转动自由度对应的主对角元素为零，求解时产生应力奇异性。为避免此种情况发生，MIDAS/Civil 会在程序内部自动约束各节点的转动自由度。

（2）桁架单元、只受拉单元及只受压单元在与具有转动自由度的单元（如梁单元）连接时，程序无须在内部做调整，也不会产生应力奇异性。

（3）当只受拉单元（或只受压单元）受压力荷载（或受拉力荷载）时，单元将退出工作。

3. 一般梁/变截面梁单元

一般梁/变截面梁单元是用于分析等截面杆或变截面杆系结构较常用的单元类型。MIDAS/Civil 中的梁单元是由 2 个节点构成的铁摩辛柯空间梁单元，具有拉、压、弯、扭的变形刚度，并默认计算剪切变形。当计算中不需要考虑剪切变形时，只需在截面特性中取消选中"考虑剪切变形"复选框。MIDAS/Civil 在分析变截面梁时，把截面面积、有效抗剪截面及抗扭刚度都视为沿 x 轴方向的线性函数，将截面惯性矩按用户选择的不同，沿 x 轴方向形成 1 次、2 次、3 次的函数。MIDAS/Civil 中的梁单元坐标系及单元内力（应力）符号规定如图 3.25 所示。

当梁单元端部为铰接或滚动支座时，可使用"释放梁端部约束"功能，释放相应自由度方向的约束；当两端转动自由度全部释放时，此时梁单元中只有轴向力，无弯矩和剪力，其作用与桁架单元一致，因此释放的两端转动自由度可用于模拟桁架单元。但在一个节点处释放多个杆件的端部约束时，可能会发生奇异现象，此时可按以下两种方法处理：①在相应自由度方向加一个具有微小刚度的弹性连接单元或弹性约束；②不释放其中一个梁单元的梁端约束，其他梁单元释放梁端约束。此外，一般梁单元还作为处理两种不同自由度单元连接时的连接单元。

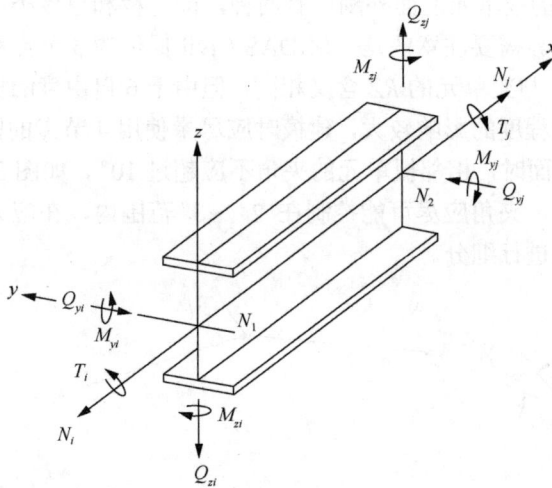

图 3.25　梁单元坐标系及单元内力符号规定

作用于梁单元上的荷载类型包括集中荷载、均布荷载、梯形荷载、三角形荷载、温度梯度荷载、预应力荷载等。MIDAS/Civil 输出的单元内力符号以图 3.25 所示为正，构件应力的正负号规定与单元内力符号规定相同，但当在弯矩作用下截面上产生应力时，以受拉为正、受压为负来规定其符号。

4. 板单元

MIDAS/Civil 中提供的板单元是由同一平面上的 3～4 个节点构成的平板单元，如图 3.26 所示。板单元的自由度以单元坐标系为基准。单元坐标系由 x、y、z 轴构成，满足右手螺旋定则。单元坐标系 x 轴方向为由 N_1 到 N_2 方向，y 轴与 x 轴位于板单元面内，z 轴垂直于单元平面。输入单元的节点时，4 节点单元应按 $N_1 \rightarrow N_2 \rightarrow N_3 \rightarrow N_4$ 的顺序进行，3 节点单元应按 $N_1 \rightarrow N_2 \rightarrow N_3$ 的顺序进行，单元坐标系的方向与图 3.27 所示规定的方向一致。理论上，板单元的每个节点具有 x、y、z 轴方向的线位移自由度和绕 x、y 轴旋转的转动自由度。

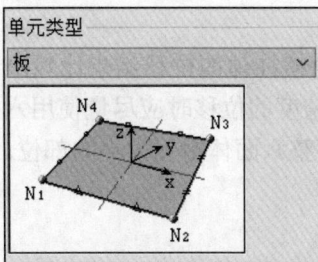

图 3.26　板单元定义示例

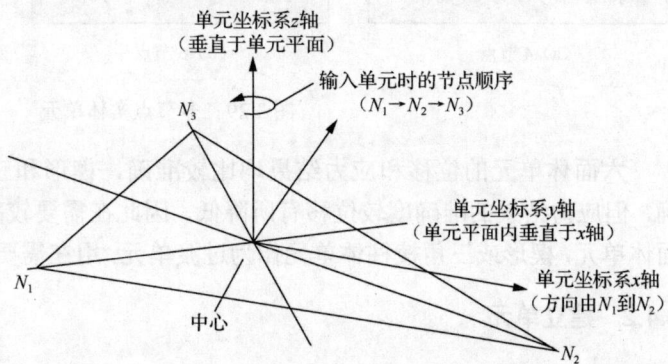

图 3.27　板单元的单元坐标系及布置

MIDAS/Civil 中的板单元的面外刚度有两种，即薄板和厚板类型，四边形板单元使用了等参数单元理论。需要注意的是，MIDAS/Civil 提供的 3 节点和 4 节点板单元引入了第 6 个自由度 *RZ*，与梁单元的 *RZ* 含义相同，但由于 6 自由度的板单元在平面内的转动自由度受单元细分程度的影响较大，建模时应尽量使用 4 节点的四边形单元，并尽量细分单元。在建立曲面时，相邻板单元的夹角不应超过 10°，如图 3.28 所示。当需要输出比较精确的结果时，夹角应尽可能控制在 2°～3° 范围内，在应力变化较大的位置，优先使用四边形单元进行细分。

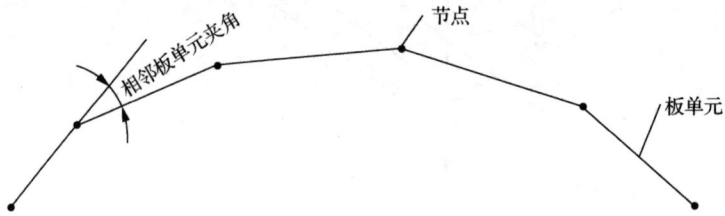

图 3.28　球面或圆柱面上使用的板单元

在桥梁工程中，板单元可用于面内受拉压及面外受弯的桥面板、钢围堰等结构中。在 MIDAS/Civil 中，板单元上可以施加任意方向的压力荷载。

5. 实体单元

根据单元节点数不同，实体单元分为 4 节点的楔形、6 节点的三角棱柱体和 8 节点的六面体 3 种，如图 3.29 所示。

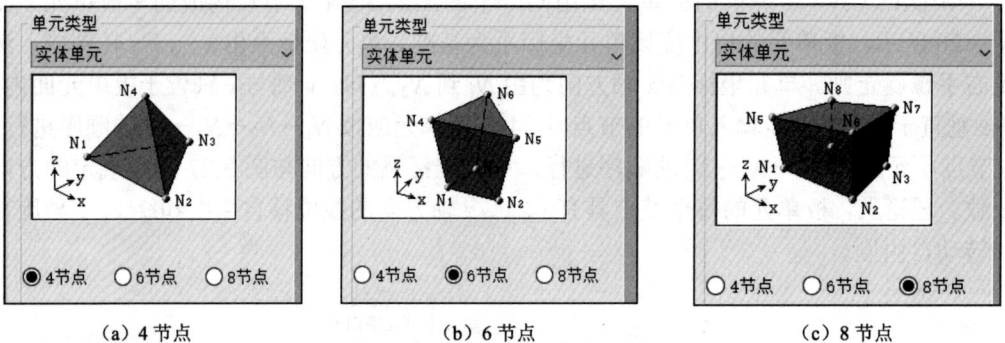

（a）4 节点　　　　（b）6 节点　　　　（c）8 节点

图 3.29　多节点实体单元

六面体单元的位移和应力结果均比较准确，楔形和三角棱柱体的位移结果比较准确，但应力结果的准确度较位移有所降低，因此在需要较高精度的位移时应尽量使用六面体单元，楔形或三角棱柱体单元作为过渡单元，用在需要调整六面体单元大小的部位。

3.4.2　建立单元

MIDAS/Civil 提供了多种创建单元的方式，如图 3.30 所示，如利用已有节点来建立单元，利用扩展方式同时生成单元和节点，或从 AutoCAD 中导入模型以生成单元和节点等。

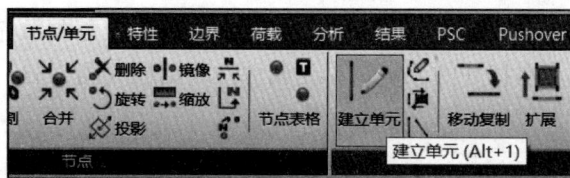

图 3.30　"建立单元"按钮

　　根据已有节点建立单元时，可能会出现新建单元与已有单元交叉的情况（图 3.31），MIDAS/Civil 会根据不同情况进行处理。

　　（1）如果选中"交叉分割"区域的"节点"复选框且已有的节点在新建单元上，则不管该单元的类型如何，新建单元均在此节点位置被分割。

　　（2）如果选中"交叉分割"区域的"单元"复选框且新建的线单元与已有线单元相交，则在相交点位置处自动生成节点，并将线单元分割。

　　（3）如果选中"建立交叉节点"复选框，即使在生成的板单元或实体单元中没有内部节点，也会在外部节点连线的交点处建立节点，并随后建立板单元和实体单元。

3.4.3　移动/复制单元

　　用"移动/复制单元"选项生成单元的操作方法与用"移动/复制节点"选项生成节点的操作方法基本相似，相应的操作界面如图 3.32 所示。

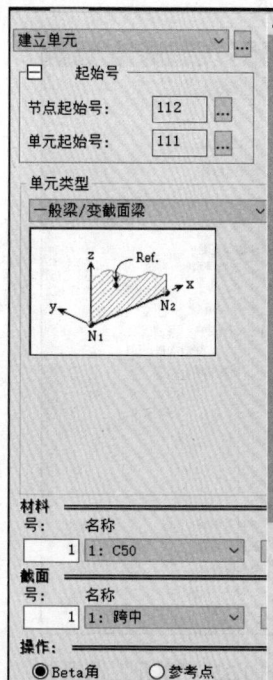

图 3.31　根据已有节点建立单元

1. 材料号、截面号和厚度号增幅

　　当复制的单元与模板单元的材料号、截面号、厚度号相同时，直接按系统缺省方式复制单元，无须修改材料号、截面号、厚度号，但当复制的单元与模板单元的材料号、截面号、厚度号不同，且呈规律性递增时，需要定义它们的增幅值。

2. 复制节点属性

　　当建立的单元中已经给某些节点或全部节点施加了节点边界条件、节点集中荷载等节点属性，而且被复制的单元具有相同的节点属性时，选中"复制节点属性"复选框，单击其右侧的按钮 **...** ，在打开的"复制节点属性"对话框（图 3.18）中进行设置，从而简化建模过程，缩短建模时间。

3. 复制单元属性

　　当建立的单元中已经给某些单元或全部单元加了单元边界条件、单元集中荷载等单元属性，而且被复制的单元具有相同的单元属性时，选中"复制单元属性"复选框，单击其右侧的按钮 **...**，在打开的"复制单元属性"对话框（图 3.33）中进行设置，以缩短建模时间。

3.4.4　单元镜像

对于模型中具有对称性的单元，可以选择"镜像单元"选项建立对称模型，如图 3.34 所示。

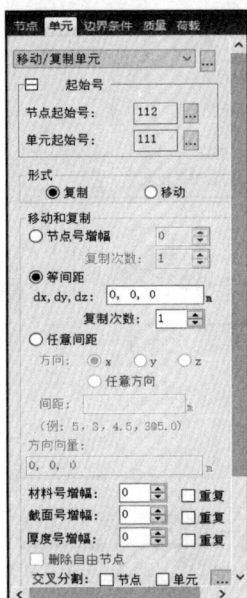

图 3.32　"单元"选项卡
"移动/复制单元"选项界面

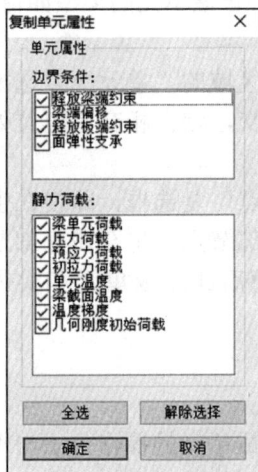

图 3.33　"复制单元属性"
对话框

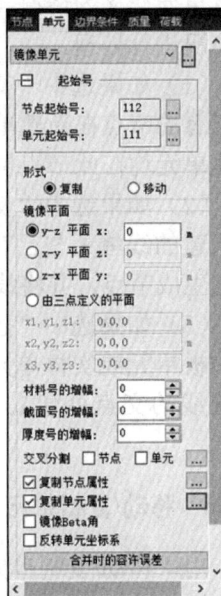

图 3.34　"镜像单元"
选项界面

单元镜像与节点镜像的操作方法基本相同，下面就不同之处予以说明。

1. 镜像 β 角

当单元镜像时，缺省状况下单元坐标系以 180° 被镜像，如果镜像后的单元坐标系要与模板单元的单元坐标系一致，则不选择以反射面为对称面镜像 β 角，否则就需要选择以反射面为对称面镜像 β 角。

2. 反转单元坐标系

如上所述，单元镜像时单元坐标系会发生反转，如果在镜像复制或移动单元时，需要以反射面为对称面镜像用户坐标系，则应选中"反转单元坐标系"复选框，否则不予选择。

3.4.5　单元修改

在建模过程中经常会遇到已建单元的合并或分割，此时可选择"合并单元"或"分割单元"选项。"合并单元"或"分割单元"选项界面如图 3.35 和图 3.36 所示。

合并单元是将模型中的部分或全部单元进行合并，分割单元则是将模型中的部分或全部单元按照分割间距进行重新划分。系统默认的单元类型为线单元（桁架单元、梁单元等），在合并或分割平面单元（板单元、平面应力单元、平面应变单元等）或实体单元时，则应先选择相应的单元类型。对于合并单元，选中"强行合并"单选按钮时，应给出合并容许误差的最大角度，并指定需要强制合并的单元号。在合并单元过程中，有可能出现无属性的节点及合并单元后与单元不关联的节点，即自由节点，此时应根据模型特点选择是否选中"删除自由节点"复选框。

单元分割长度应根据建模需要确定，可以按等间距、任意间距、任意距离比、平行支承或被节点分割等方式进行分割。其中，等间距分割是将拟分割的单元按其原有长度做等间距划分；任意间距是将拟分割的单元以不等间距分割原有单元长度；任意距离比是将拟分割的单元用不同的距离比定义长度分割单元；平行支承主要适用于像输电塔桁架结构那样带有双支柱的结构。

在建模过程中或用参数化分析结构效应时，经常遇到要给单元重新定义或复制相应属性的情况，对此可选择"修改单元参数"选项进行修改。

MIDAS/Civil 允许修改的单元参数类型有材料号、截面号、厚度号、单元坐标轴方向、单元类型、反转单元坐标轴、统一单元坐标轴和截面偏心 8 种，如图 3.37 所示。

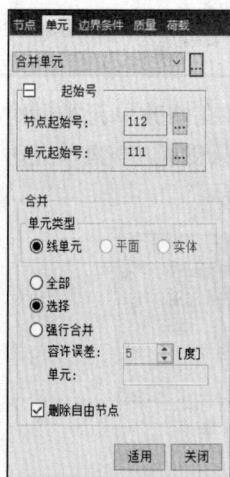

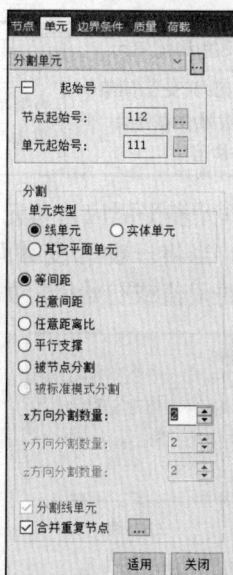

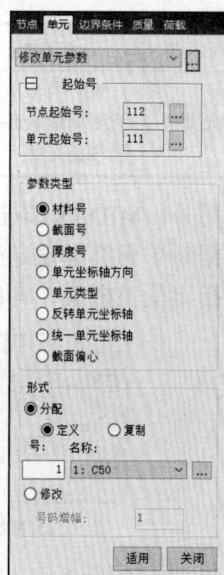

图 3.35　"合并单元"选项界面　　图 3.36　"分割单元"选项界面　　图 3.37　"修改单元参数"选项界面

1. 分配

分配是指给选择的单元重新定义或复制属性，如材料号、截面号、厚度号，包括"定义"和"复制"两个选项。

1）定义

定义是指先定义材料、截面、厚度的序号或名称，然后将其属性赋给选择的单元。

2）复制

复制是指当选择新建属性数量等于选择的特性值数量时，在工作目录树中将生成等于选择的单元数量的新的特性值。

2. 修改

修改是指用已定义的材料号、截面号、厚度号号码增幅修改相应的材料号、截面号、厚度号。

3. 单元坐标轴方向的分配或修改

在给选择的单元分配单元坐标轴方向时，可以用 β 角、参考点或参考方向来指定。若用 β 角指定，则需要输入具体的 β 值；若用参考点指定，则应给出参考点号；若用参考方向指定，则应输入参考方向在 x、y、z 方向的矢量。另外，若只是修改单元坐标轴方向，只需用定义的 β 角增量修改单元构件的 β 角。

4. 修改单元类型

MIDAS/Civil 允许修改的单元类型如表 3.9 所示。

表 3.9　MIDAS/Civil 允许修改的单元类型

原单元类型	桁架单元	只受拉/钩/索单元	只受压/间隙单元	一般梁/变截面梁
新单元类型	只受拉/钩/索单元；只受压/间隙单元；一般梁/变截面梁	桁架单元；只受压/间隙单元；一般梁/变截面梁；平面应力单元	桁架单元；只受拉/钩/索单元；一般梁/变截面梁	桁架单元；只受拉/钩/索单元；只受压/间隙单元

另外，MIDAS/Civil 还允许板单元和平面应力单元之间替换。在修改单元类型时，应根据新单元类型设定必要的参数，当将一般梁/变截面梁修改为只受拉/钩/索单元时，还应指出受拉桁架、钩或索及相应的限值或初始值，如图 3.38 所示。

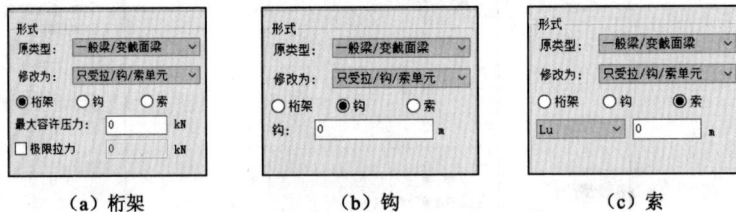

（a）桁架　　　　　　　（b）钩　　　　　　　（c）索

图 3.38　只受拉/钩/索单元限值或初始值设置

5. 反转单元坐标轴

反转单元坐标轴是将单元局部坐标轴转换为相反方向。选择"镜像单元"选项复制单元时，如果未选中"反转单元坐标系"复选框，那么复制的单元坐标系将随镜像而反转，此时，可选中"反转单元坐标轴"单选按钮进行设置，如图 3.39 所示。在"形式"区域中选中"反转单元属性"复选框时，在反转单元坐标轴的同时反转单元上输入的边界条件和荷载。

6. 统一单元坐标轴

统一单元坐标轴是以参考单元为基准，将选择的单元统一到与参考单元相同的单元坐标轴上。如果单元局部坐标轴不能与参考单元局部坐标系完全一致，那么应尽可能使参考单元局部坐标系接近最高优先次序的坐标轴。

3.4.6　CAD 模型导入方法

当结构分析模型由线单元、板单元构成时，MIDAS/Civil 提供了从 AutoCAD 导入几何模型的建模方法。在 AutoCAD 中，线单元用直线或多段线命令绘制，板单元用三维网格曲面绘制。AutoCAD 中的一条直线段对应 MIDAS/Civil 中的一个线单元，直线段的两个端点对应于线单元的两个节点；三维网格曲面的一个曲面对应 MIDAS/Civil 中的一个板单元。在 AutoCAD 中绘制代表梁单元、杆单元的直线段时，通常取构件的中心线，也可根据建模需要选取构件的顶缘线或底缘线。

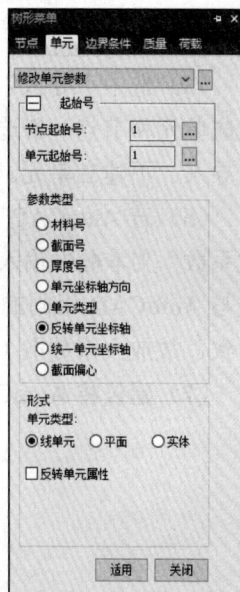

图 3.39　"反转单元坐标轴"参数类型设置界面

MIDAS/Civil 允许 AutoCAD 创建的直线段、三维网格曲面建立在一个文件中，但必须放置在不同的图层中，并以 DXF 文件格式保存。MIDAS/Civil 要求导入的 AutoCAD 图形坐标值不得超过 50000，因此在绘制直线段或三维网格曲面时应合理控制图形单位，否则将无法导入。另外，在导入 AutoCAD 中建立的板单元时，注意检查导入的模型是否有重复节点或节点间距过小，以免分析时产生应力奇异性。

预应力混凝土简支箱梁用 MIDAS/Civil 导入 AutoCAD 主梁模型的操作步骤如下。

（1）在 AutoCAD 中用直线命令绘制 22 条直线段，每个线段的长度对应单元长度。

（2）将绘制的直线段设置在指定的图层上。本例使用 AutoCAD 默认的"0"图层，另存为"预应力简支箱梁.dxf"文件。

（3）从 MIDAS/Civil 主菜单中选择"文件"→"导入"→"AutoCAD DXF 文件"命令，打开"导入 DXF 文件"对话框，如图 3.40 所示。

（4）"所有层"区域列出了 AutoCAD 中设置的所有图层名，用户根据绘制直线段或三维网格曲面时所设定的图层选择图层名。

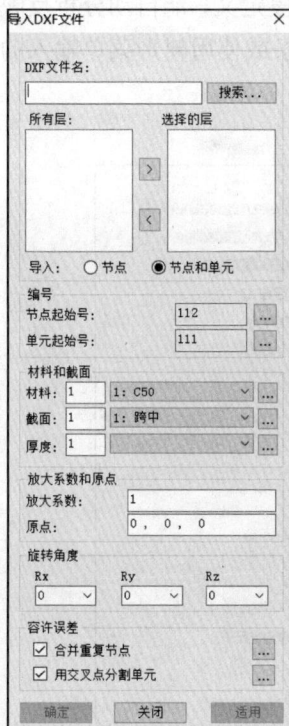

图 3.40　"导入 DXF 文件"对话框

（5）选中"导入"区域中的"节点和单元"单选按钮，MIDAS/Civil 自动将直线段生成单元和节点。若选中"节点"单选按钮，则 MIDAS/Civil 仅将直线段的端点作为节点导入，不建立单元。

（6）若 AutoCAD 建立的图形单位与 MIDAS/Civil 中的长度单位不一致，可在"放大系数"文本框中输入数值来实现模型比例的缩放，也可将 MIDAS/Civil 单位体系调整成与 AutoCAD 相同的单位体系。本例中 AutoCAD 图形与 MIDAS/Civil 模型单元长度一致，故放大系数取 1。

（7）建议将 AutoCAD 中的图形移至坐标原点，以免在对话框中重新设置原点。

3.5 材料与截面特性定义

MIDAS/Civil 内置了多个国家常用的材料和截面特性数据库，用户可以直接使用这些数据库，也可以根据需要自行定义材料和截面。对任意截面形状的截面特性计算，MIDAS/Civil 提供了相应的计算器功能。桥梁工程中经常会遇到联合截面的情况，如钢管混凝土截面、钢-混组合截面，MIDAS/Civil 根据用户施工阶段定义，能自动分析反映联合截面在合成前后的截面变化。输入材料和截面特性的工具条或使用树形菜单输入的界面如图 3.41 和图 3.42 所示。

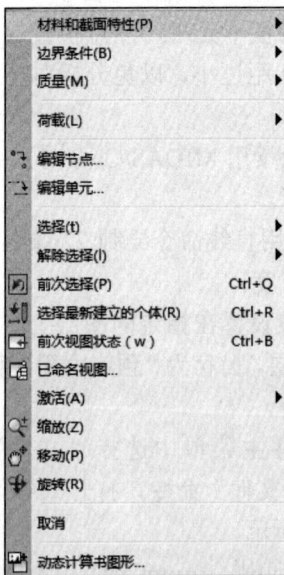

图 3.41 材料和截面特性工具条   图 3.42 "材料和截面特性"下拉菜单

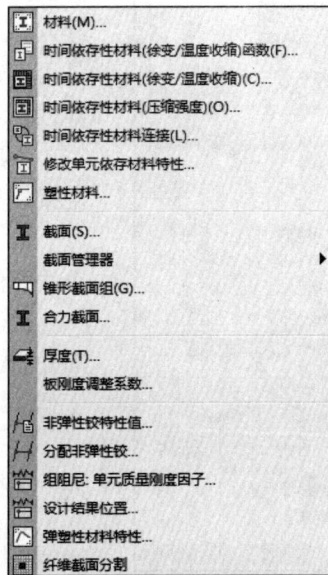

3.5.1　材料特性定义

MIDAS/Civil 将材料、截面和构件厚度的输入布置在同一个对话框中，如图 3.43 所示。为识别模型中不同材料的特性，需要定义材料号和材料名称，如图 3.44 所示。

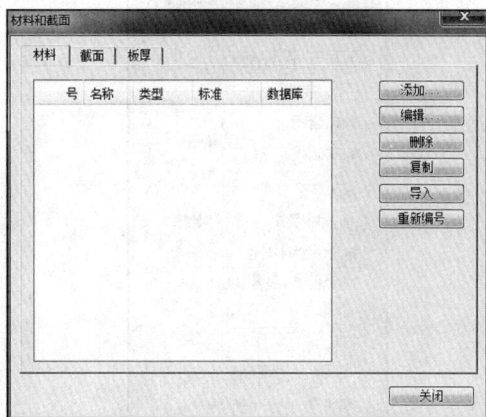

图 3.43　"材料和截面"对话框　　　　　图 3.44　"材料数据"对话框

在 MIDAS/Civil 中，混凝土重度取 25kN/m³，钢材重度取 78.5kN/m³。当实际结构的混凝土或钢材重度超过系统默认值时，可以在定义结构自重时予以修正。例如，实际结构的混凝土重度为 26kN/m³，重度换算系数为 26/25=1.04。

3.5.2　时间依存性材料定义

收缩、徐变是混凝土的固有特性，并随时间的变化而改变。MIDAS/Civil 开展桥梁施工阶段分析或水化热分析时，需要在模型数据中定义混凝土收缩、徐变随材龄变化的时间依存特性。时间依存性材料数据的输入方法如下。

（1）选择"模型"→"材料和截面特性"→"添加/编辑时间依存材料（徐变/收缩）"命令，定义有关收缩和徐变的材料数据（图 3.45）。

（2）选择"模型"→"材料和截面特性"→"时间依存性材料连接"命令，将在时间依存材料（徐变/收缩）中定义的材料特性赋予已定义的材料（图 3.46）。

（3）选择"模型"→"材料和截面特性"→"修改单元的材料时间依存特性"命令，修改单元的理论厚度值或者体积与表面积比（图 3.47）。

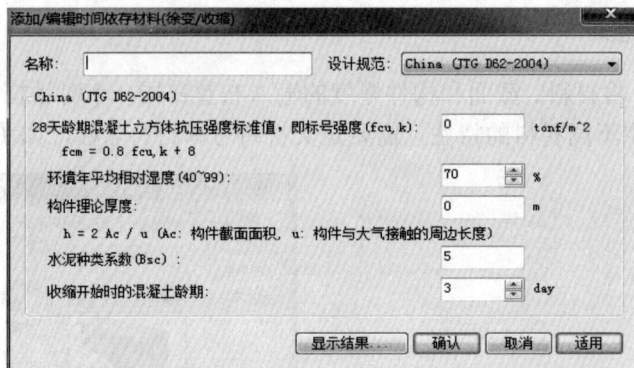

图 3.45 "添加/编辑时间依存材料(徐变/收缩)"对话框

图 3.46 "时间依存性材料连接"命令界面   图 3.47 "修改单元的材料时间依存特性"命令界面

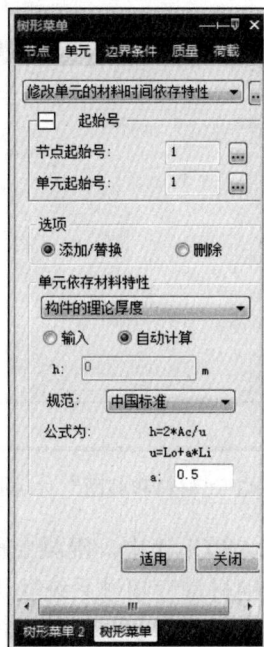

在定义混凝土时间依存材料特性时应注意以下几点。

(1)如图 3.45 所示,定义时间依存特性函数时,混凝土强度取混凝土抗压强度标准值。若为 C50 混凝土,应输入 50MPa。

(2)在定义收缩、徐变函数时构件的理论厚度可随意输入一个非负数。建立截面模型后由程序自动计算构件的真实理论厚度。

(3)混凝土开始收缩时的材龄在收缩、徐变函数定义中指定(图 3.45),加载时的混凝土材龄在施工阶段定义中指定。

(4)修改单元时间依存材料特性值时,应相应修改构件的理论厚度值。

（5）当收缩、徐变系数不按规范计算取值时，可以通过自定义收缩、徐变函数来定义混凝土的收缩、徐变特性。

（6）如果在施工阶段荷载中定义了施工阶段徐变系数，那么在施工阶段分析中将按施工阶段荷载中定义的徐变系数来计算。

3.5.3　截面特性输入

截面是针对线单元（桁架、只受拉/压、索、间隙、钩、梁单元）而言的，MIDAS/Civil 提供了多种灵活的截面定义方法，如调用数据库中截面（标准型钢）、直接输入截面特性数值、用户定义、导入其他模型中已有截面等。

用户定义中可以实现组合截面（如钢管混凝土截面）、由两种型钢截面组合而成的复合截面、用户自定义的截面、具有相同形状的变截面以及联合梁桥联合前后的联合截面数据输入。

下面以输入简支箱梁桥跨中截面（$A—A$）的数据为例，介绍采用"设计截面"的输入方法。

（1）在主菜单或树形菜单中打开"材料和截面"对话框（图 3.43）。选择"截面"选项卡，单击"添加"按钮，在打开的"截面数据"对话框（图 3.48）中选择"设计截面"选项卡，在截面形状下拉列表中选择"单室、双室"选项，系统自动打开图 3.49 所示的对话框，由于 $A—A$ 截面是单箱双室，因此截面类型选择"单箱双室"。

（2）依次输入 $A—A$ 截面外轮廓和内轮廓尺寸数据，系统在"设计截面视图"对话框（图 3.50）中自动生成相应的截面视图。

下面对"设计截面"选项卡中的部分内容做进一步说明。

图 3.48　"截面数据"对话框

（1）剪切验算。验算设计截面中剪切比较薄弱部分的剪力。在"剪切验算"区域文本框中输入"Z1""Z3"值，选中"自动"复选框，将验算"设计截面视图"对话框中所示的腹板的上端（"Z1"位置处）和下端（"Z3"位置处）的剪力。

（2）腹板厚度。计算设计截面抗剪能力弱的区域的剪力。用户不仅可以自定义剪力计算位置，也可以选择程序自动计算。当选择自动计算时，程序将自动选取腹板上、下端（"Z1""Z3"位置）计算。

其中，"t1"为剪切位置"Z1"处所有腹板厚度之和；"t2"为剪切位置"Z2"处所有腹板厚度之和；"t3"为剪切位置"Z3"处所有腹板厚度之和。

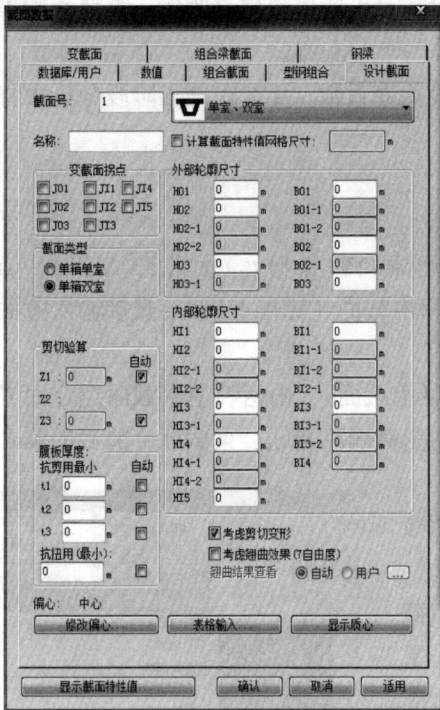

图 3.49 "设计截面"选项卡界面

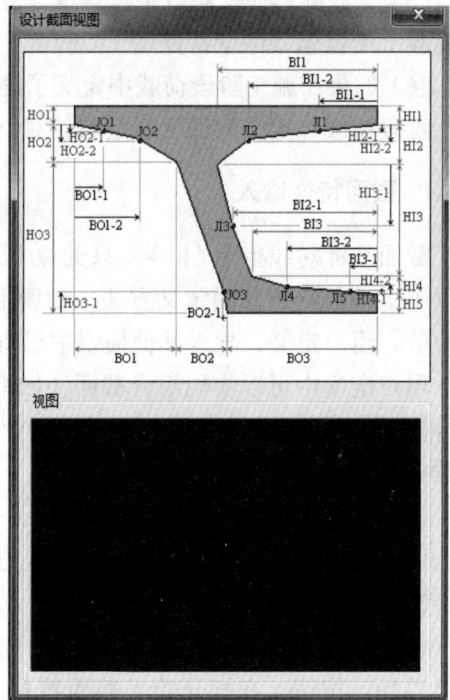

图 3.50 "设计截面视图"对话框

（3）修改偏心。指定截面线单元的位置，即在模型窗口中显示的线单元是以截面哪个位置为基准生成的。偏心的默认值为截面质心，若要修改偏心的位置，可单击"修改偏心"按钮实现。在打开的"修改偏心"对话框中，"偏心"下拉列表中的"中心"选项用于选择质心或截面尺寸的几何中心来定义中心，如图 3.51 所示。本例中设置主梁跨中截面的底板中心为质心。

可以通过"偏心"下拉列表选择偏心的类型（图 3.52），还可以手动输入"横向偏心""竖向偏心"相关尺寸指定偏心的位置。

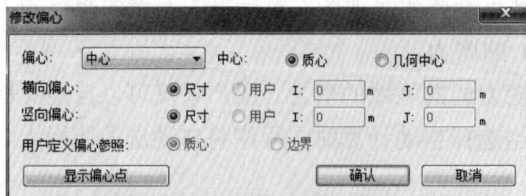

图 3.51 "修改偏心"对话框

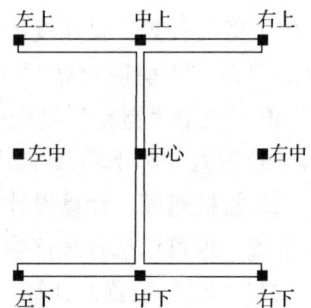

图 3.52 偏心示意图

3.5.4　截面特性计算器

在桥梁工程中经常会遇到形状特殊的截面，MIDAS/Civil 提供了截面特性计算器专门用于计算这些截面的特性值。对于一般截面，可通过生成平面形式截面来计算截面特性。

本节以输入示例桥 *B—B* 截面的数据为例，介绍采用"设计用数据截面"的输入数据方法。

（1）在 AutoCAD 中绘制横截面（图 3.53），并保存为 DXF 格式文件，如 *B—B*.dxf. 截面图形单位为"mm"。

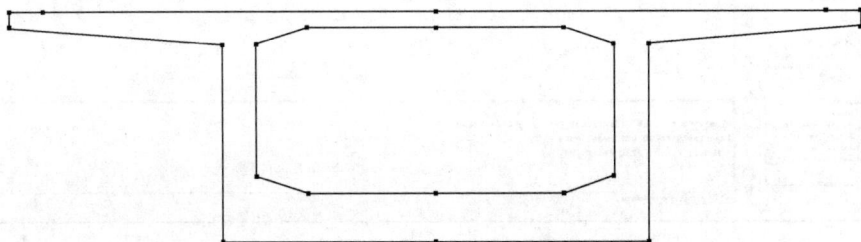

图 3.53　*B—B* 断面视图

（2）在 MIDAS/Civil 中，选择"工具"→"截面特性计算器"命令，运行 MIDAS/SPC 程序，在打开的"Setting（设置）"对话框中设置"Length（长度）"的单位为"mm"（与 AutoCAD 一致），如图 3.54 所示。

（3）选择"File（文件）"→"Import（导入）"→"AutoCAD DXF"命令，打开"Import AutoCAD DXF"对话框（图 3.55），选择"B-B.dxf"文件，单击"OK"按钮完成。

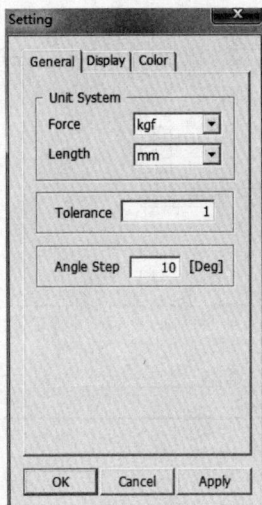

图 3.54　"Setting"对话框

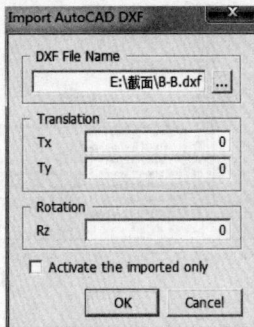

图 3.55　"Import AutoCAD DXF"对话框

（4）选择"Model（模型）"→"Section（界面）"→"Generate（生成）"命令，打

开相应窗口。在"Type（类型）"区域中选中"Plane（平面）"单选按钮，然后选择整个截面，单击"Apply（应用）"按钮，完成截面的生成，如图 3.56 所示。

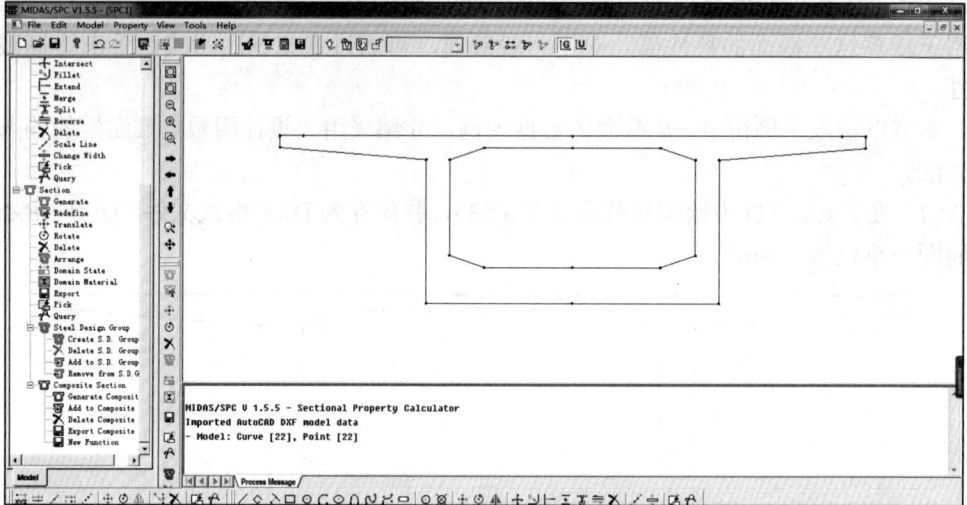

图 3.56　截面生成窗口

（5）选择"Property（属性）"→"Calculate Section Property（计算界面属性）"命令，打开相应窗口，如图 3.57 所示。选择刚才生成的截面，单击"Apply（应用）"按钮，完成截面特性计算。

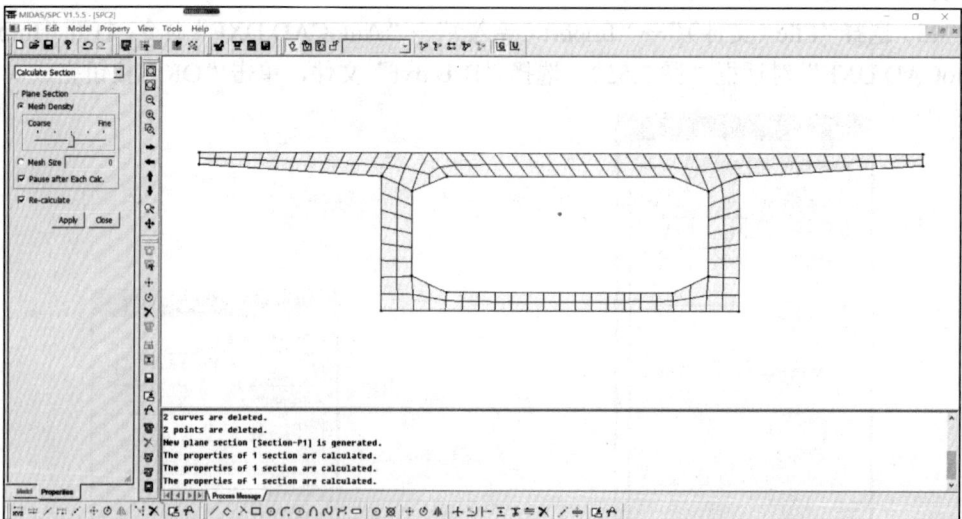

图 3.57　截面特性计算窗口

（6）选择"Model（模型）"→"Section（界面）"→"Export（导出）"命令或者单击"■"按钮，打开相应窗口，如图 3.58 所示。在"Export"区域选中"MIDAS Section File"单选按钮，并导出 sec 格式文件，单击"File Name（文件名）"文本框右侧的按钮

⋯⋯，选择文件保存路径，保存在工作目录中，并命名为"B-B.sec"，然后关闭 MIDAS/SPC 程序。

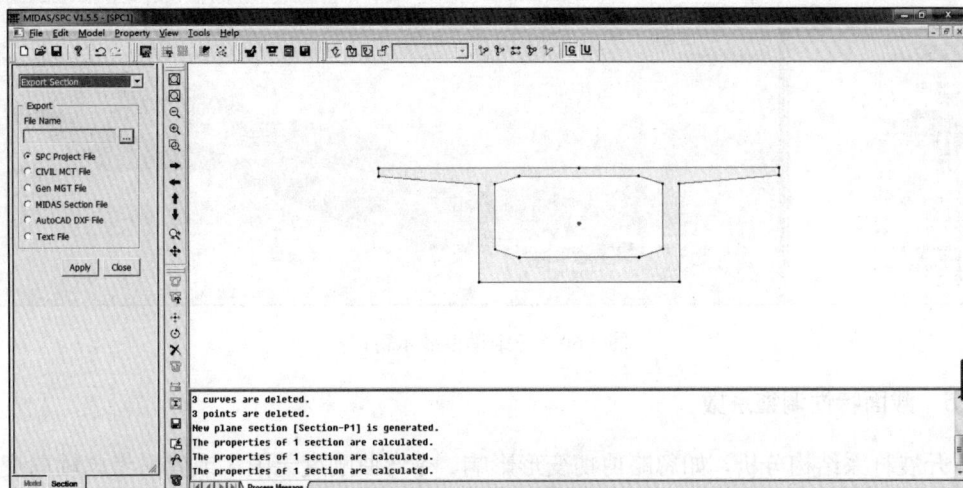

图 3.58　截面导出窗口

（7）返回到 MIDAS/Civil 主程序界面，单击树形菜单的"菜单"按钮，选择"结构分析"→"模型"→"材料和截面特性"→"截面"命令，打开"材料和截面"对话框。单击"添加"按钮，打开"截面数据"对话框。选择"设计截面"选项卡，在下拉列表中选择"设计用数值截面"选项。在"名称"文本框中输入"跨中"。单击"截面数据"下拉按钮，选择"从 SPC 导入"选项，导入（6）中生成的"B-B.sec"文件，填入相关参数，如图 3.59 所示。单击"确认"按钮完成，关闭"材料和截面"对话框，回到界面，显示三维模型，如图 3.60 所示。

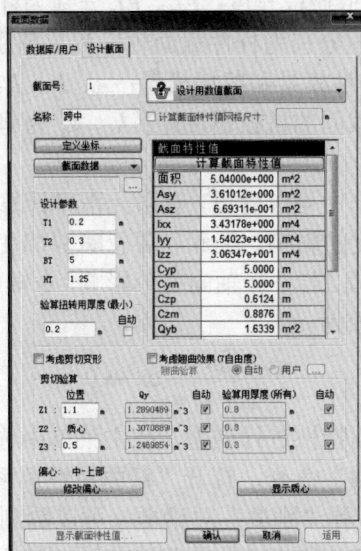

图 3.59　从 SPC 导入截面数据

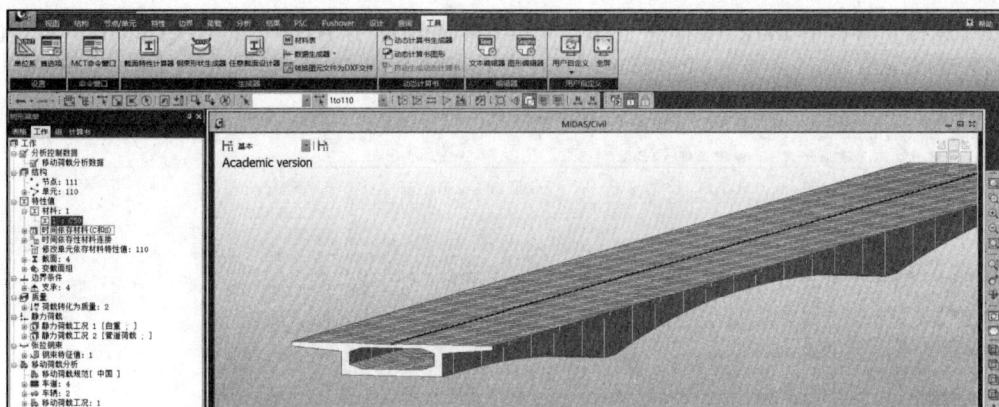

图 3.60　三维模型显示窗口

3.5.5　截面特性调整系数

开展杆系结构分析，如忽略剪切变形影响、令弯曲刚度无限大或者只考虑轴向变形影响，可以通过调整截面特性系数来实现，其实质是修改单元刚度矩阵（即改变截面惯性矩或面积）。在此定义的截面特性调整系数，只在计算位移和内力时起作用，在计算应力时仍采用原先定义的截面特性值。杆系结构的变形大小可以用结构力学中的位移计算公式来表示，其表达式为

$$f = \sum \frac{M_y M_y}{EI_y}\mathrm{d}s + \sum \frac{M_z M_z}{EI_z}\mathrm{d}s + \sum \frac{M_x M_x}{GI_x}\mathrm{d}s + \sum \frac{F_N F_N}{EA}\mathrm{d}s + \sum k_y \frac{F_{Qy} F_{Qy}}{GA}\mathrm{d}s + \sum k_z \frac{F_{Qz} F_{Qz}}{GA}\mathrm{d}s$$

（3.2）

式中，M_y、M_z 分别为绕 y 轴、z 轴的弯矩；F_N 为杆内轴力；F_{Qy} 为 xz 平面内的剪力；F_{Qz} 为 xy 平面内的剪力；$\mathrm{d}s$ 为所取微段长度；EI_y、EI_z 分别为杆件截面在单元坐标系中绕两个主轴的抗弯刚度；EA、GA 分别为杆件截面轴压和抗剪刚度；GI_x 为杆件截面的抗扭刚度；E、G 分别为材料的弹性模量和剪切模量；A、I_y、I_z、I_x 分别为杆件的截面面积、绕两个主轴的抗弯惯性矩和截面的抗扭惯性矩；k_y、k_z 为剪应力分布不均匀系数，与截面形状有关。

从第 2 章的单元刚度矩阵中可以看出，有限元程序计算变形和内力时考虑了截面的抗弯、抗拉、抗剪和抗扭刚度的影响。因此，要忽略剪切变形、轴向变形或弯曲变形影响，可以从式（3.2）中着手处理。若不计轴向变形影响，令轴压刚度为无限大，即 $EA \to \infty$，则由轴向力引起的变形积分项为

$$\sum \frac{F_N F_N}{EA \to \infty}\mathrm{d}s \to 0 \qquad (3.3)$$

类似地，可以对其他截面特性进行调整。在主菜单中选择"模型"→"材料和截面特性"→"截面特性调整系数"命令，打开"截面特性调整系数"对话框（图 3.61），单击"显示刚度…"按钮，打开"刚度"对话框，可以看到截面特性值（图 3.62）。

（1）若忽略轴向变形影响，则在"面积"文本框中输入一个很大的数值，如 10^4；修正后的截面面积仅用于计算刚度，并不影响重量计算，要调整重量时应在自重项中调整。

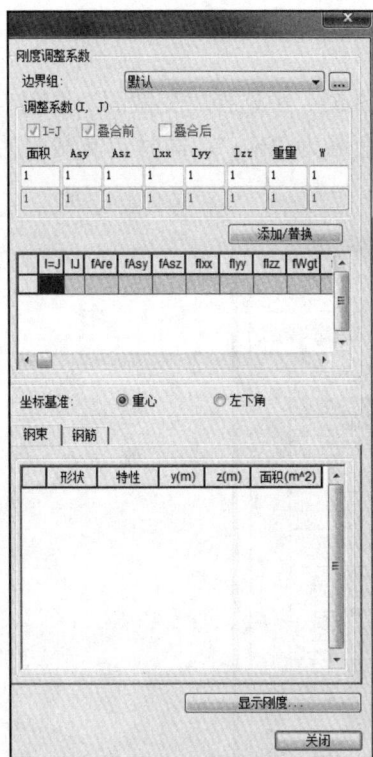

图 3.61　刚度调整系数界面

图 3.62　截面特性值显示界面

（2）对忽略弯曲变形影响的模型，可通过修改惯性矩系数来处理，即在 I_{yy}、I_{zz} 文本框中输入 10^4 的系数来实现。

（3）对忽略剪切变形影响的模型，通过设置剪切面积 A_{sy}、A_{sz} 系数为 0 来实现。

（4）如果所分析的模型只考虑轴向力影响，可通过在 I_{yy}、I_{zz} 文本框中输入一个很小的数（如 10^{-5}）来实现。

选项"I=J"只有选择了变截面时才被激活，此时可对 I 端和 J 端分别定义特性调整系数。当联合截面进行截面特性调整时，可分别对联合前、后截面特性进行调整。选中"前"复选框，只对联合前截面进行系数调整；选中"后"复选框，只对联合后截面进行系数调整；当同时选中"前""后"复选框时，将同时对联合前、后截面进行系数调整。

3.5.6　变截面、变截面组

大跨度桥梁通常采用变截面形式，如变截面连续梁桥、变截面连续刚构桥等。MIDAS/Civil 提供了变截面和变截面组两种输入方法，两者区别在于，变截面只能定义一个单元的截面及其变化规律，变截面组能够定义一组单元（多个连续单元）具有相同变化规律的变截面梁。以主梁梁端变截面段为例，说明变截面组的输入方法。主梁变截面段长 4m，划分为 4 个单元，每个单元长度为 1m。在变截面段（单元 3~6）中，主梁截面由 B—B 截面线性渐变为 A—A 截面。

（1）定义 A—A 截面、B—B 截面。

（2）定义变截面。在"截面数据"对话框（图 3.63）中选择"变截面"选项卡，将 B—B、A—A 截面分别导入 I 端、J 端，将变截面命名为"b-a"，同时定义截面的其他参数。

图 3.63 "截面数据"对话框

（3）返回树形菜单，采用拖放操作，将单元 3~6 定义为变截面"b-a"，如图 3.64 所示。

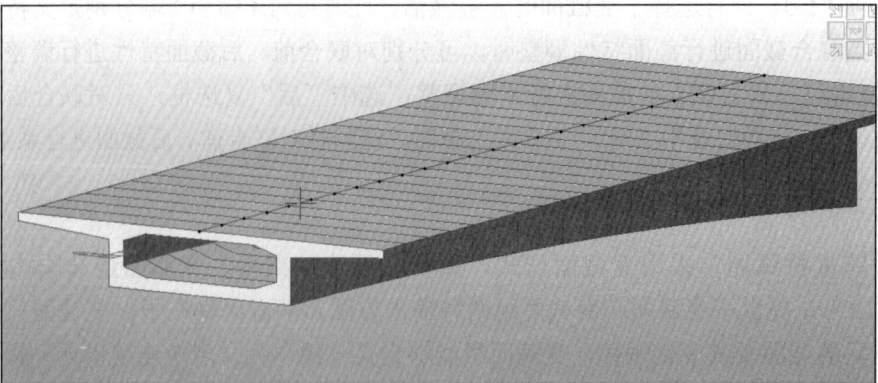

图 3.64 定义变截面后三维模型显示窗口

（4）定义变截面组（图 3.65）。将一些被定义为具有相同变截面特性的构件组成一个组，使其与单一的单元无关。原来单一构件的 I 端和 J 端变为变截面组的 I 端和 J 端。程序将自动计算内部各点的截面特性值。在"材料和截面特性"对话框的"数值表单"中定义的变截面不能使用该功能。在主菜单中选择"特性"→"截面"→"变截面组"命令或在树形菜单的菜单表中选择相应命令，输入主梁变截面组参数，单击"添加"按钮，将定义的变截面组添加到目录中，即生成变截面组。若要显示变截面组中各截面的特性，则单击"转换为变截面"按钮，程序将按变截面组中单元的个数，计算各点的截面特性值。

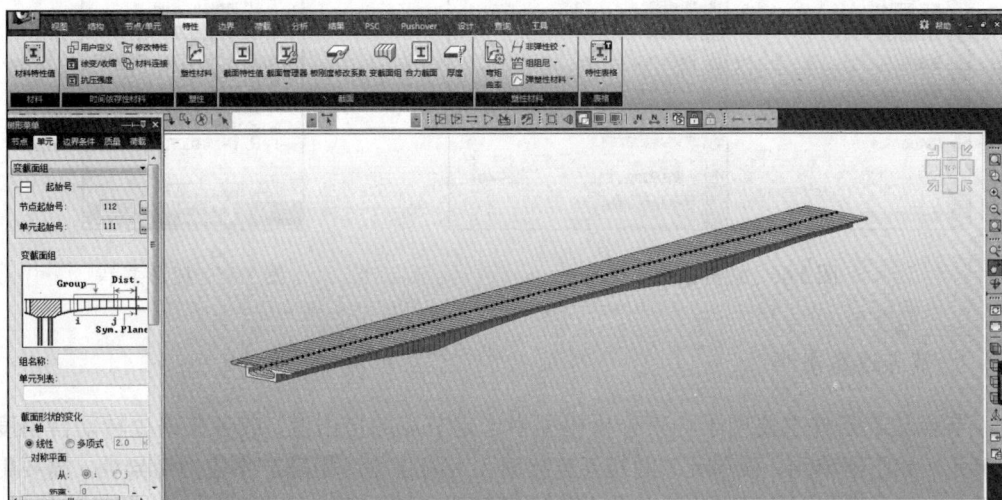

图 3.65　定义变截面组

变截面组参数含义：①"组名称"表示输入变截面组的名称。②"单元列表"表示选择组成单元组的单元。③"截面形状的变化"表示决定沿单元坐标系各轴方向的截面的变化。a.z 轴（y 轴）：沿单元坐标系 z 轴（y 轴）方向的截面的变化。b.线性：线性变化。c.多项式：按选择的数字变化，如选择的数字为 2.0，则按 2 次曲线变化。d.对称平面：当截面形状按多项式变化时，曲线的切线与 x 轴平行的位置，一般可选择变截面组的 J 端。

3.6　边　界　条　件

MIDAS/Civil 将结构中的所有外部边界条件和内部约束关系系统称为边界条件。边界条件既可以从主菜单中输入，也可以从树形菜单中输入，如图 3.66 和图 3.67 所示。这些边界条件大致可以分为两种。

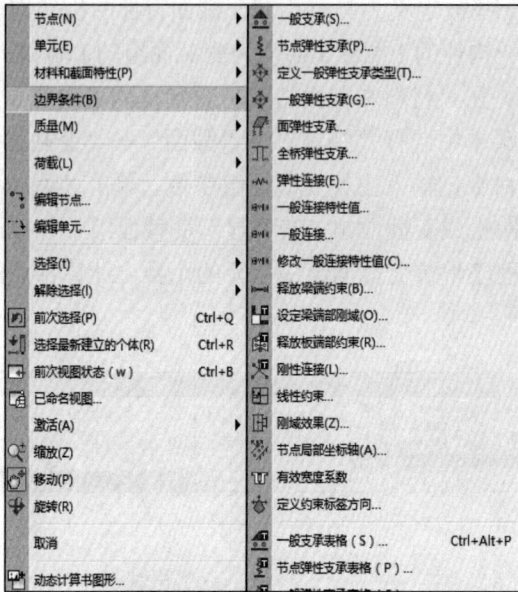

图 3.66　边界条件主菜单　　　　　　　　图 3.67　树形菜单

1. 节点边界条件

节点边界条件主要用于约束分析模型中选定节点的自由度，或者在缺少转动自由度的单元（如桁架单元、板单元）间相互连接时，为防止刚度矩阵产生应力奇异性，需要用边界条件来约束转动自由度。用于节点的边界条件包括一般支承、弹性支承、弹性连接等。

2. 单元边界条件

单元边界条件用于处理单元与单元间的内部约束关系，主要包括刚性连接、释放梁端约束、设定梁端部刚域。

边界条件的各项操作及其功能如表 3.10 所示。

表 3.10　边界条件的各项操作及其功能

边界条件	功能
一般支承	约定选定节点的自由度，或者替换或删除先前定义的支承条件
节点弹性支承	在总体坐标系或节点局部坐标系的各个方向输入选定节点的弹性刚度，也可以替换或删除先前已定义的弹性支承刚度
定义一般弹性支承	定义任意节点一般弹性支承刚度值
一般弹性支承	分配定义的一般弹性支承类型，或输入节点通用刚度矩阵（6×6），其中包括选定的节点在总体坐标系或节点局部坐标系内各自由度之间相关的刚度，也可以替换或删除先前定义的弹性支承刚度

续表

边界条件	功能
面弹性支承	输入平面或实体单元单位支承面上的弹簧刚度形成弹性支承，并可同时形成弹性连接的单元；该功能主要用于在基础或地下结构分析中考虑地基的弹性支承条件
弹性连接	形成或删除弹性连接，由用户定义弹性连接及弹性连接的两个节点
一般连接特性值	建立、修改或删除非线性连接的特性值，一般连接功能应用于建立减、隔振装置，只受拉/受压单元，塑性铰，弹性支承等模型。一般连接可利用弹簧的特性，赋予线性或非线性的特性
一般连接	添加或删除一般连接。由用户定义一般连接及一般连接的两个节点
释放梁端约束	输入梁两端的梁端释放条件（铰接、滑动、滚动、节点和部分固定），或替换或删除先前输入的梁端释放条件
设定梁端部刚域	定义整体或梁单元局部坐标系下梁两端的刚域长度或考虑节点偏心。该功能主要适用于梁单元（梁、柱）间的偏心设定；当梁单元间倾斜相交，用户要考虑节点刚域效果时，须使用该功能进行设定
释放板端约束	输入板单元节点连接条件（铰接、刚性连接），也可以替换或删除先前输入的边缘释放条件
刚性连接	强制某些节点（从属节点）的自由度从属于某节点（主节点），包括从属节点的刚度分量在内的从属节点的所有属性（节点荷载或节点质量）均将转换为主节点的等效分量
刚域效果	自动考虑杆系结构中柱构件和梁构件（与柱连接的水平单元）连接节点区的刚域效应，刚域效应反映在梁单元中，平行于整体坐标系 Z 轴的梁单元将被视为柱构件，整体坐标系 X-Y 平面内的梁单元将被视为梁构件
节点局部坐标系	输入或修改制定节点的节点局部坐标系，采用节点局部坐标系可以在指定的节点输入边界条件或形成输出反力
有效宽度系数	在计算梁截面应力时，对截面强轴的惯性矩 I_y 的调整系数，该功能主要适用于预应力箱形梁的减滞效应分析，即考虑上下板的有效宽度（受压区）后，对截面惯性矩进行相应的调整，最后进行应力计算

3.6.1　一般支承

一般支承用于约束选定节点的部分或全部自由度。定义或修改约束通过"边界条件"选项卡进行设置，如图 3.68 所示。

在整体坐标系或节点局部坐标系中每个节点都可以输入 3 个方向的线位移自由度（D_x、D_y、D_z）和 3 个方向的转角自由度（R_x、R_y、R_z）约束条件。约束状况以六边形的形式显示在模型窗口中，右上、右中、右下、左下、左中、左上的小三角形分别代表整体坐标系下 D_x、D_y、D_z、R_x、R_y 和 R_z 6 个自由度方向，若某个三角形显示为灰色则表示该自由度方向已有约束。当施加约束的节点定义了节点局部坐标系时，约束方向与节点坐标系一致；否则，约束方向与整体坐标系一致。

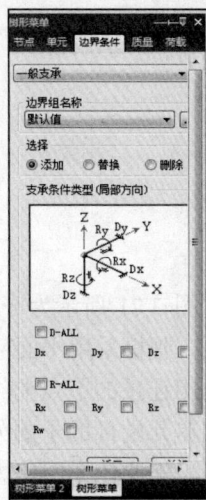

图 3.68　"边界条件"选项卡

图 3.69 所示为只能在整体坐标系的 X-Z 平面内发生变位的二维结构计算模型，需要约束所有节点的 Y 轴方向的线位移自由度（D_y）及沿 X 轴和 Z 轴的转动自由度（R_x、R_z）。例如，在"环境设置"→"结构类型"中选择"X-Z 平面"，则软件自动约束 D_y、R_x、R_y 方向的自由度。在图 3.69 中，节点 N_1 为固定支座，约束节点的 x 轴、z 轴方向的线位移自由度和沿 y 轴方向的转动自由度。节点 N_3 为活动铰支座，约束节点 z 轴方向的线位移自由度。节点 N_5 为活动铰支座，但该铰支座的活动方向与整体坐标系的 X 轴形成一个倾斜角。因此在对该节点赋予约束条件时，首先在该节点上设置平行于支座活动方向的节点坐标系，然后约束节点沿节点坐标系 z 轴方向的位移。在赋予节点坐标系的节点上输入约束条件时，必须把节点坐标系作为参照坐标系。通常，节点的支座反力在整体坐标系下输出，但赋予节点坐标系的节点，其支座反力将依据节点坐标系输出。

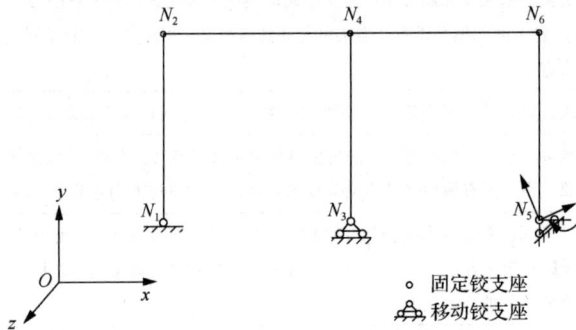

图 3.69   平面刚架模型

需要特别指出的是，在 MIDAS/Civil 中采用"桁架单元"对平面结构开展受力分析时，需要约束所有的平动自由度。例如，图 3.70 所示的平面桁架，需要约束所有节点的面外线位移自由度 D_x，或者将"结构类型"指定为"Y-Z 平面"。

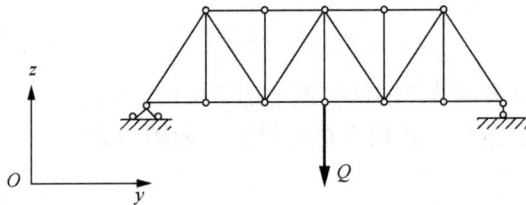

图 3.70   平面桁架

图 3.71 所示为一个简化 H 型钢悬臂梁的平面受力体系。其中，上下翼缘板采用梁单元，腹板采用平面应力单元。梁单元每个节点具有 6 个自由度，因此不需要设置同梁单元相连接的节点的约束。在 MIDAS/Civil 中，平面应力单元是在板单元的基础上通过释放单元端部的平面外弯曲自由度得到的，这样平面应力单元只有沿平面内的线位移自由度，需要在平面应力单元的节点上约束 y 轴方向的位移（即平面外位移）和所有转角位移。

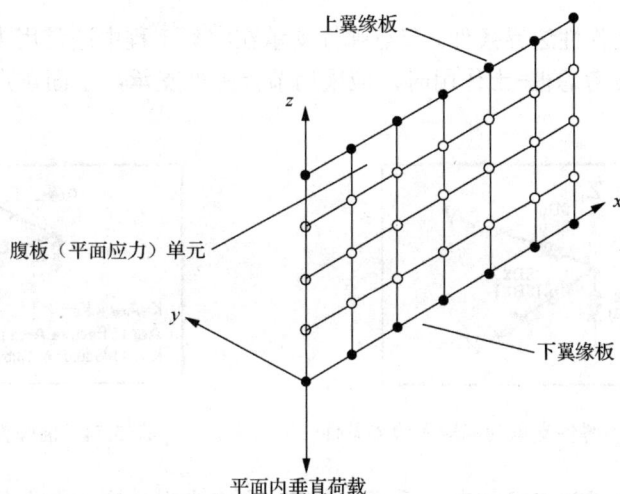

图 3.71　简化 H 型钢悬臂梁的平面受力体系

如图 3.71 所示，上下翼缘板采用梁单元、腹板采用平面应力单元来建立 H 型钢悬臂梁的计算模型，实心黑点表示不需要设置约束条件的节点，空心圆表示需要约束 D_y、R_x、R_y 和 R_z 自由度的节点。本例中主梁采用支架法现浇，为模拟该阶段支架对梁体的约束（图 3.72），用一般支承约束主梁节点（节点 1：D_x、D_y、D_z、R_x；节点 2~23：D_y、D_z）。

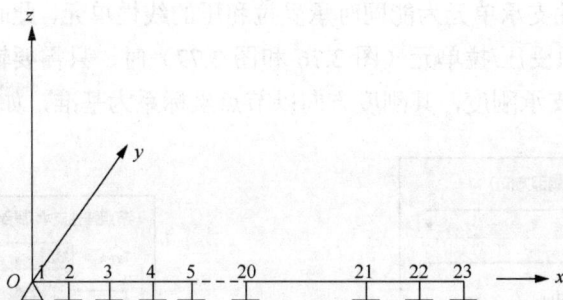

图 3.72　施加约束条件

3.6.2　弹性支承单元

在结构的边界及弹性地基梁的支承位置上，通常采用弹性支承单元建立结构计算模型；在缺少转动自由度的单元（如桁架单元和板单元）相互连接的节点上，为了防止产生应力奇异性也可使用弹性支承单元。MIDAS/Civil 软件提供了点弹性支承单元和面弹性支承单元，如图 3.73 和图 3.74 所示。

使用 MIDAS/Civil 软件提供的面弹性支承功能建立地基接触面力学模型的过程为，选择节点弹性支承单元，输入地基反力系数，软件自动把节点的有效面积与反力系数的乘积输入节点弹性支承的刚度值上；如果考虑只传递压力的地基性能，选择只承担压力的弹性支承单元，输入地基反力系数，得到只受压力的线性弹性支承条件。采用这种方法就可以建立地基弹性边界条件。节点弹性支承在实际工程中通常用来反映结构下部桩或地基的刚度，在考虑桩-土作用时，应采用节点弹性支承，下面重点介绍节点弹性支承的使用方法。

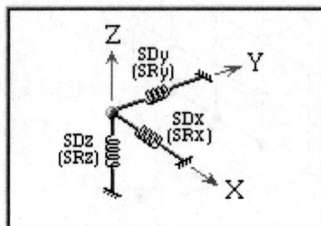

图 3.73　利用点弹性支承功能输入边界条件

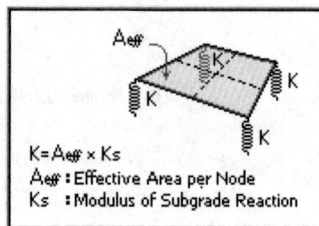

图 3.74　面弹性支承单元

在整体坐标系或节点局部坐标系下任意节点的6个自由度方向上都可以输入弹性支承单元（图 3.73）。其中，线弹性支承的刚度是按发生单位位移时所施加的力的大小来输入，转角弹性支承的刚度是按发生单位转动角时所施加的弯矩的大小来输入，如图 3.75 所示。图 3.75 中，SD_x、SD_y、SD_z 分别为整体坐标系 X、Y、Z 轴方向的弹性支承刚度，或是已定义的节点局部坐标系 x、y、z 轴方向的弹性支承刚度；SR_x、SR_y、SR_z 分别为绕整体坐标系 x、y、z 轴方向的转动弹性刚度，或是已定义的节点局部坐标系 x、y、z 轴方向的转动弹性刚度。

默认状态下弹性支承单元为能同时承受拉和压的线性单元，此时须输入6个方向的支承刚度。当选用只受压/拉单元（图 3.76 和图 3.77）时，只需要输入单元坐标系中只受压/拉方向的弹性支承刚度，其刚度方向以节点坐标系为基准，如图 3.78 所示。

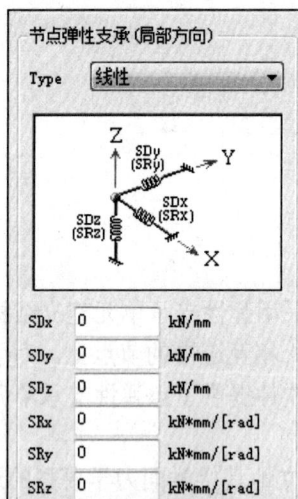

图 3.75　"节点弹性支承"选项界面中"节点弹性
支承（局部方向）"区域

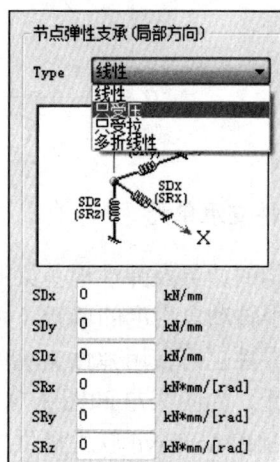

图 3.76　弹性支承单元类型选择界面

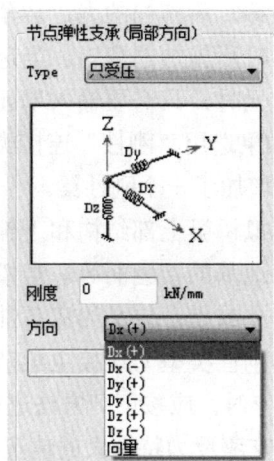

图 3.77 只受压/拉单元界面

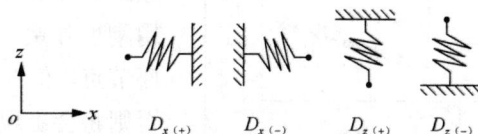

图 3.78 只受压/拉单元方向规定

当建立弹性地基的反力模型时,利用地基的反力系数乘以相应节点的有效面积作为地基线弹性支承刚度。但需要注意的是,地基只能抵抗压力的作用,此时应选择"只受压"单元类型。

桩基础的轴向弹性支承刚度大小可用 EA/H 进行计算。其中,E、A 及 H 分别为桩的弹性模量、有效截面面积及有效长度。转角弹性性能主要反映分析对象在连接部位的转动刚度。如果分析对象与柱相连接,那么转动刚度可用 $\alpha EI/H$ 进行计算。其中,α 为与连接状态相关的转动刚度系数,I 为有效截面惯性矩。节点的弹性支承单元通常在整体坐标系下输入。如果节点内已经设置了节点坐标系,则以节点坐标系为参照坐标输入弹性支承单元。

通常按节点的自由度方向输入节点边界弹性支承单元,但当轴向位移和转动位移同时存在于一个节点时,应考虑线性弹性支承刚度与转角弹性支承刚度的相连效果关系。例如,利用弹性支承单元建立桩基础的力学模型时,除了各自考虑各方向的弹性刚度以外,应附加考虑相关因素影响值。力学分析阶段需要组合构件的刚度矩阵,有时节点的某一自由度方向上由于缺少刚度成分可能出现奇异。为了防止发生这种错误,在该方向上设置弹性支承单元,其刚度大小取值范围为 0.001～0.1。MIDAS/Civil 为了防止出现上述奇异,自动设置刚度大小不影响计算精度范围内的弹性支承单元。

3.6.3 弹性连接单元

弹性连接单元是将模型中的两个节点按用户要求的刚度连接而成的有限计算单元,其实质是具有某种刚度特性的梁单元。虽然对两个节点的连接可以利用桁架单元或梁单元连接,但这些单元不能充分反映各轴向及转动方向的刚度。

弹性连接的类型包括一般、刚性、仅受拉、仅受压和多折线等。当连接类型选择为"一般"时,须输入基于单元坐标系的 3 个轴向位移刚度值 (SD_x、SD_y、SD_z) 和 3 个沿轴转动的转角刚度值 (SR_x、SR_y、SR_z),单元坐标系的方向如图 3.79 所示。其中,线位

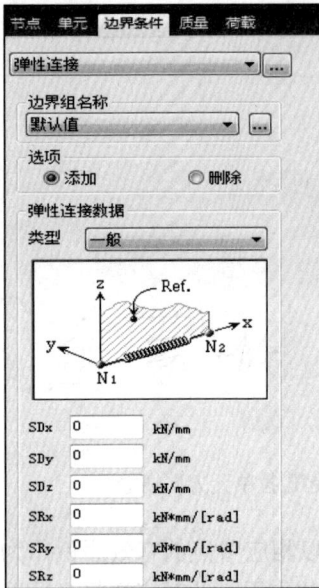

图 3.79 "弹性连接"选项界面

移刚度输入发生单位线位移时所施加的力,转角位移刚度输入发生单位转角位移时所施加的弯矩。当选择仅受拉或仅受压的弹性连接单元时,只需要输入单元坐标系中 x 轴方向的线刚度。如果选用"刚性"连接类型,相当于在模型的两个节点间增加了一个刚性梁。

弹性连接单元用于模拟桥梁上部结构和下部桥墩之间的支座,弹性地基梁下地基的接触面等。当模拟单支座时,在支座实际位置建立节点,定义约束条件,然后用刚性弹簧(弹性连接的刚性类型)连接主梁节点和支座节点,但在模拟多个支座时,应按下列方法进行模拟,否则将会出现靠近主梁的支座反力特别大的情况。

(1)要求模拟出支座的高度情况,在支座底部采用一般支承进行全约束(*D*-ALL、*R*-ALL)。

(2)采用一般弹性连接模拟支座,在局部坐标系中输入支座各个自由度方向的实际刚度。

(3)以主梁节点为主节点,各支座顶部节点为从属节点,建立主从约束的刚性连接。

(4)弯桥建模时,支座的约束方向通常是沿桥梁的径向和切向,可以通过修改弹性连接的 β 角实现。

在建模过程中如果需要一次性添加多个具有相同约束特性的弹性连接,应选中"复制弹性连接"复选框。MIDAS/Civil 提供了按照节点编号和节点间距两种方式复制弹性连接的方法。当选择节点编号时,需要输入复制次数和节点号增幅;当选择节点间距时,需要输入复制方向和复制间距。为模拟本例中桥支座对主梁的约束,复制节点 24~节点 27(*Z*=−1),新建节点 28~节点 31。节点 28~节点 31 由于采用一般支承约束全部自由度,在上下节点间采用弹性连接模拟支座。如图 3.79 所示,采用一般类型模拟支座,弹性连接刚度值根据支座的约束类型(单向、双向或固定)和支座刚度系数输入,两节点间距离根据支座的高度确定。

3.6.4 刚性连接

刚性连接用于约束构件之间的相对几何移动。约束相对几何移动是指在任意一个节点上固定一个或几个其他节点的连接方式。这里任意一个节点即为主节点,被固定的其他节点则为从属节点。刚性连接在有限元建模中应用广泛,如实际结构简化后的单元出现节点不共点、主梁形心与桥墩(塔)支座的连接、偏心柱为考虑其偏心效应的影响、建立平面内相对位移忽略不计的楼板结构的力学模型等。

此外,利用刚体几何约束功能建立结构计算模型,可以达到减少结构的自由度个数、有效缩短计算时间的目的。例如,做结构分析时,如果利用板单元建立楼板结构的计算模型，每一层结构模型都将需要输入大量的计算节点。即使单考虑平面内的自由度，也需要增加自由度个数（节点数乘 3）。如果需要建立多层楼板结构的计算模型，软件有可能超出其计算节点数或者需要花费相当长的时间来分析结构。通常结构的计算时间和结构自由度个数的平方成正比，因此做结构分析时，应尽一切可能采用减少自由度个数的方案。

需要指出的是，MIDAS/Civil 中的刚体连接功能有以下 4 种类型。

（1）刚体连接，主节点和从属节点以三维刚体约束方式连接而成的形式，各节点之间保持一定的距离。

（2）刚性平面连接，主节点和从属节点在同 X-Y 平面、Y-Z 平面或 X-Z 平面相平行的平面上以平面刚体约束方式连接而成的形式。采用这种连接方式后，投影到平面上的各节点之间将保持一定的距离。

（3）刚性平动连接，约束主节点和从属节点沿 X、Y、Z 轴方向的相对位移而形成的连接形式。

（4）刚性转动连接，约束主节点和从属节点沿 X、Y、Z 轴转动的相对位移而形成的连接形式。

下面给出刚体连接时主节点与从属节点间的约束方程，即

$$\begin{cases} U_{X_s} = U_{X_m} + R_{Y_m}\Delta Z - R_{Z_m}\Delta Y \\ U_{Y_s} = U_{Y_m} + R_{Z_m}\Delta X - R_{X_m}\Delta Z \\ U_{Z_s} = U_{Z_m} + R_{X_m}\Delta Y - R_{Y_m}\Delta X \\ R_{X_s} = R_{X_m} \\ R_{Y_s} = R_{Y_m} \\ R_{Z_s} = R_{Z_m} \end{cases} \tag{3.4}$$

式中，下角标 m、s 分别表示主节点和从属节点的属性；U_X、U_Y、U_Z 分别表示主节点或从属节点沿整体坐标系 X、Y、Z 轴方向的线位移；R_X、R_Y、R_Z 分别表示主节点或从属节点沿整体坐标系 X、Y、Z 轴方向的转角位移；X_m、Y_m、Z_m 分别表示主节点的坐标；X_s、Y_s、Z_s 分别表示从属节点的坐标。

当主结构的刚度远远大于其他构件的刚度时，或者其他构件在主结构的连接位置上的位移可以忽略不计时，可以采用刚体连接这种方式。

采用刚性平面连接方式时，主节点和从属节点之间的相互约束方程式如下。

（1）在 X-Y 平面上的位移为

$$\begin{cases} U_{X_s} = U_{X_m} - R_{Z_m}\Delta Y \\ U_{Y_s} = U_{Y_m} + R_{Z_m}\Delta X \\ R_{Z_s} = R_{Z_m} \end{cases} \tag{3.5}$$

（2）在 Y-Z 平面上的位移为

$$
\begin{cases}
U_{Y_s} = U_{Y_m} - R_{X_m}\Delta Z \\
U_{Z_s} = U_{Z_m} + R_{X_m}\Delta Y \\
R_{X_s} = R_{X_m}
\end{cases}
\tag{3.6}
$$

（3）在 Z-X 平面上的位移为

$$
\begin{cases}
U_{X_s} = U_{X_m} + R_{Y_m}\Delta Z \\
U_{Z_s} = U_{Z_m} - R_{Y_m}\Delta X \\
R_{Y_s} = R_{Y_m}
\end{cases}
\tag{3.7}
$$

下面介绍刚性连接中两个较为典型的例子。

图 3.80 所示为用两种有限单元建立方管结构的计算模型。在需要计算精度较高的部位采用了板单元，而其他部位采用了梁单元，把梁单元放置到方管的轴线上，采用刚性连接功能使梁单元和板单元形成刚体连接形式。

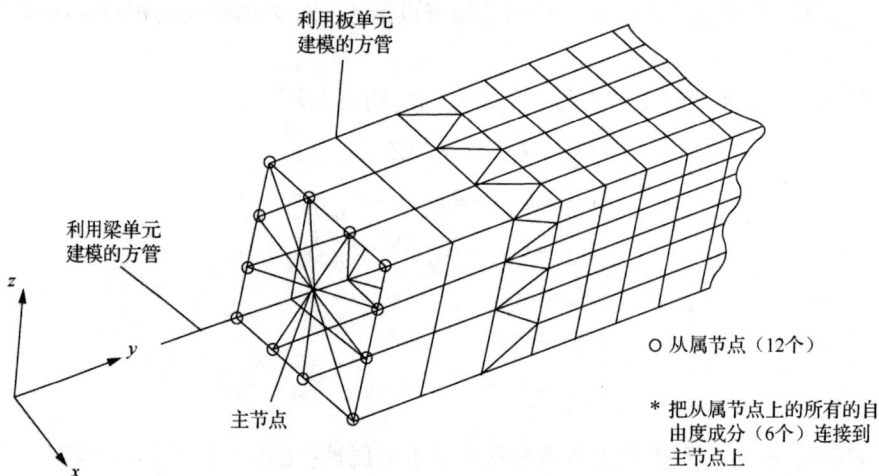

图 3.80　方管结构利用梁单元和板单元刚体连接

图 3.81 所示为二维平面内的两个偏心柱，为了考虑在连接部位的偏心效果，采用刚性平面连接功能进行连接。在任意平面内采用刚性连接功能时，必须做到约束平面内的两个方向的线位移和沿垂直于该平面的轴旋转的转角位移。同样，要求图 3.80 所示的所有方向上的构件进行刚体连接时，必须做到约束全部的自由度。

做结构的动态分析时如果使用了几何约束条件（刚体连接条件），主节点的位置应该与从属节点上输入的所有质量成分（包含自重的质量）的质量重心相一致。

下面简要说明刚性连接与弹性连接中的"刚性连接"的区别与联系，使读者能够正确理解和灵活运用。

MIDAS/Civil 在边界条件中提供了主从关系的刚性连接与弹性连接中的"刚性连接"，虽然都为刚性连接，但两者的概念和使用方法还是有所区别的。当模型中采用弹性连接中的"刚性连接"时，实质是在 6 个自由度方向设置刚度均很大的弹簧单元。例如，在连续刚构桥中，为连接桥墩与箱梁，可使用弹性连接中的"刚性连接"，但两个节点间的位移关系是不关联的。当使用主从关系的刚性连接时，则在桥墩与箱梁间设置一个刚臂，此时桥墩与箱梁间具有相同的转角位移，而线位移有可能是不同的，但两者都会考虑附加弯矩作用。

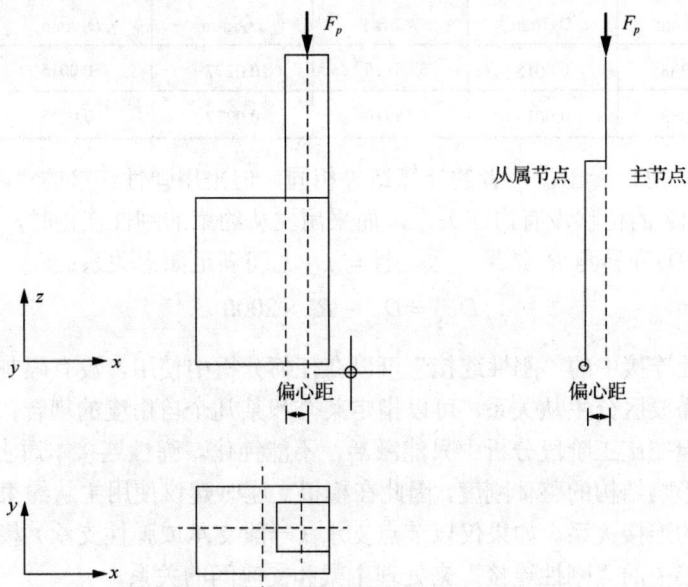

图 3.81　两个偏心柱相遇的情况

下面以一个单 T 构桥梁为例进一步予以说明。桥梁长 20m，桥墩高 10m，主梁和桥墩横截面均取 1.2m（高）×1.0m（宽），C30 混凝土。墩顶距离梁中心 2.0m，在 9 号节点施加 10kN 集中力，不计自重影响。

MIDAS/Civil 模型中每个单元长 2m，边界条件：墩底（节点 17）为固结，两个梁端（节点 1 和节点 11）为竖向支承，计算模型如图 3.82 所示。

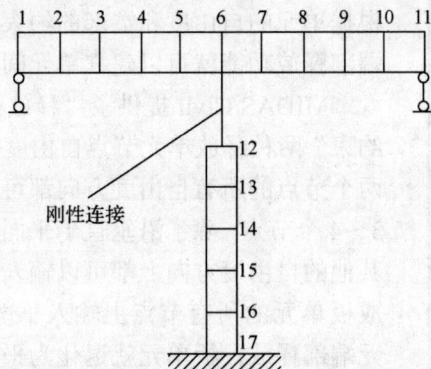

图 3.82　单 T 构桥梁模型（图中数字为节点号）

分别采用弹性连接中的"刚性连接"和主从关系的刚性连接，建立节点 6 和节点 12 之间的连接，由于主梁约束桥墩变形，后者中节点 6 为主节点。计算结果如表 3.11 所示。

表 3.11　两种刚性连接计算结果

约束方式	节点 6			节点 12		
	D_X/mm	D_Z/mm	R_Y/rad	D_X/mm	D_Z/mm	R_Y/rad
弹性连接	0.0388	0.0015	5.55×10^{-6}	0.0277	−0.0015	5.55×10^{-6}
主从约束	0.0388	0.0015	5.55×10^{-6}	0.0277	−0.0015	5.55×10^{-6}

从表 3.11 中可以看出，两者的计算结果相同，但采用弹性连接的"刚性连接"时，节点 6 和节点 12 的位移没有内在关系，而采用主从约束的刚性连接时，节点 6 和节点 12 的竖向位移 D_Z 和转角 R_Y 结果一致，且与 D_X 之间满足如下关系：

$$D_{X_{12}} = D_{X_6} - R_{Y_6} \times 2000 \tag{3.8}$$

此外，弹性连接中的"刚性连接"可以在任何分析中使用，没有限制条件。主从约束的刚性连接需要区分主从关系，可以指定某个和某几个自由度的耦合；也可以在任何分析中使用，但在施工阶段分析中只能激活，不能钝化。弹性连接本质上是一种单元，其单元刚度会影响结构的整体刚度，因此在模拟支座时建议使用主从约束的刚性连接处理主梁和支座的连接关系。如果仅以节点支承（一般支承或弹性支承）模拟支座，那么只能用弹性连接中的"刚性连接"来处理主梁和支座间的关系。

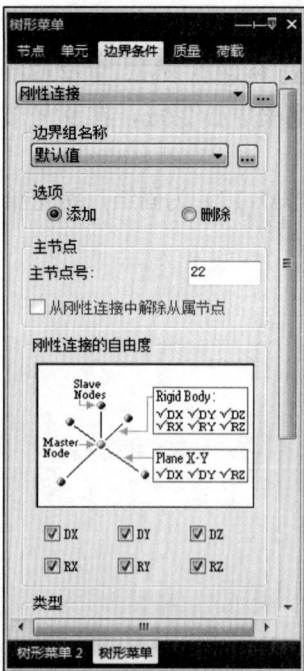

图 3.83　"刚性连接"选项界面

对于示例桥梁，梁端支座节点与主梁节点之间采用刚性连接，以节点 22 为主节点，选择节点 26、节点 27 为从属节点，选择"刚性连接"选项，约束 D_X、D_Y、D_Z、R_X、R_Y、R_Z 6 个方向的自由度，如图 3.83 所示。

3.6.5　单元端部释放

在有限元模型中单元与单元相遇部位的力学模型是根据单元的自由度和端部的约束条件来建立的，利用单元端部释放功能就可以建立单元间的约束条件。

MIDAS/Civil 提供了"释放梁端约束"和"释放板端约束"两种释放单元节点自由度的方法。对于梁单元，其两个节点的所有自由度方向都可释放。对于构成板单元的 3~4 个节点，除了沿垂直于平面的轴转动自由度以外，在其他的自由度方向上都可以输入单元端部释放。如果在形成板单元的所有节点上输入平面外弯曲自由度方向的单元端部释放，板单元就退化为平面应力单元的结构形式。执行释放单元端约束命令时，应在单元坐标系下进行。如果单元处在整体坐标系中，应该特别注意释放约束的节点与单元坐标系之间的关系。

图 3.84 所示为桥梁结构中常见的梁（板）与桥墩的连接形式。如图 3.85 所示，梁与桥墩连接的力学简化模型为梁单元间连接部位的力学模型。为了建立图 3.85 所示的连接方式，选择"释放梁端约束"选项（图 3.86），分别释放单元①上节点 4 的端部约束 F_x、M_y 以及单元②上节点 4 的端部约束 M_y。

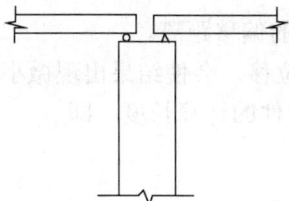

图 3.84　常见的梁（板）与桥墩的连接形式

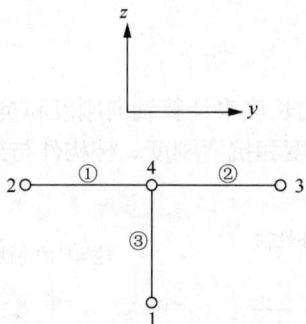

图 3.85　释放梁端约束连接方式　　图 3.86　"释放梁端约束"选项部分界面

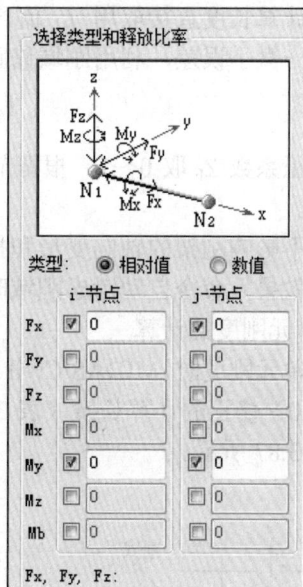

在释放节点某个方向的自由度时，只需要选择相应的自由度。若遇到单元节点某个方向的自由度未完全释放时，应给出节点在单元局部坐标系中自由度方向的释放比率。释放比率可以通过释放后残余的约束能力的刚度相对值（百分比）或刚度数值来指定。

当梁单元两端均需要释放单元局部坐标系中 y 轴和 z 轴方向的弯曲刚度时，可单击"铰-铰"按钮，此时梁单元就退化为桁架单元；当释放梁单元一端的弯曲刚度时，根据释放端位置单击"铰-刚接"按钮或"刚接-铰"按钮；当需要将梁两端的所有释放条件恢复为固定条件时，应单击"刚接-刚接"按钮。

3.6.6　梁端部刚域偏移

在分析刚架结构时，构件的长度通常取用构件轴线之间的距离。但实际结构在端部存在偏心距或在梁柱连接处形成刚域，使实际构件长度要比轴间距小，导致实际变形和内力比计算结果小。在 MIDAS/Civil 中只在梁和柱构件的连接部位考虑刚域的作用。柱构件是指平行于 z 轴方向的梁单元，梁构件则是指在整体坐标系 x、y 轴形成的平面上布置的梁单元。

MIDAS/Civil 中提供了自动考虑刚域和直接输入梁端刚域偏移距离两种解决方法。

1. 自动考虑刚域的方法

当在刚域内不存在弯曲变形和剪切变形时，影响弯曲变形和剪切变形的刚架有效计算长度应为

$$L_1 = L - (R_i + R_j) \tag{3.9}$$

式中，L 为轴线之间的距离；R_i 及 R_j 分别为刚架两端的偏移距离。

如果计算长度直接取用 L_1 值，由于节点的刚体位移，会使结果出现微小误差。为了修正这一微小误差，利用刚域修正系数 Z_F 来调整构件的计算长度，即

$$L_1 = L - Z_F(R_i + R_j) \tag{3.10}$$

式中，修正系数 Z_F 取 0~1。根据节点的几何形状和节点上加劲肋强化刚域效果来选择修正系数。

刚域不影响刚架的轴向变形和扭转变形，因此当计算这些变形时采用单元全长。使用"刚域效果"命令自动考虑刚域时应注意以下几点。

1）单元刚度的计算

计算单元刚度时，MIDAS/Civil 取构件节点之间的长度来计算轴向刚度和抗扭刚度；按式（3.10）修正的计算长度（表 3.12）计算抗剪刚度和抗弯刚度。柱构件与梁构件的刚域如图 3.87 所示。

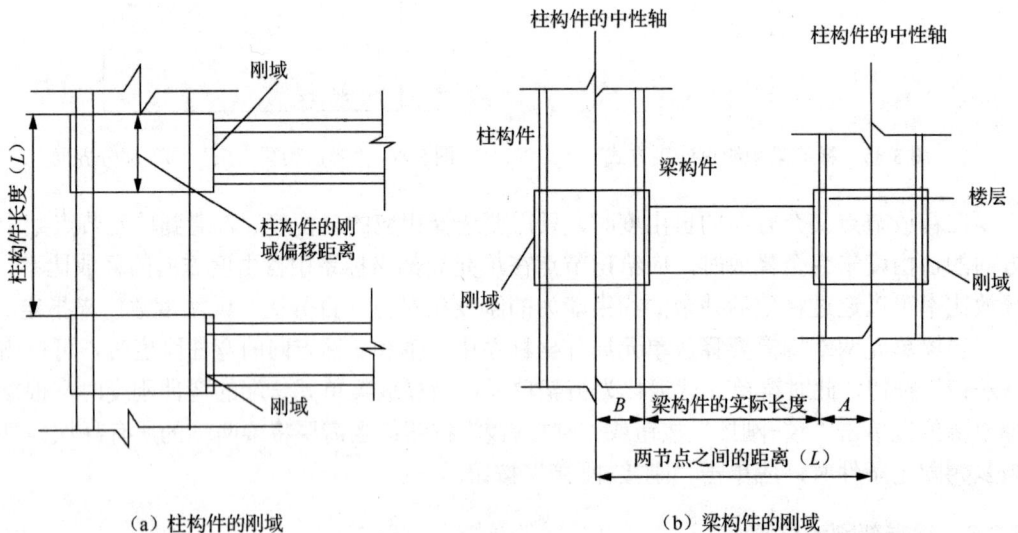

（a）柱构件的刚域 （b）梁构件的刚域

图 3.87　柱构件与梁构件的刚域

表 3.12　修正计算长度（对于柱，B=0）

修正系数	修正后的计算长度
1.00	$L - 1.00(A+B)$
0.75	$L - 0.75(A+B)$

续表

修正系数	修正后的计算长度
0.50	$L - 0.50(A+B)$
0.25	$L - 0.25(A+B)$
0.00	L

2）分布荷载的计算

使用"Panel Zone（面域）"命令确定构件内力的输出位置时，刚域的偏移距离（偏移位置和节点间距）区间上分布的荷载只能换算成节点剪力，构件的净距范围内的分布荷载可换算成偏移位置上的剪力和弯矩。如果选择"Offset Position（偏移位置）"命令，则选用构件修正后的计算长度计算。

3）自重范围

利用柱构件节点间的长度计算柱自重。当选择"Panel Zone"命令时，梁构件的自重取用构件净跨范围内的自重；当选择"Offset Position"命令时，梁构件的自重取用构件修正后的计算长度范围内的自重，这种自重就按上述方法换算成端剪力和弯矩值。

4）构件内力输出位置

把柱或梁的计算长度划分成 4 等份后，在其每一个等分点上输出构件的内力。选择"Panel Zone"命令，输出构件内力的位置；当选择"Offset Position"命令、修正系数取为 1.0 时，构件内力的输出位置相一致。

5）利用释放端部约束时的刚域

当柱端部或梁端部的连接节点上释放了端部约束而形成铰接时，则在该节点上不考虑刚域的作用。

2. 利用梁端刚域功能直接输入梁端的刚域偏移距离的方法

在树形菜单"边界条件"选项卡下选择"梁端刚域"选项（或在主菜单中选择"边界"选项卡下"梁端刚域"命令），可直接定义整体坐标系或梁单元局部坐标系下梁两端的刚域长度或考虑节点偏心，如图 3.88 所示。

该选项主要用于梁单元（梁、柱）间的偏心设定。当梁单元间倾斜相交，又需要考虑节点刚域效果时，选择"梁端刚域"选项进行设定。在主菜单中选择"模型"→"边界"→"刚域效果"命令，只能考虑梁柱直交时的效果。

在整体坐标系中输入梁端部刚域长度时，需要输入每个节点在 X、Y、Z 轴方向的投影长度，即（$RGDX_i$，$RGDY_i$，$RGDZ_i$，$RGDX_j$，$RGDY_j$，$RGDZ_j$）；

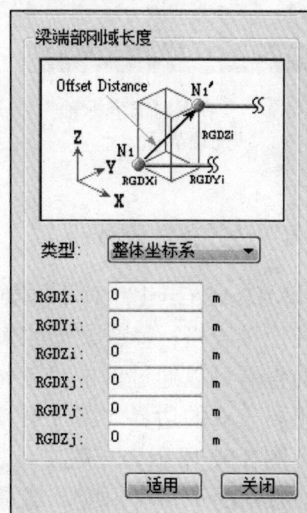

图 3.88 "梁端刚域"选项部分界面

输入刚域长度后，所有与单元有关的数据（单元局部坐标系、单元长度、单元刚度）由程序按照刚域条件内部做相应调整。RGDX_i～RGDZ_i可为负值。当梁端部刚域长度在单元坐标系中输入时，仅需要输入 N_2 端在单元局部坐标系+x 方向的梁端刚域长度 RGD$_i$ 和 N_2 端在单元局部坐标系-x 方向的梁端刚域长度RGD$_j$，此时必须输入正值。程序将根据 RGD$_i$ 和 RGD$_j$ 的长度，自动调整梁单元长度。使用"梁端刚域"命令输入刚域长度时，两弹性端点 N_1' 至 N_2' 间的单元长度为

$$L_0 = L_0 - (RGD_i + RGD_j) \tag{3.11}$$

式中，L_0 为梁单元的原始长度（节点 N_1 和 N_2 之间的距离）。

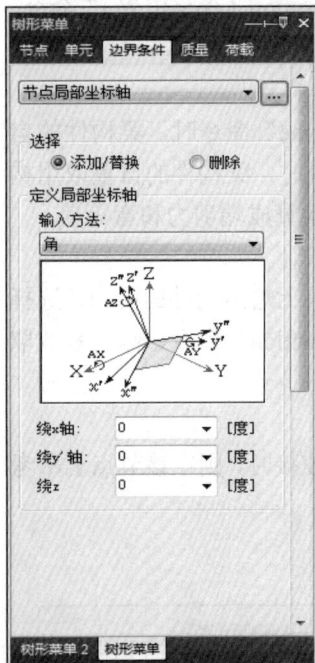

图 3.89　"节点局部坐标轴"
选项界面

3.6.7　节点局部坐标轴

当节点支承方向和整体坐标轴方向不一致时，为方便输入支承约束，应采用节点局部坐标轴。定义在节点局部坐标轴中的支承节点，支承反力只能在该坐标轴中输出，"边界条件"选项卡中"节点局部坐标轴"选项界面如图 3.89 所示。

可以用以下 3 种方法定义节点局部坐标轴。

（1）指定旋转角度（角度法）。该方法是分别指定节点局部坐标轴在对总体坐标系中 X 轴分别绕 x、y' 和 z 轴的旋转角度。

（2）指定节点坐标（三点法）。该方法须用 3 个节点来定义，将 P_0 指定为节点局部坐标系原点，P_1 指定为节点局部坐标系 x 轴上任意一点，再由 P_1 平行于节点局部坐标系 y 轴移动得到节点 P_2。

（3）指定向量（向量法）。V_1 表示以节点局部坐标系原点为起点的 x 轴方向的矢量；V_2 表示以节点局部坐标系原点为起点到上述三点法中点 P_2 的矢量。节点局部坐标轴适用于"一般支承"、"节点弹性支承"、"一般弹性支承"、"面弹性支承"（假设 x 换为点弹性支承）、"支座沉降"。

3.6.8　边界条件表格

MIDAS/Civil 针对不同类型的边界条件，提供了一般支承表格、节点弹性支承表格、弹性连接表格、释放梁端约束表格等，不同边界条件的表格内容稍有差异。边界条件表格的查看可以通过单击"工作"树中对应的边界（图 3.90），也可以在"表格"树中单击想要查看的边界（图 3.91）。

图 3.92 所示为一般支承表格。在图 3.92 中，D_x、D_y、D_z 分别为整体坐标系 X、Y、Z 轴方向的平移自由度，或是节点局部坐标系方向的平移自由度；R_x、R_y、R_z 分别为绕整体坐标系 X、Y、Z 轴方向的转动自由度，或是节点局部坐标系 x、y、z 轴方向的转动自由度；"1"代表自由度受约束，"0"代表自由度未受约束。

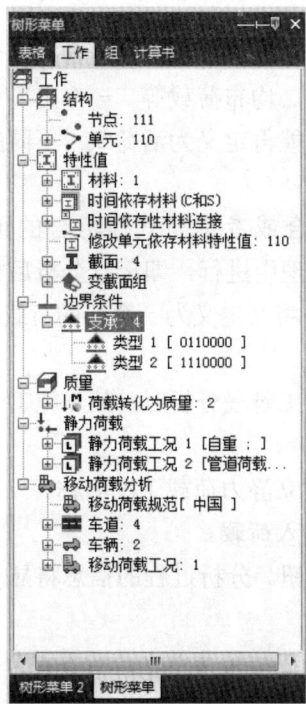

图 3.90　在"工作"树中查看边界表格　　　图 3.91　在"表格"树中查看边界表格

节点	Dx	Dy	Dz	Rx	Ry	Rz	Rw	组
1	0	1	1	0	0	0	0	默认
31	1	1	1	0	0	0	0	默认
81	0	1	1	0	0	0	0	默认
111	0	1	1	0	0	0	0	默认
*								

图 3.92　一般支承表格

3.7　静 力 荷 载

MIDAS/Civil 为进行各种结构分析提供了静力荷载、移动荷载和动力荷载 3 种荷载类型。其中，静力荷载用于按荷载工况进行的结构分析；移动荷载用于通过影响线或影响面分析对车辆移动荷载工况进行的结构分析；动力荷载用于在考虑反应谱或随时间变化的荷载条件进行的反应谱分析或时程分析。

在定义静力荷载前，先介绍 MIDAS/Civil 中与荷载相关的一些概念。荷载是表示作用于结构上的主动力，如结构自重、节点荷载、梁单元荷载、支座位移、预应力、温度效应等。荷载类型指荷载所属的类型。

MIDAS/Civil 将作用于结构上的所有荷载分别定义为一个专门的类型，如恒荷载、铺装和设备荷载、活荷载、预应力等，并用大写英文字母予以区别表示。一个荷载类型只能定义一个静力荷载工况。

荷载按不同的性质分别计算的组数称为荷载工况。荷载工况可以包含有多个荷载类型的任意组合，如在荷载工况中可以同时有节点荷载、均布荷载等。一个工况只能定义为一种荷载类型，如荷载工况被定义为恒荷载后，不能再定义为活荷载；不同的荷载工况可以属于同一种荷载类型。

荷载组合是命名的一个或多个分析结果的组合或者是与其他组合的组合。在MIDAS/Civil 软件中，线性问题允许荷载组合在后处理中进行，即运行分析后再进行组合。对于非线性问题，需要在分析前建立荷载组合，将其定义为一个新的荷载工况后，再进行分析。

荷载组的概念仅使用于施工阶段分析中。在做施工阶段分析时，某一施工阶段上的荷载在 MIDAS/Civil 中做静力分析的步骤如下。

（1）选择"荷载"→"静力荷载工况"命令，建立静力荷载工况名称。

（2）使用荷载菜单中的各种静力荷载输入功能输入荷载。

（3）选择"分析"选项卡，单击"运行分析"按钮。分析过程的信息将显示在信息窗口中。

（4）分析结束后，可以使用荷载工况和荷载组合在结果菜单中查看各种分析结果。

3.7.1 静力荷载工况

若计算静力荷载，必须首先定义静力荷载工况。

1. 名称

用户自行定义静力荷载工况名称。名称可以是中文、英文、数字或者是它们的组合，如"自重1""Self_weigh2"等。定义名称的基本原则是"见词知义"。

2. 工况

MIDAS/Civil 定义了荷载工况。MIDAS/Civil 将全部静力荷载归结为所有荷载工况（图3.93）、永久荷载工况（图3.94）和瞬时荷载工况3种，方便用户快速选择所需的荷载工况。

3. 类型

从静力荷载工况类型列表中选择荷载类型。MIDAS/Civil 提供的荷载类型有用户定义的荷载（USER）、恒荷载（D）、结构和非结构附属荷载（DC）、铺装和设备荷载（DW）、桩端摩擦力（DD）、地面压力（EP）、温度梯度（TPG）、施工阶段荷载（CS）等，如表 3.13 所示。其中施工阶段荷载（CS）只在施工阶段分析中使用。对于完成施工阶段分析后的成桥模型，不论是否被激活，该荷载将不起作用。在施工阶段中要激活和钝化的荷载必定定义为施工阶段荷载。

图 3.93 所有荷载工况

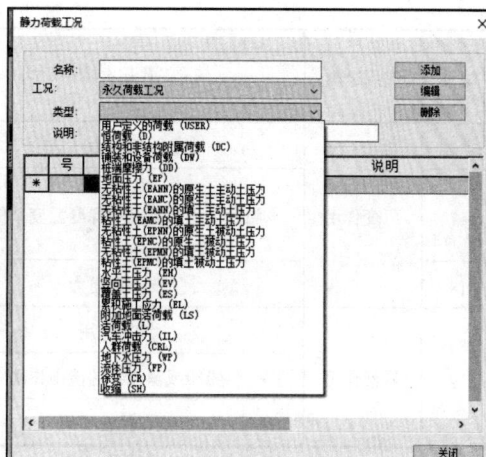

图 3.94 永久荷载工况

表 3.13 作用分类表

编号	作用分类	作用名称	MIDAS/Civil 对应的荷载工况	
			类型名称	符号
1	永久作用	结构重力（包括结构附加重力）	恒荷载	D
2		预加力	预应力	PS
3		土的重力	竖向土压力	EV
4		土侧压力	水平土压力	EH
5		混凝土收缩和徐变作用	收缩	SH
			徐变	CR
6		水的浮力	浮力	B
7		基础变位作用	基础变位影响	STL
8	可变作用	汽车荷载	活荷载	LL
9		汽车冲击力	汽车冲击力	IL
10		汽车离心力	离心力	CF
11		汽车引起的土侧压力	附加地面活荷载	LS
12		人群荷载	人群荷载	CRL
13		汽车制动力	汽车制动力	BRK
14		风荷载	风荷载	W
15		流水压力	流水压力	SF

续表

编号	作用分类	作用名称	MIDAS/Civil 对应的荷载工况	
			类型名称	符号
16	可变作用	冰压力	冰压力	IP
17		温度（均匀温度和梯度温度）作用	温度荷载	T
			温度梯度	TPG
18		支座摩阻力	摩擦力	FR
19	偶然作用	地震作用	地震作用	E
		船舶或漂流物的撞击作用	船只或漂流物的撞击力	CV
		汽车撞击作用	车辆撞击力	CT

根据预应力混凝土箱梁桥施工和使用阶段的计算工况，需要定义5个静力荷载工况，如图3.95所示。

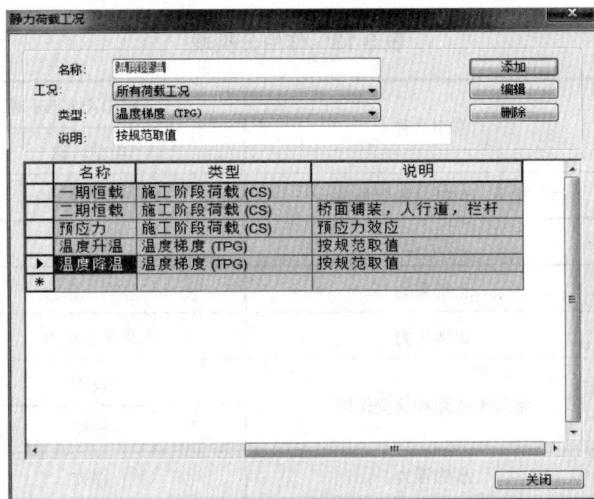

图 3.95　静力荷载工况

3.7.2　自重

MIDAS/Civil 用单元的体积和重度自动计算模型的自重。在静力分析中，求得的自重可使用于整体坐标系的 X、Y、Z 轴方向。在开展动力分析或静力等效地震荷载计算中需要将自重转换为质量时，可在"结构类型"中选择转换方向。

1. 荷载工况名称

选择静力荷载工况中定义的荷载工况名称，打开"静力荷载工况"对话框，如图3.95所示，在此定义荷载工况。

2. 自重系数

自重系数决定单元自重的作用方向和大小，软件内部将自动计算结构质量，乘以作用在结构上的自重系数后确定结构自重。其中分为整体坐标系下 X、Y、Z 轴方向的自重系数。根据 3.2 节建立的预应力混凝土箱梁桥总体自重系数为 X=0、Y=0、Z=-1（负号表示重力加速度方向向下，与整体坐标系 Z 轴正方向反向）。当需要修正材料重度时，可以通过修正自重系数来实现，如系统中混凝土重度为 25kN/m³，当实际结构的混凝土重度为 26kN/m³ 时，自重系数 Z=-1.04，如图 3.96 所示。MIDAS/Civil 采取以下方法计算各种单元类型的自重。

（1）桁架、只受拉单元、只受压单元和梁单元。桁架、只受拉单元、只受压单元和梁单元的自重等于输入的横截面面积、重度和单元长度的乘积。对定义为 SRC 面（钢和混凝土组合截面）的梁单元，其自重为分别求得的混凝土和钢重量之和；对定义为变截面的梁单元假设自重从一端到另一端是线性变化的。

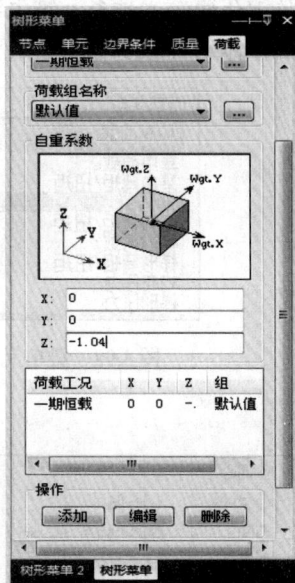

图 3.96　自重系数设置

（2）实体单元。实体单元的自重按集中荷载作用在节点处，该荷载等于单元体积乘以重度，并按体积比分配给各节点。

3.7.3　节点荷载

当单元上作用有集中力或集中力矩时，用"节点荷载"输入比较方便。节点集中荷载以整体坐标系为基准，F_X、F_Y、F_Z 分别为集中荷载在整体坐标系 X、Y、Z 轴方向的分量，M_X、M_Y、M_Z 分别为绕整体坐标系 X、Y、Z 轴的节点力矩分量。

3.7.4　梁单元荷载

当梁单元上作用有均布荷载、集中荷载、梯形荷载时，应选择"梁单元荷载（单元）"选项输入，如图 3.97 所示。

1. 荷载类型

梁单元荷载输入可选择的荷载类型如图 3.98 所示。其中，均布压力对梁单元按压力荷载的形

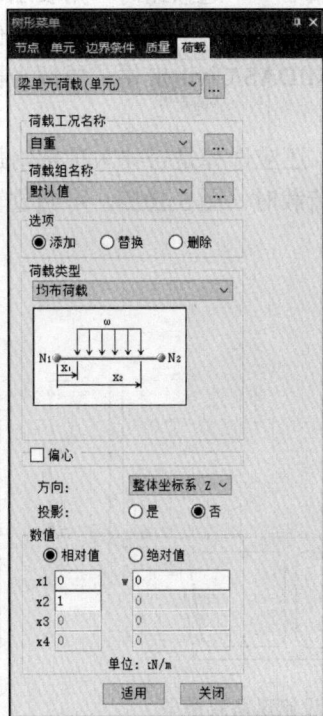

图 3.97　"梁单元荷载（单元）"选项界面

式输入，软件将自动考虑变截面的投影面积，如图 3.99 所示。除了均布压力和梯形压力必须在局部坐标系 y 轴上输入外，其余梁单元荷载既可以在局部坐标系中输入，也可以在整体坐标系中输入。

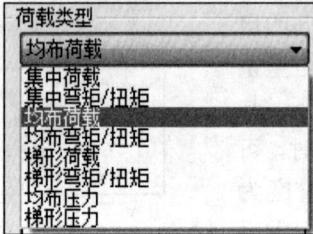

图 3.98　梁单元荷载类型

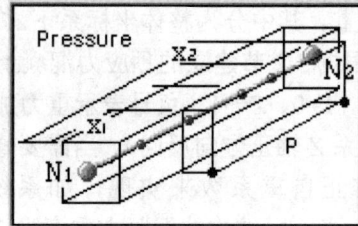

图 3.99　均布压力

图 3.100　梁单元荷载偏心设置

2. 偏心

通常，梁单元荷载作用于截面形心位置，但当风荷载以偏心方式作用于梁单元时，应定义梁单元的偏心荷载、偏心距离，输入完成后，系统将自动考虑偏心荷载的弯矩、扭矩效应。

当选中"中心"单选按钮时，表示以截面形心为基准，输入偏心距离；当选中"偏心"单选按钮时，则表示以截面偏心点（定义截面时定义的偏心点）为基准，输入偏心距离，如图 3.100 所示。MIDAS/Civil 提供了局部坐标系和整体坐标系共 5 个可供选择的偏心方向。

当荷载类型为均布压力和梯形压力（图 3.101）时，还应选择是否计入顶部附加高度。当需要考虑防撞墙等附属设施（未建立模型）的风荷载时（图 3.102），可通过输入"顶部附加高度"的方式考虑风压力荷载。

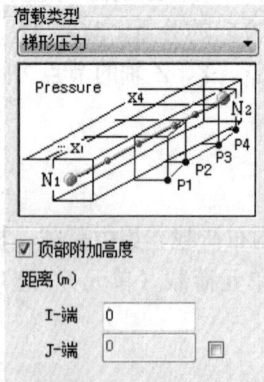

图 3.101　"梯形压力"荷载类型界面

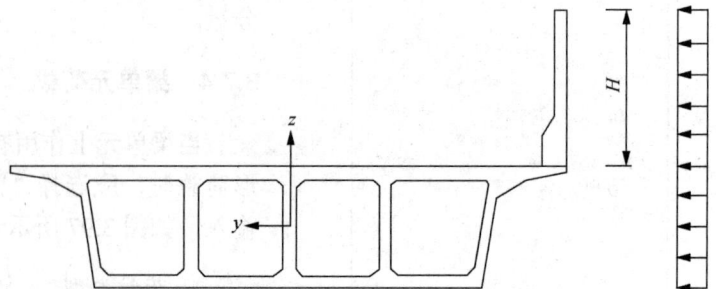

图 3.102　附属设施风荷载模型

3. 方向

"方向"区域用于设定梁单元荷载的作用方向。荷载方向根据采用的坐标系而定，可选择单元局部坐标系或整体坐标系。

4. 投影

投影决定梁单元荷载是沿整个梁长作用还是沿与荷载作用方向垂直的梁的投影长度作用。该功能仅在荷载类型为均布荷载或梯形荷载且荷载方向是在整体坐标系时使用。当选择"是"时，表示梁单元荷载沿与荷载作用方向垂直的梁的投影长度作用；当选择"否"时，表示梁单元荷载沿整个梁长作用。

5. 数值

"数值"区域决定是以梁长的相对比例输入梁单元荷载的加载位置，还是以实际长度输入。当选择"相对值"时，表示梁长的相对比例；当选择"绝对值"时，表示实际长度。以预应力混凝土箱梁桥为例，桥面铺装与人行道、栏杆作为二期荷载以均布荷载的形式作用于主梁上，根据 3.2 节内容可知，桥面铺装 $\omega_{铺装}$ 为 22.5kN/m，两侧人行道、栏杆 $\omega_{人行道+栏杆}$ 为 7kN/m，合计 ω 为 29.5kN/m，在"梁单元荷载（单元）"选项界面中施加均布荷载，施加后在模型窗口可显示单元荷载。

3.7.5 温度梯度和梁截面温度

温度梯度是指沿梁高度或板厚方向呈线性分布的温度差，因此仅适用于具有弯曲刚度的梁单元和板单元。对梁单元，需要输入沿单元局部坐标系 y 轴和 z 轴方向截面边缘间的距离和温度差，对板单元，温度梯度可用板上、下面的温度差和板厚表示。

温度梯度产生的等效弯矩如下。

（1）梁单元为

$$M = \alpha EI \frac{T_2 - T_1}{h} \tag{3.12}$$

（2）板单元为

$$M = \alpha Et^3 \frac{T_2 - T_1}{6(1 - \upsilon)} \tag{3.13}$$

式中，α 为线性热膨胀系数；E 为弹性模量；I 为绕梁单元相应中和轴的惯性矩；h 为单元截面两边缘间的距离；t 为板厚；υ 为材料泊松比；$T_2 - T_1$ 为单元两边缘（最外面）间的温度差，如 $T_2 - T_1 = 10℃$，如果上翼缘为 10℃、下翼缘为 0℃，应在系统温度中将初始温度设为 5℃，这样，上翼缘为 10℃-5℃=5℃，下翼缘为 0-5℃=-5℃。

图 3.103 所示为钢混叠合梁桥温度沿高度方向的非线性分布，采用"梁截面温度"功能，可以较真实地模拟截面内实际温度分布情况。

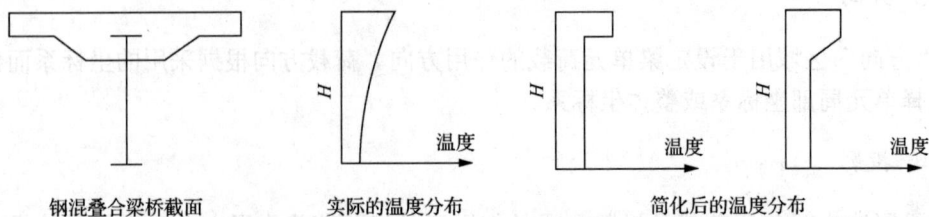

图 3.103　温度沿高度方向非线性分布（单位：℃）

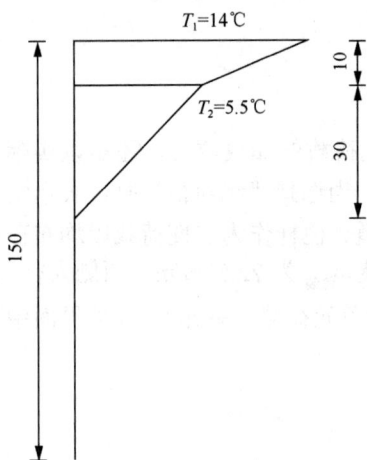

图 3.104　正温度梯度（尺寸单位：cm）

对于用梁单元模拟的组合截面，也采用梁截面温度，以考虑温度荷载、材料特性（弹性模量、热膨胀系数）差异的影响。当需要给板单元施加沿厚度方向折线形温度变化时，可将折线形温度等效为温度梯度荷载+单元温度荷载。下面以《公路桥涵设计通用规范》（JTG D60—2015）规定的正温度梯度荷载（图 3.104）为例，说明温度梯度荷载的输入方法。

（1）选择在静力荷载工况中定义的"温度梯度（升温）"为荷载工况名称。

（2）选择截面类型。当手动输入截面宽度 B 及温度梯度分布时，选择"一般截面"类型，如图 3.105（a）所示，并输入温度梯度方向、参考线位置及温度值。当根据截面自动考虑截面宽度 B 值时，应选择"PSC 截面"类型，如图 3.105（b）所示，此时需要指定温度梯度参考线位置，从梁截面参考位置到温度变化点的距离 H_1、H_2 及对应 H_1、H_2 处的温度 T_1、T_2。

在图 3.105 中，既可以使用梁单元中已定义的材料特性值，也可以由用户重新定义单元的材料特性。当使用已定义的材料特性时，在"材料特性"栏选中"单元"单选按钮，否则选中"用户定义"单选按钮。根据图 3.104 所示的温度分布，在"参考位置"栏选用"+边（顶）"作为参考位置时，主梁正温度梯度荷载数据如表 3.14 所示。

表 3.14　主梁正温度梯度荷载数据

编号	H_1/m	H_2/m	T_1/℃	T_2/℃
1	0.0	0.1	14.0	5.5
2	0.1	0.4	5.5	0.0

按照同样的方法，可完成负温度梯度荷载的定义，不再赘述。

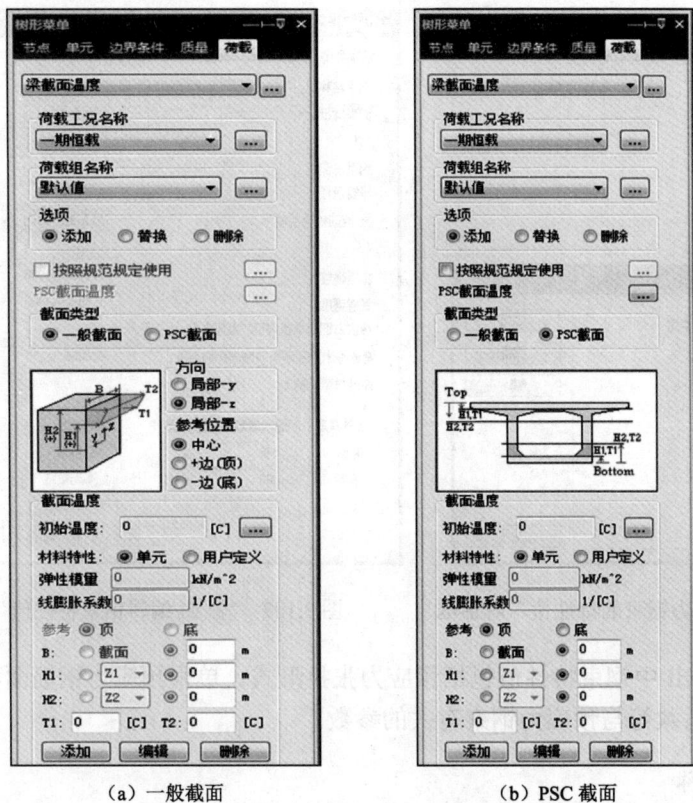

（a）一般截面　　　　　　　　（b）PSC 截面

图 3.105　"荷载"选项卡下"梁截面温度"选项界面

3.8　预应力荷载

结构在预应力荷载作用下产生的变形和内力称为预应力效应。计算预应力效应多采用等效荷载法，即把预应力钢束和混凝土视为相互独立的脱离体，将预应力对混凝土的作用以等效荷载的形式替换。将等效荷载输入程序中，通过计算可以得到预应力效应。但实际上，扣除预应力损失后，钢束的有效预应力沿预应力管道的分布是变化的，因此等效荷载也是变化的。预应力效应计算的基本思路如下：首先将难以用函数式表达的空间预应力束曲线转化为若干连续的空间折线段，方便求得预应力束与结构某截面的交点；然后将扣除应力损失后的有效预应力等效为单元若干等分点上的集中荷载。

3.8.1　钢束特性值

在主菜单或树形菜单中打开"预应力钢束的特性值"对话框（图 3.106）。新建或添加预应力钢束特性值时，单击图 3.106 中的"添加"按钮，打开"添加/编辑钢束特性值"对话框，如图 3.107 所示。

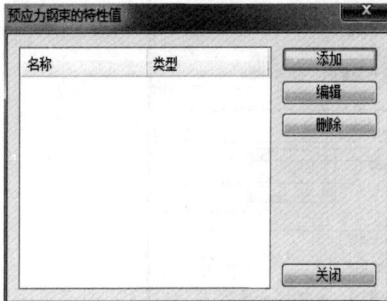

图 3.106 "预应力钢束的特性值"对话框

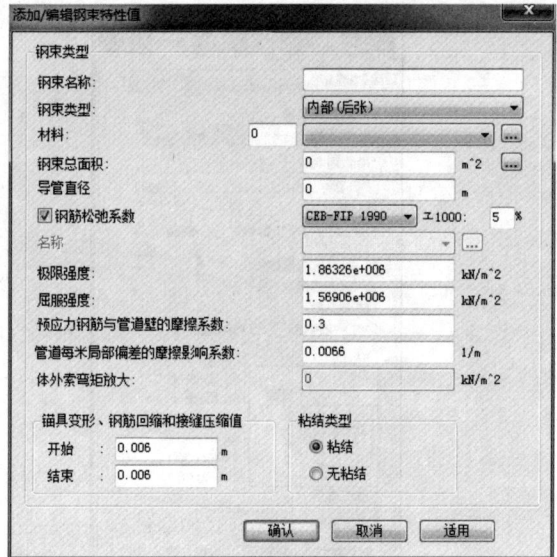

图 3.107 "添加/编辑钢束特性值"对话框

MIDAS/Civil 中钢束特性值包括预应力张拉形式、单根预应力钢筋面积、后张法导管直径、松弛系数等与预应力钢束有关的参数。

1. 钢束名称

用户自定义钢束名称。

2. 钢束类型

MIDAS/Civil 提供了体内束和体外束两种,其中体内束又分为先张法和后张法两种,用户根据预应力钢束类型,选择"内部(先张)""内部(后张)""外部(体外束)"中的一种。

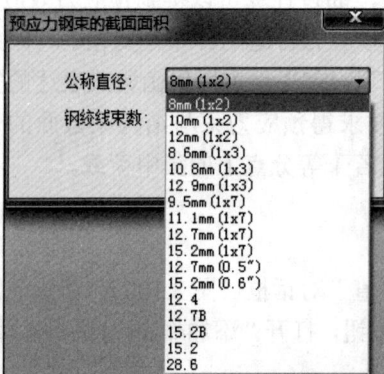

图 3.108 "预应力钢束的截面面积"对话框

3. 材料

"材料"栏用于选择定义的钢束材料。若先前没有定义钢束材料或者需要修改材料特性,可单击右侧的 ,定义或修改钢束材料特性。

4. 预应力钢束总面积

预应力钢束总面积指一束钢绞线的总面积。在 MIDAS/Civil 中可以直接输入单根钢束的总面积,也可以单击右侧的 ,打开"预应力钢束的截面面积"对话框(图 3.108),选择钢绞线的公称直径和组成钢束的钢绞线束数,由 MIDAS/Civil 自动计算钢束总面积。

5. 导管直径

当钢束类型为内部（后张）时，需要输入预埋管孔道直径。

6. 钢筋松弛系数

若考虑松弛的影响，则选中"钢筋松弛系数"复选框，计算松弛的方法可以选择《公路钢筋混凝土及预应力混凝土桥涵设计规范》（JTG 3362—2018）。若不考虑松弛的影响，则不选中此复选框。若定义材料时使用规范的材料，则钢筋松弛系数选择"JTG18"，表示松弛系数按《公路钢筋混凝土及预应力混凝土桥涵设计规范》（JTG 3362—2018）规定计算。同时，预应力钢筋抗拉强度标准值自动输入，钢筋松弛系数取值可参考如下规定：Ⅰ级松弛（普通松弛）选择 1.0，Ⅱ级松弛（低松弛）选择 0.3。如果定义材料时没有采用规范值，用户可直接输入预应力钢筋抗拉标准值。另外，定义材料时若选择 steel bar（钢筋）540～930，超张拉项将不起作用。

7. 预应力钢筋与管道壁的摩擦系数 μ 及管道每米局部偏差对摩擦的影响系数 k

预应力钢筋与管道壁的摩擦系数 μ 及管道每米局部偏差对摩擦的影响系数 k 用于计算预应力钢束的管道摩阻损失，采用《公路钢筋混凝土及预应力混凝土桥涵设计规范》（JTG 3362—2018）定义的管道参数，如表 3.15 所示。

表 3.15　k 和 μ 的数值

管道成型方式	k	μ	
		钢绞线、钢丝束	精轧螺纹钢
预埋金属波纹管	0.0015	0.20～0.25	0.50
预埋塑料波纹管	0.0015	014～0.17	0.50
预埋铁皮管	0.0030	0.35	0.40
预埋钢管	0.0010	0.25	
抽芯成型	0.0015	0.55	0.60

8. 锚具变形、钢筋回缩和接缝处压缩值

锚具变形、钢筋回缩和接缝处压缩值用于计算钢束钢筋回缩、锚具变形预应力损失。该损失与锚具类型有关，不同锚具弹性回缩变形量是不同的，国内主要的预应力张拉锚固体系的有关数据如表 3.16 所示。在 MIDAS/Civil 中，开始点、结束点对应于钢束的张拉端。若采用两侧张拉，需要分别输入开始点、结束点的变形量；若采用单侧张拉，则只需要输入开始点或结束点的变形量。

表 3.16　一个钢绞线夹片锚具变形、钢筋回缩值

张拉锚具类型	变形形式	变形值/mm
XM 型	钢筋回缩、锚具变形	4~5（采用液压顶压器顶压）、6~8（采用弹性顶压器顶压）
QM 型	钢筋回缩、锚具变形	6
QVM 型	钢筋回缩、锚具变形	6
YM 型	钢筋回缩、锚具变形	6
XYM 型	钢筋回缩、锚具变形	6
B&S 型	钢筋回缩、锚具变形	5
TM 型	钢筋回缩、锚具变形	4（采用液压顶压器顶压）、6（自锚）

9. 粘结类型

（1）粘结：注浆以后，采用考虑钢束面积的换算截面来计算截面特性值。

（2）无粘结：张拉完钢筋后，采用不考虑管道面积的混凝土截面来计算截面特性值，如图 3.107 所示。

3.8.2　钢束布置的形状

桥梁中的预应力束可能是平面曲线，也可能是空间曲线。描述平面曲线时，一般采用导线法，可根据导线点的坐标及曲线半径等信息确定曲线的线形。但在描述空间曲线时，复杂程度大幅增加，而且缺乏成熟的空间曲线插值算法，因此一般采用近似处理方法，即把空间曲线投影到相互垂直的两个平面内（其中一个可能为结构纵轴线展开面）得到两条平面曲线，再分别描述两条投影曲线的形状；或将空间曲线投影到结构的纵轴线展开面内，用平面投影曲线代替实际的空间曲线；或用导线法描述平面曲线的方法，用空间导线点坐标、导线点处的平弯和竖弯半径等信息直接描述空间曲线。以下简要介绍导线法的计算原理。

将预应力钢束投影到桥梁纵轴线剖面 xoy 内，如图 3.109 所示。已知各导线点的坐标和竖弯半径，可以得到：

$$L_{i-1,i} = \sqrt{(x_i - x_{i-1})^2 + (y_i - y_{i-1})^2} \qquad (3.14)$$

$$L_{i,i+1} = \sqrt{(x_{i+1} - x_i)^2 + (y_{i+1} - y_i)^2} \qquad (3.15)$$

$$\beta_{i-1,i} = \arcsin\left(\frac{y_i - y_{i-1}}{L_{i-1,i}}\right) \qquad (3.16)$$

$$\beta_{i,i+1} = \arcsin\left(\frac{y_{i+1} - y_i}{L_{i,i+1}}\right) \qquad (3.17)$$

$$\alpha_i = \left| \beta_{i,i+1} - \beta_{i-1,i} \right| \tag{3.18}$$

$$L_i = \left| r_i \tan\left(\frac{\alpha_i}{2}\right) \right| \tag{3.19}$$

式中，$L_{i-1,i}$ 为导线点 i-1 和 i 的距离；$L_{i,i+1}$ 为导线点 i 和 i+1 的距离；$\beta_{i-1,i}$ 为导线点 i-1 和 i 的连线与 x 轴的夹角；$\beta_{i,i+1}$ 为导线点 i 和 i+1 的连线与 x 轴的夹角；α_i 为导线点 i 处圆弧对应的圆心角；L_i 为导线点 i 处的切线长度；r_i 为导线点 i 处的竖弯半径。

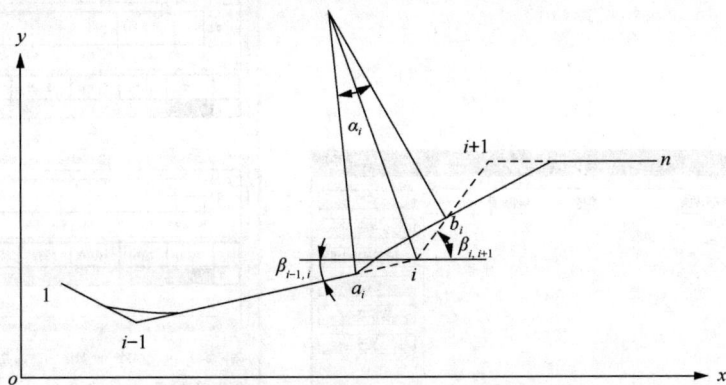

图 3.109　导线法计算原理示意图

由此可以得到坐标系 xoy 内每个中间导线点对应圆弧段的两个定位点 a_i、b_i 的坐标，即

$$\begin{cases} x_{a_i} = \dfrac{L_i x_{i-1}}{L_{i-1,i}} + x_i - \dfrac{L_i x_i}{L_{i-1,i}} \\[2mm] y_{a_i} = \dfrac{L_i y_{i-1}}{L_{i-1,i}} + y_i - \dfrac{L_i y_i}{L_{i-1,i}} \end{cases} \tag{3.20}$$

$$\begin{cases} x_{b_i} = \dfrac{L_i x_{i-1}}{L_{i-1,i}} + x_i - \dfrac{L_i x_i}{L_{i-1,i}} \\[2mm] y_{b_i} = \dfrac{L_i y_{i-1}}{L_{i-1,i}} + y_i - \dfrac{L_i y_i}{L_{i-1,i}} \end{cases} \tag{3.21}$$

经过计算，竖弯曲线的描述由导线点描述方式转化为圆弧段端点等定位点的描述方式，并且得到了每一分段对应的曲线长度和圆心角及定位点处切点的坐标。平弯曲线几何参数的计算与竖弯曲线的计算方法相同，只需要注意计算平弯曲线的坐标系是 xoz 即可。下面以本桥主梁钢束为例，具体说明在 MIDAS/Civil 中预应力钢束形状的输入方法。

（1）在主菜单或树形菜单中，打开"钢束布置形状"对话框，如图 3.110 所示。

（2）添加/编辑钢束形状。单击图 3.110 中的"添加"按钮，打开"添加/编辑钢束形状"对话框，如图 3.111 所示。

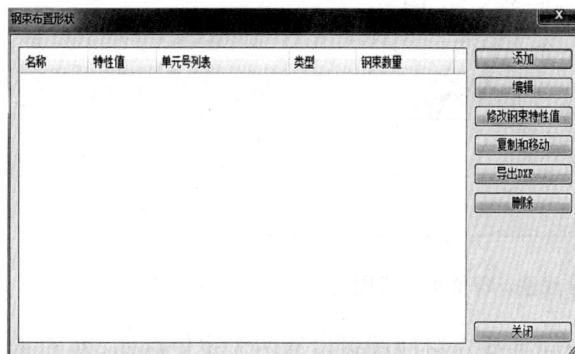

图 3.110 "钢束布置形状"对话框

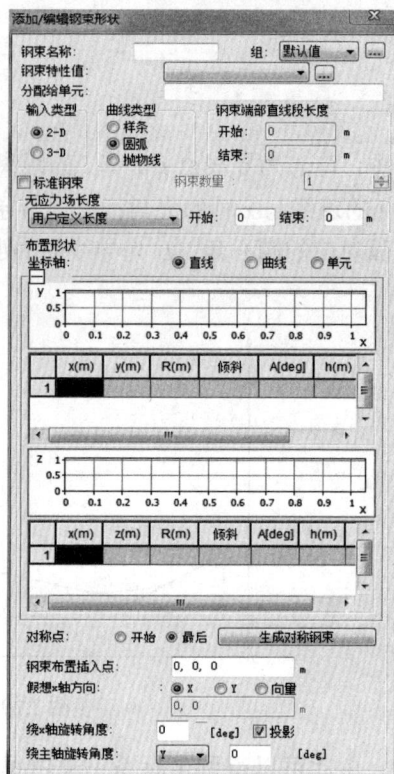

图 3.111 "添加/编辑钢束形状"对话框

图 3.112 "定义钢束组"对话框

① 钢束名称。输入"中肋 N_1"作为中肋 N_1钢束的名称。

② 钢束组（图 3.112）。将"中肋 N_1"定义为钢束组名，定义钢束组后可以查看钢束的坐标、应力和应力损失。需要注意的是，只有相同钢束特性值的钢束才能定义为同一钢束组。

③ 钢束特性值。选择在 3.8.1 节定义的钢束特性值。

④ 分配给单元。输入预应力荷载作用的单元号，在实际工程中为预应力钢束通过的主梁单元。移动光标选择单元 1～单元 22 或手工输入"1 to 22"作为输入分配钢束的单元号。

⑤ 输入类型。MIDAS/Civil 提供"2-D""3-D"两种输入类型，其中"2-D"为在二维平面内按照平弯和竖弯分别输入钢束的形状，"3-D"为在三维空间中输入钢束的形状。在此处选择"2-D"。

⑥ 曲线类型，选择定义钢束曲线形状的方法。MIDAS/Civil 中提供"样条""圆弧""抛物线"3 种曲线类型，其中"样条"为美国、韩国常用方法，"圆弧"为中国、日本

等国家常用方法，采用本方法只需要输入钢束布置的各控制点，按式（3.14）～式（3.21）可计算钢束各点的坐标。

⑦ 标准钢束。在实际工程中，通常出现多根形状相同的预应力钢束，为了简化输入，可将这些钢束定义为"标准钢束"。由于中肋有 2 根 N_1 钢束，设置 N_1 为标准钢束，选中"标准钢束"复选框，在右侧输入预应力钢束的数量"2"。

⑧ 无应力场长度，即钢束的工作长度。无应力场长度，可以直接输入或根据公式自动计算输入。

⑨ 坐标轴，用于选择钢束坐标系 x 轴的形状。MIDAS/Civil 提供了"直线""曲线""单元"3 个选项，分别代表钢束坐标系 x 轴为直线（一般适用于直线桥）、钢束坐标系 x 轴为曲线（一般适用于曲线桥）、与单元局部坐标系 x 轴方向相同。选择"直线"为本桥钢束的坐标轴。

⑩ 形状插入点。对一特定的预应力钢束，一旦设计确定，其空间位置也随之而定。在 MIDAS/Civil 中，为方便用户输入数据，引入形状插入点的概念，即在预应力钢束中，选择一个适宜输入预应力几何信息的点作为形状插入点，并以该点为原点建立预应力钢束的局部坐标系。

形状插入点坐标应输入该点在整体坐标系下的坐标值，如图 3.113 所示的 O'，而导线点 0、1、2、3 坐标值则是局部坐标系下的坐标值。通过几何学中的映射关系，将其转变到整体坐标系中，实现预应力钢束在整体坐标系下的变换。

形状插入点的选择不具有唯一性，可由用户自行决定，如图 3.113 所示的 O' 点，也可以设置在导线点 0 上，或者导线点 1、2、3 上，还可以不设置在导线点上。一般应以方便输入为原则，以减少数据处理工作，简化输入，便于检查。

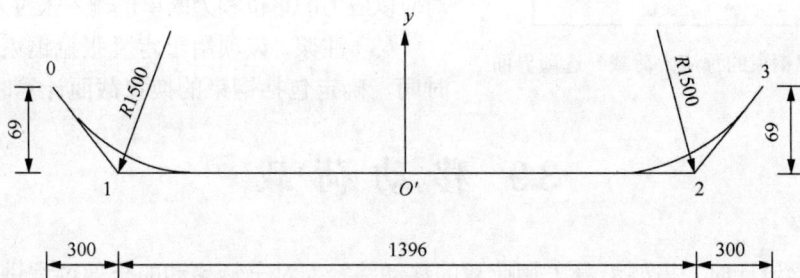

图 3.113　预应力钢束参考点（单位：cm）

本桥以主梁跨中截面梁底位置（998, 0, 0）为形状插入点，建立坐标系 xoz。

a. 假想 x 轴方向，用于指定钢束坐标系 x 轴的方向。选择"X"，指定钢束坐标系的 x 轴平行于整体坐标系 X 轴。

b. 绕 x 轴旋转角度，用于倾斜腹板中的钢束布置时，将钢束绕钢束坐标系 x 轴旋转布置。本桥主梁为竖直腹板，该文本框中输入"0"。

c. 绕主轴旋转角度，该功能主要用于桥梁在纵向有坡度时钢束的布置。本桥为平桥，选择"Y"作为主轴，旋转角度为"0"。

d. 在"布置形状"栏中，输入 xoy、xoz 平面上的钢束投影曲线的导线点坐标。

y、z：输入钢束各控制点在 y–z 平面坐标系上的坐标；x：输入钢束各控制点在 x–y 平面坐标系上的坐标。虽然主梁中肋对称布置 2 根 N_1 钢束，但由于将 N_1 钢束设为标准钢束，可将 2 根 N_1 钢束在梁中线处合并为 1 根，按上述步骤输入中肋 N_1 钢束的形状，如图 3.111 所示。

（3）复制钢束形状。复制中肋 N_1 钢筋为左边肋 N_1。

① 在打开的"钢束布置形状"对话框（图 3.110）中选择已定义的中肋 N_1，单击"复制和移动"按钮。

② 复制钢束。将中肋 N_1 向 y 方向复制 3.75m。

3.8.3 预应力荷载施加方法

定义完钢束的形状后，需要指定各根预应力钢束的张拉力。通过主菜单或在树形菜单中选择"钢束的预应力荷载"选项，如图 3.114 所示。

张拉力控制区域中有"张拉力"和"先张拉"等选项，用于设置钢束的张拉力并选择张拉顺序。

（1）先张拉。该选项用于控制选择张拉的顺序，有"开始点""结束点""两端"3 种选项，分别对应于施工中单向张拉（开始点、结束点）和双向张拉（两端）。

（2）张拉力。"应力"和"内力"选项分别对应以应力的单位和力的单位输入张拉力控制力。

（3）注浆。该项用于定义张拉钢束后注浆的时间，确定包括钢束的换算截面计算时间。

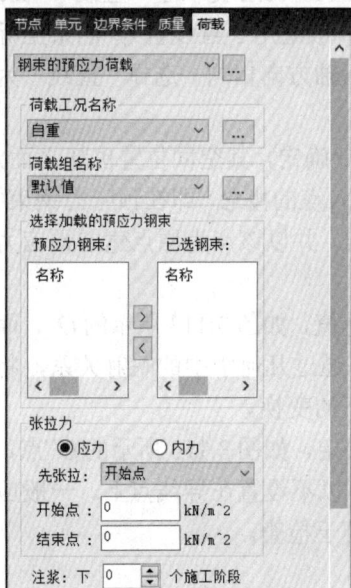

图 3.114　"钢束的预应力荷载"选项界面

3.9　移　动　荷　载

在桥梁设计时，需要沿着车辆荷载的移动路径，对车辆移动的全部过程进行结构分析，求出各位置的最大、最小内力值，作为结构设计和结构验算的依据。MIDAS/Civil 进行桥梁结构移动荷载分析时，首先需要定义移动荷载。移动荷载定义具体包括以下 3 个步骤。

（1）定义车道（适用于梁单元）或车道面（适用于板单元）。根据考虑车辆移动的路径及设计车道数、车道宽等因素，把车道和车道面布置于结构模型上。

（2）定义车辆荷载。车辆荷载既可以使用《公路桥涵设计通用规范》（JTG D60—2015）中的标准车辆荷载，也可以输入用户自定义的车辆荷载。

（3）定义移动荷载工况。MIDAS/Civil 进行桥梁结构移动荷载分析的实质是影响线（影响面）分析。通过计算，可以得到各移动荷载工况作用下的最大和最小值（包络值），并且可以与其他荷载工况进行组合。因为每个移动荷载工况作用下有最大、最小两个分析结果，同样，荷载组合后的结果也有最大、最小两个结果。分析结果有节点位移，支座反力，以及桁架、梁、板单元的构件内力等，其他形式的单元只能考虑其刚度效应，不能输出其分析结果。车辆移动荷载分析中使用的影响线和影响面的单位荷载的作用方向与整体坐标系的-Z 方向相同，移动荷载工况的数量没有限制。表 3.17 所示为影响线、影响面分析的特点和用途。

表 3.17　影响线、影响面分析的特点和用途

项目	影响线分析	影响面分析
用途	适用于主梁变形起支配作用的桥梁（钢箱型梁桥）	适用于车辆移动荷载引起的横桥向结构变形变化较大的桥梁（板式桥梁、钢架桥）
结果表现方式	影响线单元	板单元的影响面
分析结果	节点位移、支座反力、构件内力	节点位移、支座反力、构件内力
可分析的单元	桁架，梁、板单元（其他类型的单元只计刚度影响）	桁架，梁、板单元（其他类型的单元只计刚度影响）
加载方式	以集中荷载或均布荷载的形式加载到梁单元上 加载位置：所有点、最不利点	以集中荷载的形式加载到车道上的节点上或以压力荷载的形式加载到板单元上 加载位置：所有点、最不利点

3.9.1　移动荷载规范

在 MIDAS/Civil 中文版中默认的移动荷载规范为中国规范，包括公路、铁路、城市桥梁设计规范，如《公路桥涵设计通用规范》（JTG D60—2015）、《城市桥梁设计规范（2019 年版）》（CJJ 11—2011）。图 3.115 所示为树形菜单中的"荷载"选项卡界面。

3.9.2　车道与车道面

本桥采用梁单元建模，因此在定义移动荷载时，只需要选择车道。车道定义移动荷载分析时的车道位置。MIDAS/Civil 中的车道并不是指汽车车道荷载，它仅用于描述移动荷载，包括人群荷载所在的位置等信息。车道可以布置在一个梁单元（包括变截面梁单元）或相互连接的一系列的梁单元上，也可以布置于与梁单元有一定偏心距离的线上。MIDAS/Civil 中将定义车道位置时使用的参照系（本桥为梁单元）称为车道单元。车道单元上的任意单元的节点 j（或者 N_2）必须是后一个单元的节点 i（或者 N_1）；倘若不能布置于一个节点时，相邻车道单元间的距离尽可能要小一些，这对确保分析结果的正确性有很大的作用。

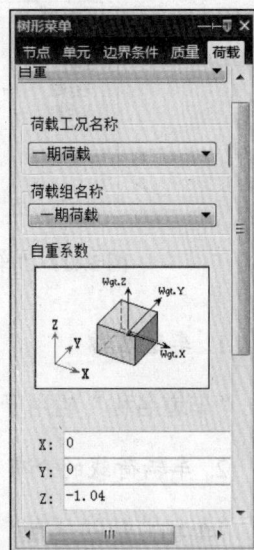

图 3.115　"荷载"选项卡界面

当车轮间距小于相邻两个车道单元的距离时，一部分的车轮集中荷载将被忽略。车道单元的单元局部坐标系的 z 轴方向要平行或尽可能地平行于整体坐标系的 Z 轴方向，车道单元的单元局部坐标系的 x 轴方向不能与整体坐标系的 Z 轴方向一致。

根据桥面净宽资料，本桥设置 4 个车道，车道布置如图 3.116 所示。以汽车车道（右）为例，介绍车道的定义方法。在主菜单中选择"荷载"→"移动荷载分析数据"→"车道"命令，或者在树形菜单中选择"移动荷载分析"→"车道"命令，打开"车道"布置对话框（图 3.117）。单击"添加"按钮，打开具体"车道"设置对话框，如图 3.118 所示。在具体"车道"设置对话框中有如下选项。

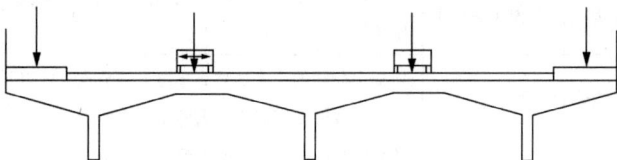

图 3.116　本桥车道布置

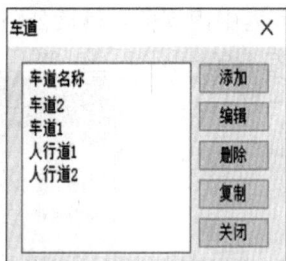

图 3.117　"车道"设置对话框

图 3.118　具体"车道"设置对话框

1. 车道名称

"车道名称"栏用于输入车道的名称。本桥在本栏中输入"汽车车道（右）"。

2. 车辆荷载的分布

"车辆荷载的分布"栏用于指定布置车辆荷载加载方式，包括"车道单元"和"横向联系梁"两种。这两种加载方式示意图如图 3.119 所示。

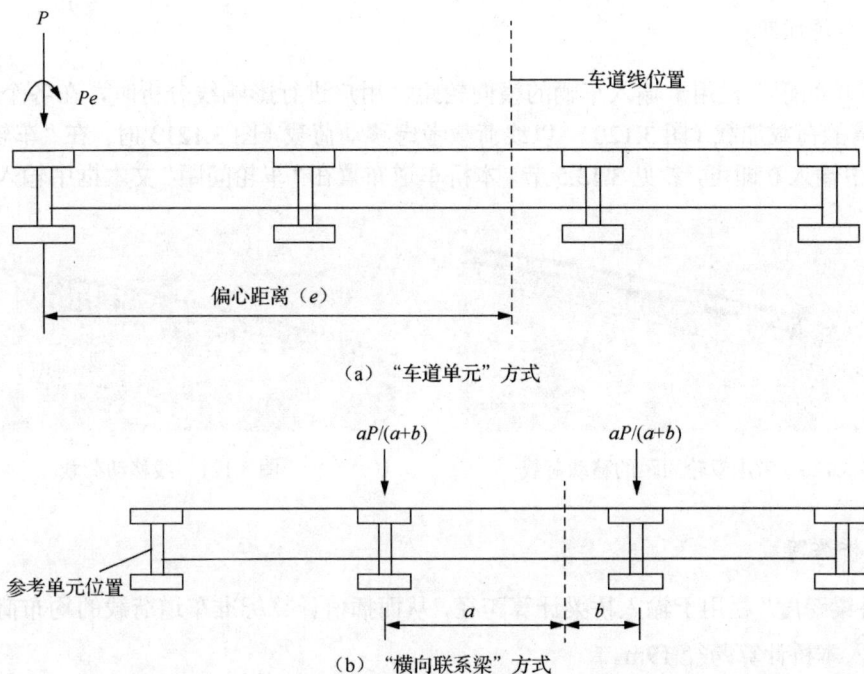

图 3.119　"车道单元"方式和"横向联系梁"方式加载示意图

（1）"车道单元"方式。考虑偏心扭矩影响后，将汽车荷载加载到参考单元线上。当横向联系梁较少，车道线距离选择的参考单元较近时，选择该方式会得到比较好的结果。若车道和车道单元位置一致，只需要输入单位垂直荷载。若车道和车道单元有一定的偏心距离，不仅要输入单位垂直荷载，还要输入单位扭矩。

（2）"横向联系梁"方式。当选用"横向联系梁"方式时，汽车荷载进行分配后，加载在横向联系梁上，再根据车道线位置分配至两边的主梁上。

本桥选择"车道单元"方式。

3. 车辆移动方向

"车辆移动方向"栏用于指定车辆荷载的移动方向，包括"向前""向后""往返"3 个选项。

4. 偏心距离

"偏心距离"栏用于输入实际车道相对于车道单元的偏心距离。车道与车道单元间的偏心距离是指沿着单元局部坐标系的$+y$轴方向或$-y$轴方向，从车道单元中心到车道中心线的垂直距离。偏心距离的符号定义为当荷载对单元局部坐标系x轴产生正方向的扭矩时为正，即以单元局部坐标系x轴为基准，位于$-y$轴方向时为正，位于$+y$轴方向时为负。

5. 车轮间距

"车轮间距"栏用于输入车辆的横向轮距。用户进行影响线分析时，在各个位置处以 0.5 倍的荷载加载（图 3.120），以线荷载考虑移动荷载（图 3.121）时，在"车轮间距"文本框中输入 0 即可，参见 3.13.5 节。本桥车道布置在"车轮间距"文本框中输入 1.8m。

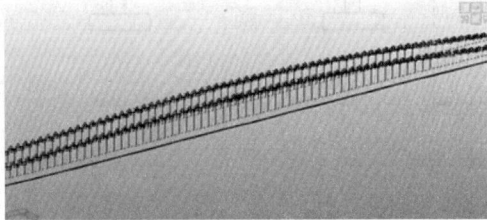

图 3.120　考虑双轮间距的移动荷载　　　　　图 3.121　线移动荷载

6. 桥梁跨度

"桥梁跨度"栏用于输入桥梁计算跨径，从而插值计算标准车道荷载的均布荷载 q_k，此处输入本桥计算跨径 19m。

7. 比例系数

根据《公路桥涵设计通用规范》（JTG D60—2015）输入纵向折减系数，此处输入"1"。

8. 选择

MIDAS/Civil 提供了 3 种选择车道基准线的方法，分别如下。

（1）两点。输入车道起讫点的坐标，连接两点的直线上的梁单元将被指定为车道基准单元，先输入的点为开始点。

（2）鼠标点取。用鼠标点取单元，先点取的单元为开始点位置。

（3）单元号。直接输入单元号，先输入的单元为开始点位置。

一定要按照车辆的移动路线，按顺序输入车道基准单元，否则计算结果是错误的。本桥采用"两点"方式，输入主梁节点 1 坐标（0，0，0）和节点 23 坐标（1996，0，0）。

9. 操作

（1）添加。该按钮仅适用于直接输入"单元号"时。直接输入"单元号"后，单击该按钮，可将单元添加到车道基准单元列表中。

（2）插入。在先前输入的车道基准单元之间插入其他车道基准单元。

（3）删除。在对话框底部选择车道基准单元并删除。

10. 跨度始点

多跨桥梁计算时，"跨度始点"文本框内容用于定义每跨车道线的起始点。对于车道单元，程序默认跨度始点为所选单元的左侧点（沿着所选单元顺序方向）。

单击"添加"按钮，完成本桥"汽车车道（右）"的定义。本桥中共有 4 个车道（2 个汽车车道、2 个人行道），按上述步骤完成全部车道定义，界面显示如图 3.122 所示。

图 3.122　车道定义完成后界面

3.9.3　车辆

车辆用于定义移动荷载（包括人群荷载）类型、荷载集度等。每个车道的荷载需要单独定义，相同荷载的不同车道也可以同时定义。MIDAS/Civil 提供了两种定义车辆荷载的方法：第一种方法是用户直接输入，输入的数据可参照标准车辆的一些参数；第二种方法是指定设计规范中的标准车辆荷载名称，程序自动从内部数据库调出标准车辆荷载，并将其作用到结构模型上。

以本桥为例，介绍车辆荷载定义方法，汽车车道荷载定义采用"标准车辆荷载"，人群荷载定义采用"用户定义"。

1. 标准车辆荷载

（1）在主菜单中选择"荷载"→"移动荷载分析数据"→"车辆"命令或在树形菜单中选择"移动荷载分析"→"车辆"命令，打开"车辆"对话框（图 3.123）。

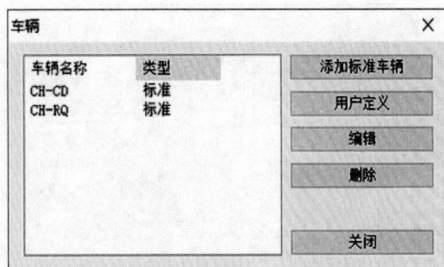

图 3.123　"车辆"对话框

（2）定义"汽车车道（右）"，该车道的车辆荷载为标准车辆，单击"添加标准车辆"按钮，打开"定义标准车辆荷载"对话框（图 3.124）。

在该对话框中输入下列项目：

① 规范名称。选择荷载采用的规范名称《公路工程技术标准》（JTG B01—2014）。

② 车辆荷载名称。默认为与车辆荷载类型相同的名称，在此定义为"车辆荷载（右）"。

③ 车辆荷载类型。选择规范规定的所有标准车辆荷载类型。以《公路工程技术标准》（JTG B01—2014）中规定的标准车辆荷载为例：CH 代表中国，CD 代表车道荷载，CL 代表车辆荷载，RQ 代表人群荷载。在此选择"CH-CD"。

选择完车辆荷载及规范后，程序会根据相应规范规定列出需要用户输入的参数。按上述步骤，将"汽车荷载"定义为"标准车辆荷载"。

2. 用户定义

（1）在主菜单中选择"荷载"→"移动荷载分析数据"→"车辆"命令，或在树形菜单中选择"移动荷载分析"→"车辆"命令，打开"车辆"对话框。

（2）定义"人群荷载（右）"，该车道的人群荷载为用户定义，单击"用户定义"按钮，打开"用户定义的车辆荷载"对话框（图 3.125）。

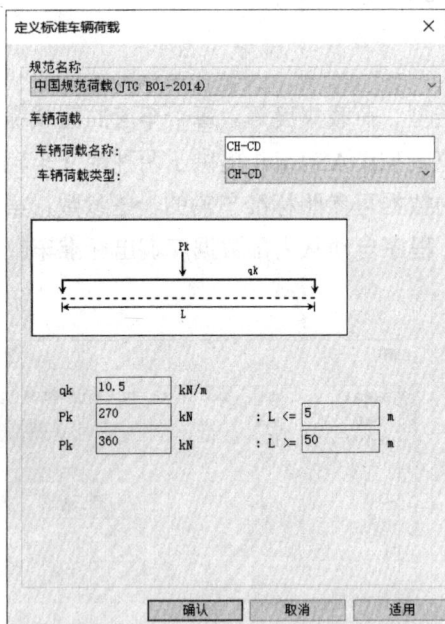

图 3.124 "定义标准车辆荷载"对话框

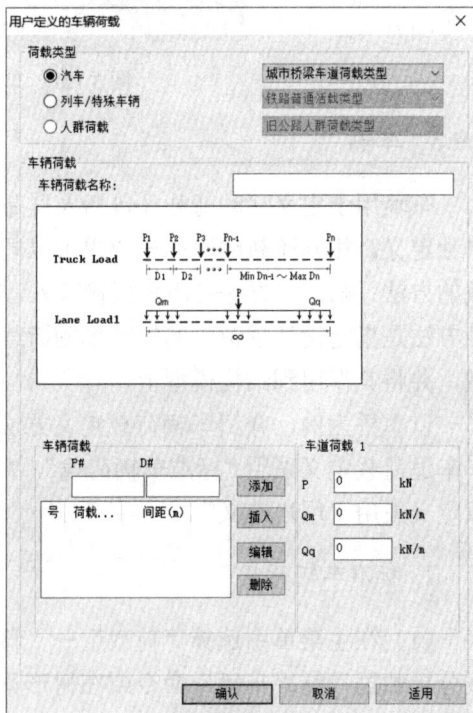

图 3.125 "用户定义的车辆荷载"对话框

在该对话框中输入下列项目：

① 荷载类型。荷载类型包括"汽车""列车/特殊车辆""人群荷载"3 种。

② 汽车。选中"汽车"单选按钮后，可输入城市桥梁、公路桥梁、新旧桥梁规范中的车辆荷载类型。对于车道、挂车等类型的荷载，铁路桥梁的普通列车和高速铁路列车荷载及轻轨荷载，则选中"列车/特殊车辆"单选按钮。选中"人群荷载"单选按钮，可输入新旧公路标准的人群荷载。在此选中"人群荷载"单选按钮，定义"新公路人群荷载类型"。

③ 车辆荷载名称。默认为与车辆荷载类型相同的名称，在此定义为"人群荷载（右）"。

④ 人群荷载。dW 为人群荷载集度；L 为计算跨径；"Width" 为单个人行道宽度。本例中人群荷载取 3.0kN/m²，单个人行道宽度取 1.5m，计算跨径可取任意值。

按上述步骤，定义"人群荷载（左）"。车辆荷载定义完成后，在打开的"车辆"对话框中可以看到以上定义的车辆荷载列表（图 3.123）。

3.9.4 移动荷载工况

在定义了车道和车辆荷载后，需要定义移动荷载工况，以指定每个车道所对应的移动荷载，将车道与车辆荷载联系起来。所定义的荷载工况将在分析结果中与其他分析结果相组合。本桥已定义了 4 个车道（2 个汽车车道、2 个人行道）及相应的移动荷载（标准荷载、用户定义荷载），需要通过移动荷载工况定义将其分别定义为"汽车荷载"工况和"人群荷载"工况。以本桥移动荷载为例，具体说明在 MIDAS/Civil 中移动荷载工况的定义方法。

（1）在主菜单中选择"荷载"→"移动荷载分析数据"→"移动荷载工况"命令，或者在树形菜单中选择"移动荷载分析"→"移动荷载工况"命令，打开"移动荷载工况"对话框（图 3.126）。

（2）单击"添加"按钮，打开"移动荷载工况"设置对话框（图 3.127），定义新的移动荷载工况。

图 3.126 "移动荷载工况"对话框

（3）在"移动荷载工况"设置对话框（图 3.127）中定义"荷载工况名称"为"汽车荷载"，并在"说明"文本框中输入本工况的属性。

（4）定义子荷载工况。定义子荷载工况用于决定移动荷载工况中包含的子荷载工况（车辆荷载以及加载的车道位置）。程序根据选择的车道数量自动进行横向折减。加载时程序将对各车道可能加载的子荷载工况进行各种可能的组合，当程序完成该移动荷载工况分析后，将输出各种子荷载工况组合下的最大值和最小值。

（5）重复步骤（1）～步骤（4），定义移动荷载工况"汽车荷载""人群荷载"。组合选项有"组合""单独"两种，分别表示按指定的系数组合各子荷载工况和各子荷载工况独自发生作用。本桥选择"组合"选项。

① 单击"添加"按钮，打开"子荷载工况"对话框（图 3.128）。

② 在"车辆组"下拉列表中选择"VC:VL 汽车荷载（左）"作为车辆荷载组。

③ 输入车辆荷载组荷载的增减系数"1"。全桥建模时，该项可填写纵向折减系数（不得与车道定义时的车道系数重复计算），进行单片梁分析时，该项可输入该梁的荷载横向分配系数。

④ 输入加载的最少车道数量"0"。输入加载的最多车道数量"1"。加载的最多和最少车道数量必须小于已选车道列表中选择的车道数量。此项用于确定桥梁横向折减系数。

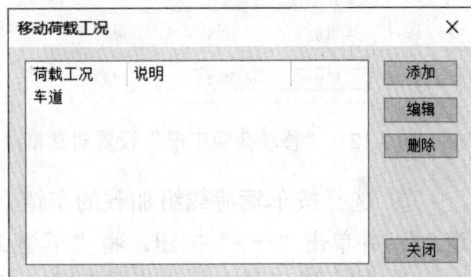

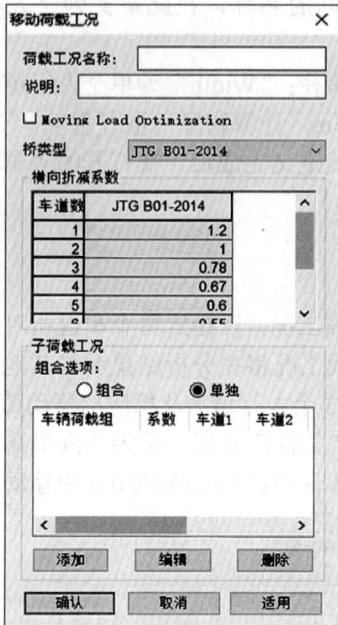

图 3.127 "移动荷载工况"设置对话框

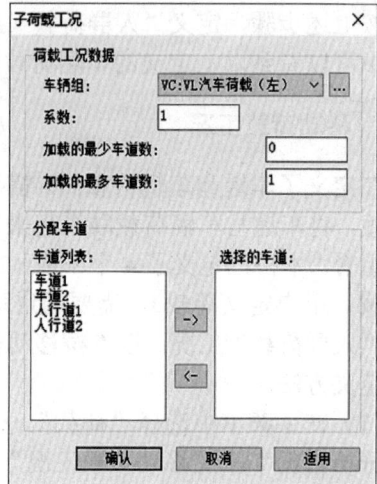

图 3.128 "子荷载工况"对话框

⑤ 选择按车辆荷载组加载的车道。在车道列表中单击车辆荷载组加载的车道"车道 2",并单击"—>"按钮,将"车道 2"添加至加载的车道列表(图 3.129)。

⑥ 按上述步骤定义子荷载工况"车道 1",完成定义"汽车荷载"(图 3.130)。

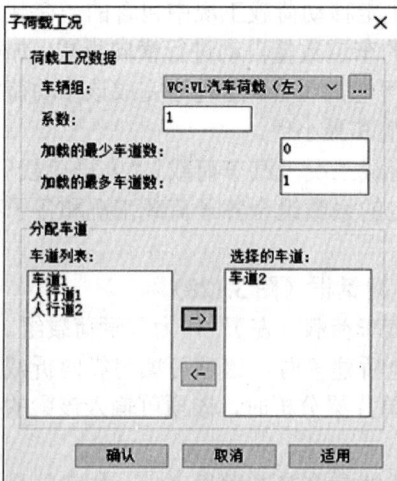

图 3.129 添加加载的车道

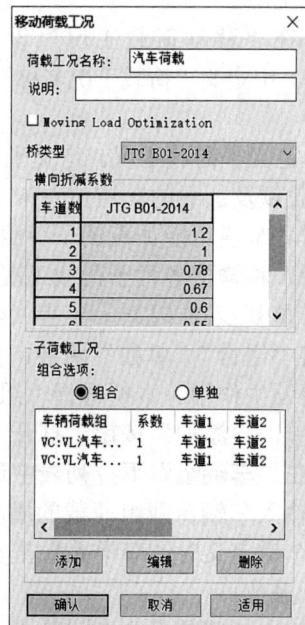

图 3.130 定义"汽车荷载"

3.10　组的概念与应用

MIDAS/Civil 模型中对象包括单元、荷载、边界条件、预应力钢束等。为了方便用户定义施工阶段、输入计算结果、快速编辑对象，可将上述对象定义为结构组、荷载组、边界组、钢束组，并对组进行编辑。定义组时可使用模型工具条，也可以使用树形菜单。本节介绍以下几种常见的组定义方法。

3.10.1　结构组

将一些节点和单元组成一个结构组，可便于建模、修改和输出。对于复杂的模型，当分析和设计中需要反复使用某些单元和节点时，可以将其定义为一个结构组，该功能可以用于定义桥梁各施工阶段的结构。定义结构组时，首先需要定义组的名称，然后在模型窗口中选择相应的单元，将组的名称拖放到模型窗口中，即可完成对结构组的定义。特别是对于复杂的建筑物，不必进行反复选择就可以选择或激活对象，故此项功能在建模过程中极为有效。

本桥主梁单元按上述步骤定义为主梁组（图 3.131）。

图 3.131　主梁组

3.10.2　边界组

对于复杂模型，当分析和设计中需要反复使用某些边界条件时，可以将其定义为一个边界组，该功能可以用于定义桥梁各施工阶段的边界。在生成边界组之前，需要先定义边界组的名称，然后在树形菜单的组表单中使用拖放功能将节点和单元赋予相应的边界组。

本桥主梁施工阶段有 2 个，分别为支架现浇（主梁自重由支架承担）和落架（主梁自重转移到支座）。本桥的边界条件可定义为支架和支座 2 个边界组。下面介绍边界组的定义方法。

（1）在树形菜单中选择"边界组"命令并右击，弹出关联菜单，选择"新建"命令，新建"边界组 1""边界组 2"，将其重命名为"支架""支座"2 个边界组（图 3.132）。在模型窗口中选择所有主梁节点（图 3.133）。

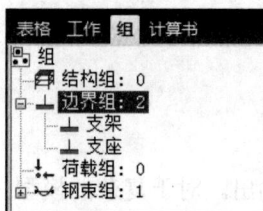

图 3.132　新建边界组

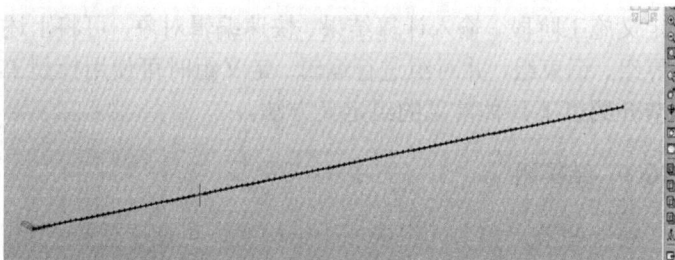

图 3.133　选择主梁节点

（2）在树形菜单中选择"支架"边界组并拖拉其至模型窗口，弹出"选择边界类型"对话框（图 3.134）。在 3.6 节定义主梁边界条件时，主梁节点（节点 1～节点 23）采用"一般支承"方式，因此，在该对话框中仅选中"一般支承"复选框（图 3.135）。

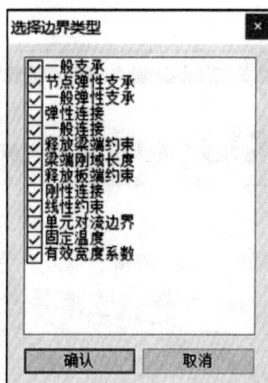

图 3.134　"选择边界类型"对话框

图 3.135　选中"一般支承"复选框

（3）单击"确认"按钮，完成"支架"边界组的定义。在树形菜单中选择"支架"边界组并右击，选择"显示"命令，即在模型窗口中显示支架组（图 3.136）。

图 3.136　支架组

（4）选择支座节点（节点 24～节点 31），按步骤（2）和步骤（3）（在"选择边界类型"对话框中选中"一般支承""弹性连接"复选框）将支座节点边界条件定义为支座组（图 3.137）。

（5）由于主梁与支座节点之间采用刚臂连接（刚性连接），选取主梁节点（节点 2、节点 22），在"边界条件"选项卡中选择"刚性连接"，将刚臂添加到支座组中，如图 3.138 所示。

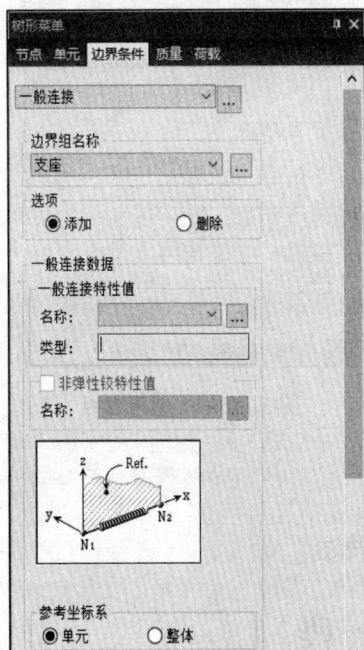

图 3.137　"一般连接"选项界面

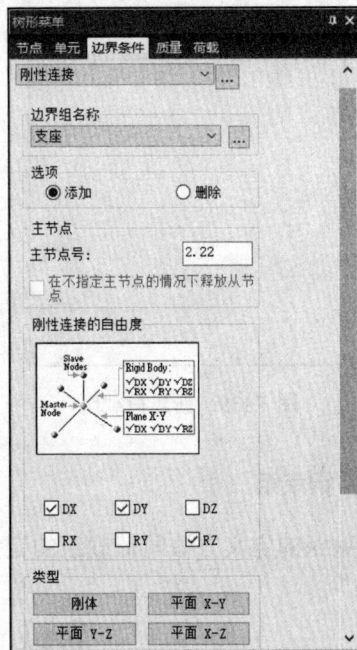

图 3.138　"刚性连接"选项界面

3.10.3　荷载组

组的定义除了采用上述方法外，还可以返回模型静力荷载菜单重新编辑荷载或使用表格工具。以本桥为例介绍定义荷载组的方法。

（1）在树形菜单中选择"荷载组"命令并右击，弹出关联菜单，选择"新建"命令，新建"荷载组 1""荷载组 2""荷载组 3"，将它们重命名为"一期荷载""二期荷载""预应力" 3 个荷载组（图 3.139）。

（2）在树形菜单中，打开"荷载"选项卡（图 3.140），"荷载组名称"栏选择"一期荷载"。

（3）在表格菜单中选取梁单元荷载，在梁单元荷载表格中重新定义二期荷载组。

（4）在表格菜单中选取"钢束预应力荷载"，在钢束预应力荷载表格中重新定义预应力组。

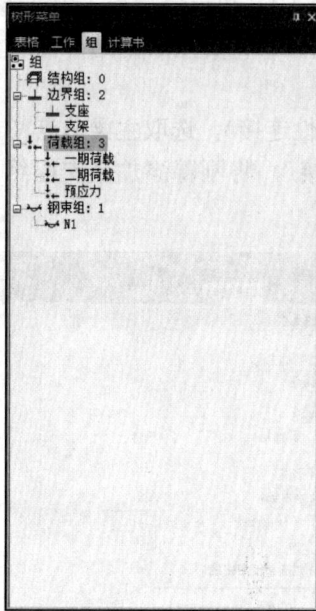

图 3.139　新建荷载组

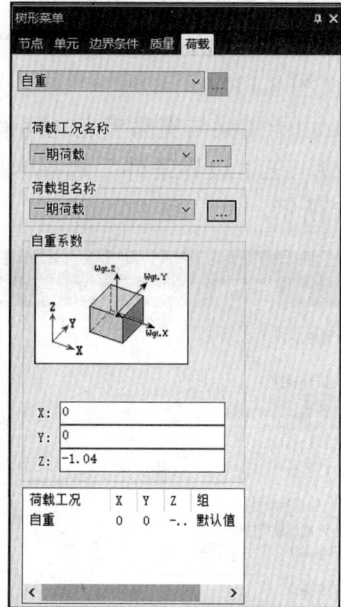

图 3.140　一期荷载组

3.10.4　钢束组

钢束组的定义方法同荷载组的定义，在此不再赘述。

3.11　施　工　阶　段

影响桥梁成桥状态的主要因素是其施工过程中结构体系转换、架设方法的变更、荷载的作用。对于桥梁而言，中间及最终状态的应力和变形与施工顺序和施工过程细节直接相关，施工过程中需要加设临时支承、平衡自重、瞬时位移及索拉力效应，防止分段结构构件的布局应力过大，保证成桥的设计线形；而且未成桥前桥梁的局部结构比成桥结构轻柔易弯，易受施工荷载的影响。因此，为了准确模拟桥梁的实际施工状况，需要定义施工阶段分析数据，以进行桥梁分析。在 MIDAS/Civil 中，结构体系的变更、边界条件的改变、施工荷载的增减通过激活和钝化结构组、边界组和荷载组实现。

结合本桥施工过程，具体介绍定义施工阶段的方法如下。

（1）在主菜单中选择"荷载"→"施工阶段分析数据"→"定义施工阶段"命令，或在树形菜单中选择"施工阶段分析数据"→"定义施工阶段"命令，打开"施工阶段"对话框。

（2）单击"添加"按钮，打开"设定施工阶段"对话框（图 3.141）。输入施工阶段CS1 数据。

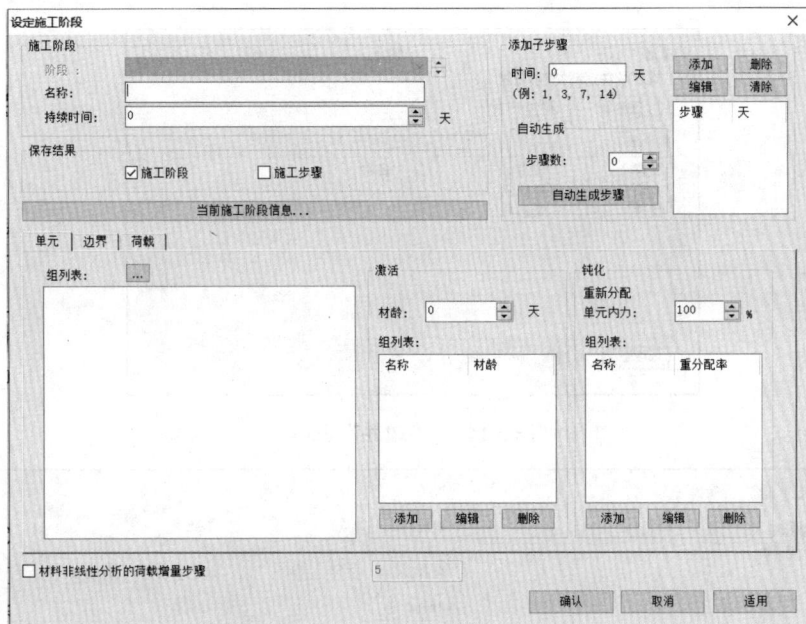

图 3.141　"设定施工阶段"对话框

在"设定施工阶段"对话框中有如下选项。

① 施工阶段。

a. 阶段。选择其他施工阶段。

b. 名称。输入施工阶段名称 CS1。

c. 持续时间。CS1 阶段施工持续时间为 10 天。

② 添加子步骤。该栏用于定义在一个施工阶段内划分子步骤。同施工阶段内的结构模型和边界条件相同，但加载的时期和荷载可以发生变化，此时可以将一个施工阶段划分成几个子步骤。本阶段无子步骤，故不填写该项。

③ "单元"表单。通过将已经定义的结构组激活或钝化，定义相应施工阶段的结构模型。在该表单中有"组列表""激活""钝化"选项。在"组列表"中列出了已经定义的结构组，选择结构组，在"激活""钝化"栏中单击"添加"按钮，定义本阶段激活或纯化的单元，如图 3.141 所示。

④ "边界""荷载"表单。采用上述方法，定义本阶段的"边界"表单（图 3.142）、"荷载"表单（图 3.143）。在"边界"表单中设定"变形前""变形后"，以指定一般支承或弹性支承在结构变形前后的位置，在"荷载"表单中设定"开始"或"结束"，以指定相应施工阶段（或子步骤）开始后荷载组开始作用的时间。

⑤ 单击"当前施工阶段信息…"按钮，显示当前施工阶段可以使用的节点号、单元号、边界组和荷载组等信息（图 3.144），方便检查定义数据。前一施工阶段设定的结构组、边界组、荷载组，如果在本施工阶段中没有进行相应的钝化处理，则在本施工阶段中同样适用。

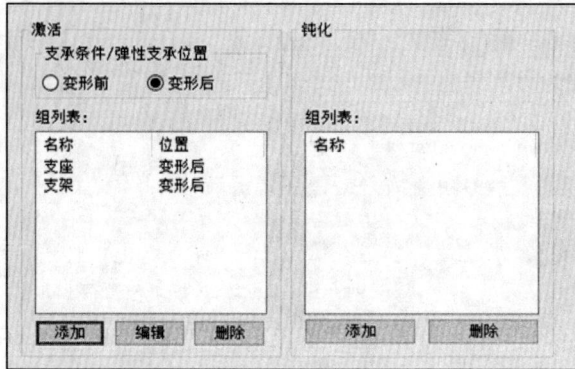

图 3.142 "边界"表单

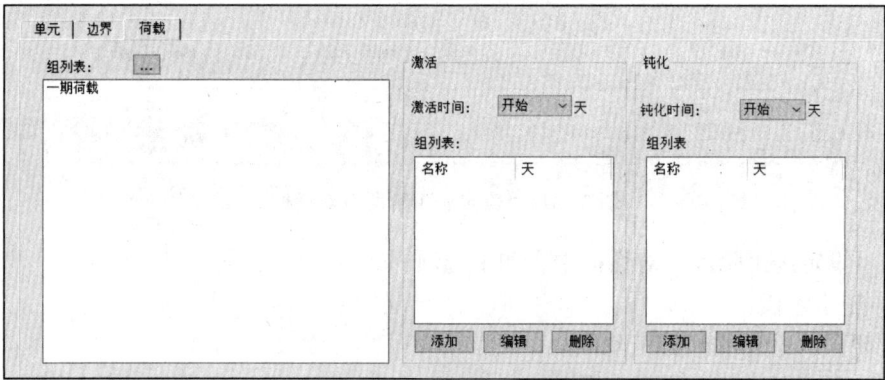

图 3.143 "荷载"表单

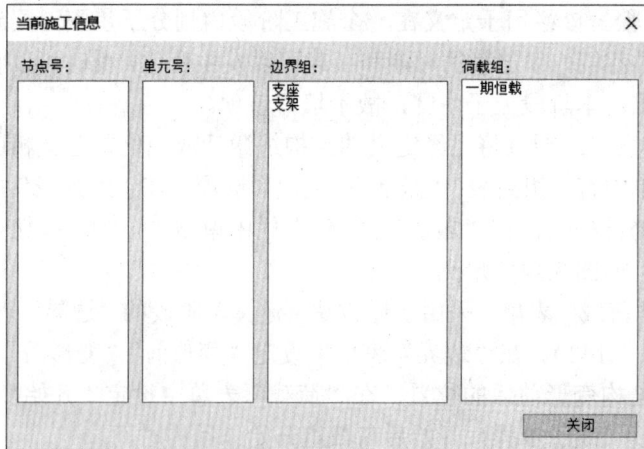

图 3.144 CS1 施工阶段信息

（3）采用上述步骤输入施工阶段 CS2、CS3、CS4 数据。

（4）输入施工阶段 CS5 数据。本阶段无激活、钝化的组，仅输入施工持续时间 3650 天（图 3.145）。

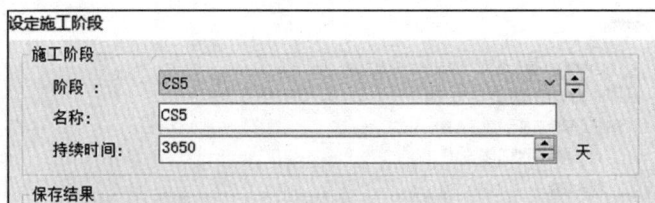

图 3.145　设定施工阶段 CS5

各施工阶段数据定义完成后，返回"施工阶段"对话框，如图 3.146 所示。

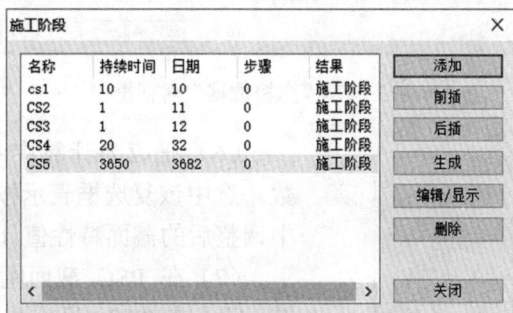

图 3.146　"施工阶段"对话框

3.12　分　析　控　制

MIDAS/Civil 程序分析控制功能包括基本的线性分析功能和非线性分析功能，如线性分析、p-Delta 效应分析、结构屈曲分析、特征值分析、反应谱分析、移动荷载分析、水化热分析、施工阶段分析、悬索桥分析、施工阶段连续分析等。

结合本桥介绍在一般桥梁设计时使用的主控数据、移动荷载分析控制、施工阶段分析控制的定义方法。

3.12.1　主控数据

用于控制单元的自由度约束条件和非线性单元的分析条件的"主控数据"对话框如图 3.147 所示。该对话框中选项介绍如下。

（1）约束桁架/平面应力/实体单元的旋转自由度。该复选框默认为选中状态，表示使用无旋转自由度的单元时，自动约束其转动自由度。当不选中此复选框时，用户应自行考虑不同自由度单元之间连接时的自由度耦合问题。

（2）约束板的旋转自由度。该复选框默认为选中状态，表示约束板单元绕垂直于板平面轴向的旋转自由度。

（3）仅受拉/仅受压单元（弹性连接）。该项用于输入与非线性单元分析相关的数据。

（4）迭代次数（荷载工况）。该文本框用于输入最大迭代次数。

（5）收敛误差。该文本框用于输入收敛公差。

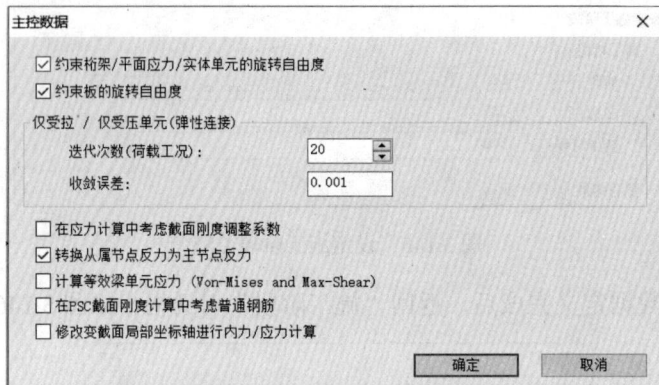

图 3.147 "主控数据"对话框

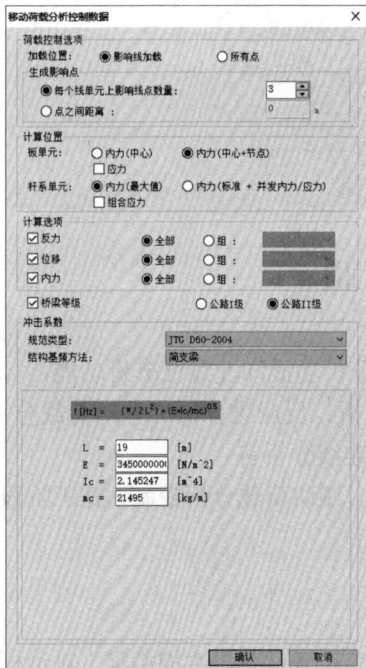

图 3.148 "移动荷载分析控制数据"对话框

（6）在应力计算中考虑截面刚度调整系数。选中该复选框表示按在截面特性调整系数中调整后的截面特性值计算截面应力。

（7）在 PSC 截面刚度计算中考虑普通钢筋。因为在 PSC（设计截面）截面验算中抗扭、抗剪验算需要计入普通钢筋，所以该复选框必须选中。

3.12.2 移动荷载分析控制

移动荷载分析控制用于指定移动荷载分析的方法和分析结果的输出位置。"移动荷载分析控制数据"对话框如图 3.148 所示。

1. 荷载控制选项

"荷载控制选项"栏用于设定移动荷载的加载位置，包括"影响线加载"和"所有点"两个选项。

1）影响线加载

车轮只加载在使各节点内力发生最大值、最小值的位置，汽车荷载加载应满足规范《公路桥涵设计通用规范》(JTG D60—2015)"4.3.1 条"的规定，即现行公路荷载采用车道荷载，由均布荷载和集中荷载组成，计算内力和变形值依然采用影响线加载法计算，一般公式如下：

$$S = qw + Qy \qquad (3.22)$$

式中，S 为计算效应值，可以是弯矩、轴向力、剪力、变形等；q、Q 分别为均布荷载标准值和集中荷载标准值；w、y 分别为所求截面的影响线面积之和及影响线峰值。均布荷载 q 应根据影响线的性质连续布置或分段布置，集中荷载 Q 只能有一个值，且必须布置在影响线的峰值上。

图 3.149 为某连续梁边跨正弯矩影响线和支点截面负弯矩影响线，分别求出两截面的最不利弯矩值。边跨正弯矩影响线分布在第一、三跨，支点负弯矩影响线位于截面两侧，均布荷载连续布置在支点两侧各跨上，集中力则需要比较两侧各跨的峰值后才能确定最不利位置。

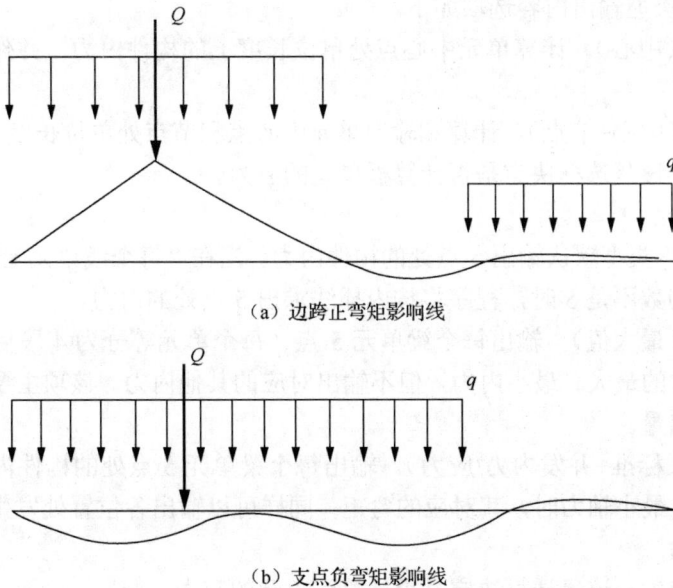

（a）边跨正弯矩影响线

（b）支点负弯矩影响线

图 3.149　影响线加载示意图

2）所有点

与影响线的正负符号无关，各集中荷载依次沿车道行进，加载到能加载的所有点上（包括节点和下面定义的影响点）。"所有点"加载位置方式一般用于铁路、地铁轻轨桥梁的列车荷载。

2. 生成影响点

MIDAS/Civil 中默认每个单元的两端节点为影响线的可能加载点，但当梁单元长度比较长时，这种加载方式的计算结果比较粗糙，此时可以采取两种措施：一是细分杆系单元，二是增加影响线分析点数量。但通常细分单元可能会对其他单元产生影响，对模型的整体性和正确性不易保证，因此 MIDAS/Civil 提供了增加影响线加载点的方法以满足要求。

该栏用于控制影响线的分析和加载位置，包括"每个线单元上影响线点数量"和"点之间距离"两个选项。两个选项的具体含义如下。

（1）每个线单元上影响线点数量，表示将一个线单元再均匀细分后的点数，如选择为 3，则输出单元两端点和中点的影响线分析结果。

（2）点之间距离，表示将一个线单元再细分后各点之间的间距，按输入的间距输出影响线分析结果。

3. 计算位置

"计算位置"栏用于指定移动荷载分析结果输出内容和单元类型，包括"板单元"和"杆系单元"两种单元类型。

1）板单元

"板单元"类型输出内容选项如下。

（1）内力（中心）。计算单元中心点处单位长度上的构件内力，并作为整个单元的结果。

（2）内力（中心+节点）。计算和输出单元中心点和节点处单位长度上的构件内力。

（3）应力。该复选框决定是否计算板单元的应力。

2）杆系单元

"杆系单元"类型默认输出 5 点处的构件内力。当在"每个线单元上影响线点数量"文本框内输入的数不是 5 时，程序将按内插法求出 5 点处的内力。

（1）内力（最大值）。输出每个梁单元 5 点（每个单元等分为 4 段后形成的 5 个等分点）处的构件的最大、最小内力，但不输出对应的其他内力。该项主要为了提高计算速度和减少输出量。

（2）内力（标准+并发内力/应力）。输出每个梁单元 5 点处的构件内力，并输出各位置发生最大、最小轴力时，其对应的弯矩；同样可以输出各位置处发生最大、最小弯矩时相应的轴力。

（3）组合应力。该复选框决定是否计算梁单元的应力。

4. 计算选项

"计算选项"栏用于控制输出计算结果的类型和指定计算的节点和单元。输出的计算结果类型有反力、位移、内力 3 个选项，分别表示输出支座反力、输出节点位移和输出单元内力。每种类型有"全部"和"组"两种选项，分别表示输出全部单元（节点）或所选组的计算值。

5. 桥梁等级

根据规范《公路工程技术标准》（JTG B01—2014）选定车道荷载的等级，包括公路-Ⅰ级和公路-Ⅱ级两种选项。

6. 冲击系数

根据选择的桥梁形式（公路桥梁、城市桥梁和铁路桥梁），决定冲击系数的规范类型和计算方法，从而确定冲击系数。

（1）规范类型。规范类型可选择《公路桥涵设计通用规范》（JTG D60—2015）或其他规范。

（2）结构基频方法。当选择《公路桥涵设计通用规范》（JTG D60—2015）时，程序提供"用户输入""简支梁""连续梁""拱桥""斜拉桥""悬索桥" 6 种选项。

用户输入：直接输入结构基频数据，程序按《公路桥涵设计通用规范》（JTG D60—2015）中"4.3.2 条"的规定自动计算冲击系数。选择其他桥型时，程序按《公路桥涵设计通用规范》（JTG D60—2015）条文说明"4.3.2 条"中各种桥型的基频计算公式先计算基频，再采用《公路桥涵设计通用规范》（JTG D60—2015）中"式（4.3.2）"自动计算冲击系数。

3.12.3 施工阶段分析控制

施工阶段分析控制用于定义施工阶段分析的各种控制数据，包括设定结构非线性计算模式、时间依存性效果、最后施工阶段等。由于 MIDAS/Civil 具有强大的分析功能，施工阶段分析控制选项较多，在此仅介绍几种与本桥有关的选项。

"施工阶段分析控制数据"对话框如图 3.150 所示。

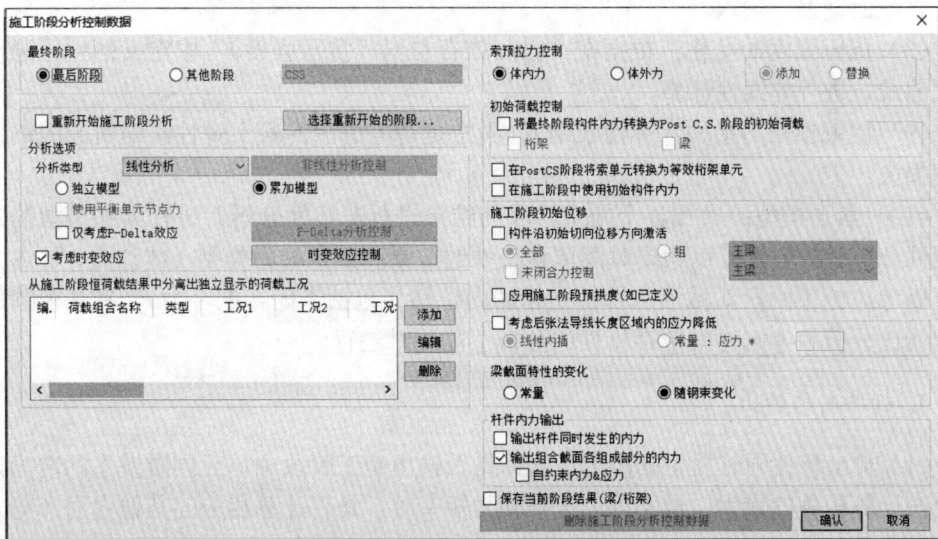

图 3.150 "施工阶段分析控制数据"对话框

1. 最终阶段

在 MIDAS/Civil 中，只有在最终施工阶段，施工荷载工况才能与其他荷载工况（如地震、移动荷载等）进行组合（详见后述 3.13.1 节相关内容）。此项设定哪个施工阶段为最终施工阶段，既可以直接选择排在最后的施工阶段，也可在已经定义的施工阶段中选择一个施工阶段指定为最终施工阶段。

2. 考虑时变效应（累加模型）

材料的时间依存特性（详见 3.5.2 节相关内容）包括材龄不同的混凝土构件的徐变、材龄不同的混凝土构件的收缩应变、混凝土抗压强度随时间的变化、钢预应力的各种损失。该项用于设定以上内容的计算方法。

（1）类型：选择只考虑徐变（或收缩），或是同时考虑徐变和收缩。

（2）徐变分析时的收敛控制：若类型选择中包括徐变，则在此项中设定迭代次数和收敛误差，此两项涉及徐变的裁量非线性计算控制项目。

（3）使用用户定义的徐变系数：使用用户在施工阶段中定义的徐变系数。

（4）徐变分析加载时间步骤数：该加载步骤与施工阶段的步骤数无关，仅是将徐变系数曲线划分为指定步骤。

（5）自动分割时间：当某施工阶段的持续时间过长时，程序自动将其划分为一些施工步骤，该项默认值为在定义施工阶段时，各施工阶段的持续时间。

（6）钢束预应力损失（徐变和收缩）：决定是否考虑徐变、收缩引起的钢束预应力损失、摩擦损失、锚固端和钢筋内缩损失、钢筋松弛损失。选择该项后则在结果中输出预应力损失相关的数据。

（7）考虑钢筋的约束效果：是否考虑普通钢筋对徐变和收缩的约束。普通钢筋的数据在"截面钢筋"输入。

（8）抗压强度的变化：根据在"时间依存材料（抗压强度）"中定义的抗压强度的变化曲线，进行非线性计算。

（9）钢束预应力损失（弹性收缩）：决定是否考虑因混凝土弹性收缩引起的钢束预应力损失。

（10）累加模型：累加各个施工阶段的结果进行非线性分析。进行累加模型的几何非线性分析时，不仅可以考虑时间依存特性的效果和索预拉力类型（体外力、体内力），还可以考虑施工阶段新激活构件的初始切向位移（包括未闭合配合力）。独立模型的几何非线性分析和考虑时间依存特性的分析不能同时进行。

3. 杆件内力输出

（1）输出杆件同时发生的内力：选择是否输出施工阶段中单元同时发生的内力，即决定在计算构件的最大、最小内力（强轴力矩）时，是否计算相应的其他内力（剪力和轴力）。

（2）输出组合截面各组成部分的内力：选择该项计算输出组合截面各组成部分的应力和内力，否则只计算输出整个组合截面的应力和内力。

4. 赋予各施工阶段中新激活构件初始切向位移

考虑各个施工阶段发生的切向角位移，赋予下一施工阶段，用于计算发生的实际总位移。在钢结构和预制混凝土结构的切线拼装时，需要考虑切向位移，否则将无法无缝拼接。

5. 梁截面特性的变化

梁截面特性的变化是指在施工阶段计算时是否考虑钢束对截面特性的影响，包括"常量"和"随钢束变化"两个选项，分别表示不考虑和考虑钢束对截面特性的影响。选择后者表示后张法预应力孔道注浆前，若不考虑预应力孔道，则以纯截面计算截面特性；孔道注浆以后，将计入预应力钢筋计算换算截面的截面特性。

3.13　结　果　输　出

MIDAS/Civil 将程序的环境体系区分为前处理模式和后处理模式，以提高程序效率，方便用户操作。模式的转换可使用模式菜单或单击前处理模式或后处理模式图标。建模过程中的所有输入工作只能在前处理模式中进行，而荷载组合、反力、位移、构件内力、应力等分析结果的查看和整理工作则只能在后处理模式中进行。若分析顺利结束，前处理模式会自动转换为后处理模式。分析结束后若需要重新回到前处理模式对输入的事项进行修改或变更，分析结果将会被删除。为方便查看数据，MIDAS/Civil 提供了图形和表格两种输出方式。计算结果输出可使用结果工具条（图 3.151），也可以使用树形菜单（图 3.152）。

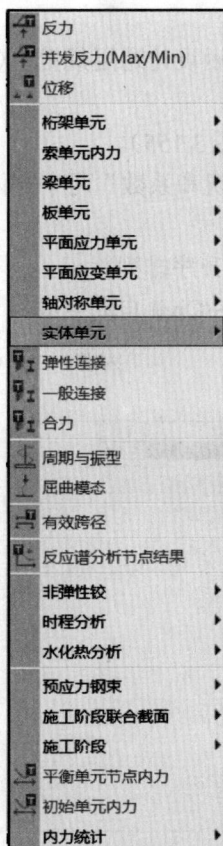

图 3.151　结果工具条　　　　　　　　　图 3.152　树形菜单

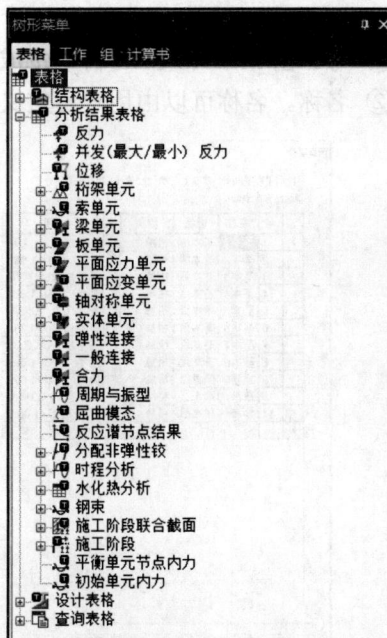

下面结合本桥介绍 MIDAS/Civil 结果输出操作的基本方法。

3.13.1 荷载组合

桥梁设计总是基于荷载组合的,而不是直接在荷载工况上进行的。将荷载工况按一定的系数组合起来,需要定义荷载组合。在 MIDAS/Civil 结果分析中既可以由用户输入荷载组合,也可以选择相应规范自动生成荷载组合。MIDAS/Civil 支持下列 5 个荷载组合输入表单,分别是"一般""钢结构设计""混凝土设计""SRC 设计""组合钢梁设计"。其中,"混凝土设计"是结合《公路桥涵设计通用规范》(JTG D60—2015)的混凝土结构和预应力结构验算用荷载组合。

(1)在主菜单中选择"结果"→"组合"→"荷载组合"命令,或在树形菜单中选择"分析结果"→"荷载组合"命令,弹出"荷载组合"窗口,选择"混凝土设计"选项卡,如图 3.153 所示。

(2)单击"荷载组合列表"下方的"自动生成"按钮(图 3.153),打开"选择荷载组合"对话框,如图 3.154 所示。

(3)在"选择荷载组合"对话框中,选择《公路桥涵设计通用规范》(JTG D60—2015)和相应的组合类型(图 3.154)。

(4)在"荷载组合"窗口中即自动生成荷载组合(图 3.155)。

"荷载组合"窗口包括"荷载组合列表"和"荷载工况和系数"两个窗体。"荷载组合列表"中有如下内容。

① 号。由 MIDAS/Civil 自动生成,默认由 1 开始,升序排列。

② 名称。名称可以由用户自定义,也可以由 MIDAS/Civil 自动生成。

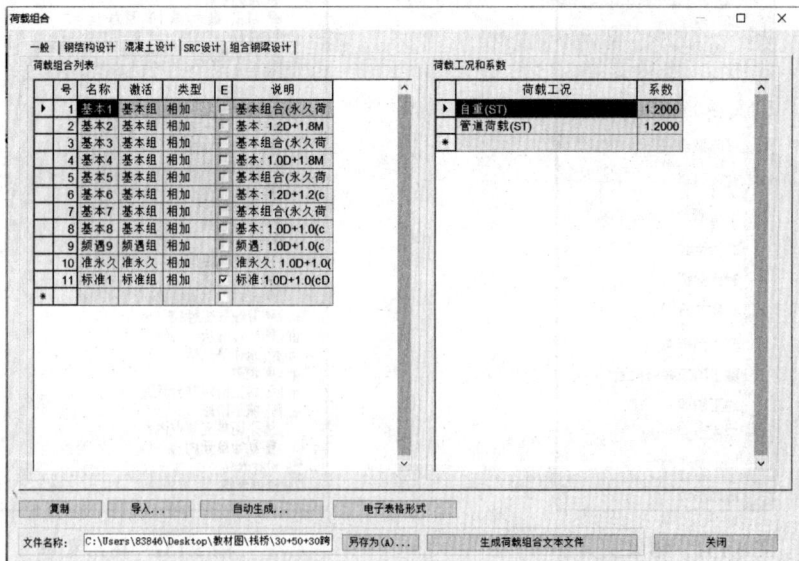

图 3.153 "荷载组合"窗口"混凝土设计"选项卡界面

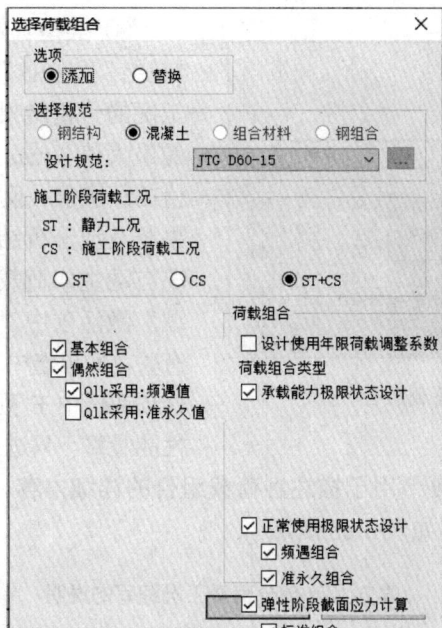

图 3.154　"选择荷载组合"对话框

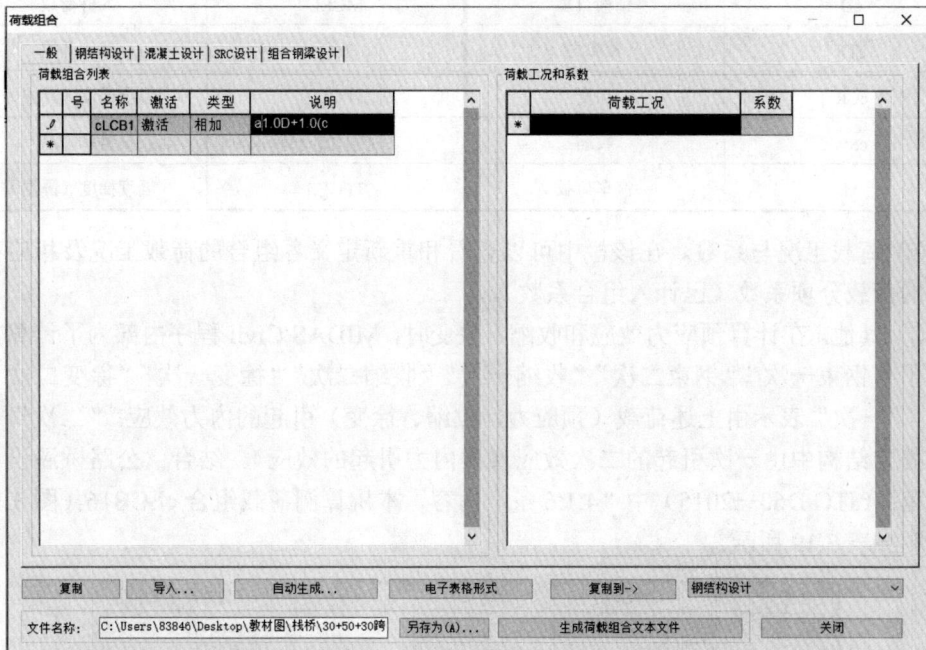

图 3.155　生成荷载组合

③ 激活（图 3.156）。选取在后处理模式中使用该荷载组合的形式。

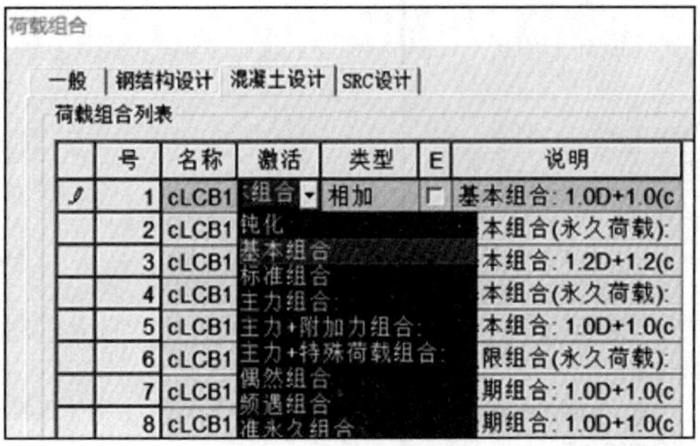

④ 类型。荷载组合类型包括"相加""包络""SRSS" 3 种，分别表示：各荷载工况的分析结果的线性相加，各分析结果的最大值（max）、最小值（min）及绝对值的最大值，反应谱分析中 SRSS 组合结果与其他分析结果的线性组合。各荷载工况自动生成荷载组合时，与"荷载使用类型"激活项中"弹性阶段截面应力计算"有关，如果选中"弹性阶段截面应力计算"选项或选中 E 列，则对该工况不进行使用性能验算，只进行弹性阶段的验算。

图 3.156　激活荷载组合

⑤ 图 3.156 中，"说明"用于描述各荷载组合的详细内容。其中荷载工况使用缩写。部分荷载工况缩写的说明如表 3.18 所示

表 3.18　部分荷载工况缩写的说明

荷载工况缩写	荷载工况说明	荷载工况缩写	荷载工况说明
cD	结构自重	MCRL	人群荷载
cTS	预应力	T[1]	整体升温
cCR	徐变	TPG[1]	温度梯度（升温）
cSH	收缩	T[2]	整体降温
M	汽车荷载	TPG[2]	温度梯度（降温）

⑥ 荷载工况与系数。在该栏中可以查看和重新定义各组合的荷载工况及相应荷载工况的荷载分项系数（已计入组合系数）。

⑦ 其他。在计算预应力效应和收缩、徐变时，MIDAS/Civil 程序内部为了计算方便建立了"钢束一次""钢束二次""收缩一次""收缩二次""徐变一次""徐变二次"等名词。"一次"表示由上述荷载（预应力、收缩、徐变）引起的内力效应。"二次"表示在超静定结构中由一次引起的二次效应（次内力引起的效应）。结合《公路桥涵设计通用规范》（JTG D60—2015）中"4.1.6 条"内容，本桥算例荷载组合 cLCB16（图 3.157）的说明如表 3.19 所示。

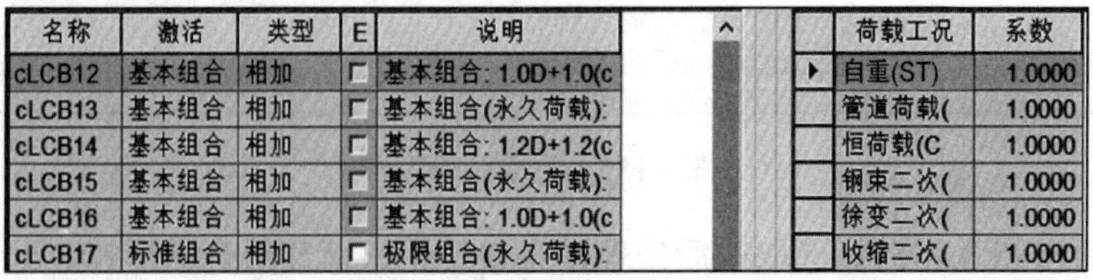

图 3.157　荷载组合 cLCB16

表 3.19　荷载组合 cLCB16 说明

cLCB16	《公路桥涵设计通用规范》 (JTG D60—2015) 式 (4.1.6-1)	备注
1.2 (cD)	$\gamma_{G1}S_{G1K}$	结构永久荷载效应的标准值 S_{G1K} =结构重力(恒荷载)、S_{G2K} =预加力(钢
1.2 (cTS)	$\gamma_{G2}S_{G2K}$	束二次)、S_{G3K} =收缩引起的永久荷载、S_{G4K} =变形引起的永久荷载;本
1.0 (CR)	$\gamma_{G3}S_{G3K}$	桥为简支梁,根据《公路桥涵设计通用规范》(JTG D60—2015),按对结
1.0 (cSH)	$\gamma_{G4}S_{G4K}$	构承载力不利取值,分项系数 γ_{G1} =1.2、γ_{G2} =1.2、γ_{G3} =1.0、γ_{G4} =1.0
1.4M	$\gamma_{Q1}S_{Q1K}$	汽车荷载效应的标准值 S_{Q1K};汽车荷载效应分项系数 γ_{Q1} =1.4
0.98MCRL	$\psi_c\gamma_{Q2}S_{Q2K}$	其他可变作用效应标准值 S_{Q2K} =人群荷载、S_{Q3K} =温度荷载(本算例未
0.98T[2]	$\psi_c\gamma_{Q3}S_{Q3K}$	计入)、S_{Q4K} =温度梯度(降温);不包括风荷载的其他可变作用效应分项
0.98TPG[2]	$\psi_c\gamma_{Q4}S_{Q4K}$	系数 $\gamma_{Q2} \sim \gamma_{Q4}$ =1.4;因除汽车荷载效应外,还有温度梯度荷载、人群荷载 参与组合,故 ψ_c =0.7

3.13.2　反力

MIDAS/Civil 使用数值及图例(箭头大小)表示支座和指定节点的反力,也可以使用表格工具输出反力值。

以本桥为例,介绍 MIDAS/Civil 中反力查看的方法。

1. 窗口反力查看

(1)通过主菜单或树形菜单,打开"反力"对话框。

(2)在下拉列表中选择荷载工况或荷载组合。需要说明的是,在荷载组合列表中某些包括移动荷载作用的工况(如 cLCB2),包含了 3 个子项,即 CBCmax、CBCmin 和 CBCall,分别表示输出最大反力值、最小反力值和最大反力绝对值。

(3)选择输出的反力分量。反力分量输出默认按整体坐标系输出。若已按节点局部坐标系定义节点位置,则按节点局部坐标系方向输出反力结果。

(4)为方便用户在模型窗口中查看反力,MIDAS/Civil 提供了"数值""图例"两种输出方式。选定输出方式后,即可在模型窗口中显示反力。

2. 表格反力

使用上述方法只能逐一查看每种组合的反力值。在桥梁设计中,需要根据最大反力值选定支座,此时采用表格工具并结合 Excel 辅助计算功能,可以方便地在众多荷载组合中找到支座节点的最大支反力。

(1)在树形菜单中选择"表格"→"分析结果表格"→"反力"命令,打开"激活记录"对话框,如图 3.158 所示。

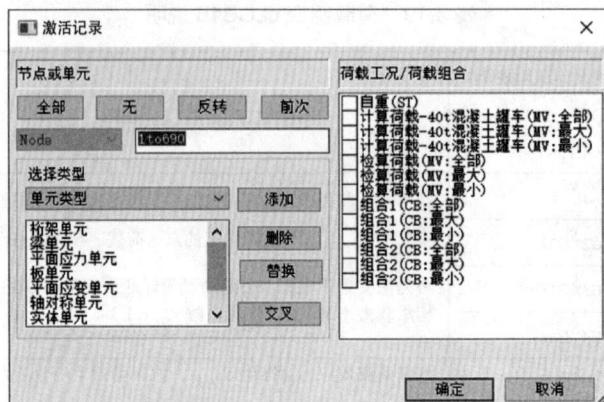

图 3.158　反力"激活记录"对话框

（2）在图 3.158 所示的对话框中选择输出反力的节点。节点编号可以手动输入，也可以根据单元类型、截面、材料或组来选定。

（3）为了确定最大反力值，在"荷载工况/荷载组合"列表中，选中所有荷载组合。

（4）单击"确定"按钮，弹出"结果反力"表格。

（5）将该表格中的内容复制到 Excel 中，利用 Excel 求最大值函数"MAX"求得 F_Z（竖向反力）的最大值，用于选定支座。

3.13.3　内力

根据模型的单元类型，MIDAS/Civil 可以输出相应单元的内力值和内力图。本桥采用梁单元建模，因此本节仅介绍"梁单元内力""梁单元内力图"的输出方法。

图 3.159　选择"梁单元"→"内力"命令

1. 梁单元内力

（1）使用等值线查看梁单元的内力。在主菜单或树形菜单中，选择"梁单元"→"内力"命令，如图 3.159 所示。

（2）此处内力分量是按单元局部坐标系输出的，其余各项与反力输出设置方法相同，在此不再赘述。

（3）为了进一步细化单元内力的输出，MIDAS/Civil 在单元内力输出时提供了输出位置的选项（仅在选择输出"数值"时，该项才会被激活），用于指定单元内力值的输出位置。可指定的位置有 i 端、跨中、j 端，分别对应的位置为梁单元的起始节点、中点、结束节点。另外，还可以设定梁单元内力的输出值，选项"绝对最大""最小/最大""全部"对应于将梁单元 4 等分后，4 等分点中最大内力绝对值、最小和最大内力值和同时显示各点的内力值。选定输出方式后，即在模型窗口中显示内力。

（4）利用表格工具输出梁单元的内力值，在树形菜单中选择"表格"→"梁单元"→

"内力"命令，打开"激活记录"对话框（图 3.160），设定内力输出的内容后，弹出梁单元结果表格。

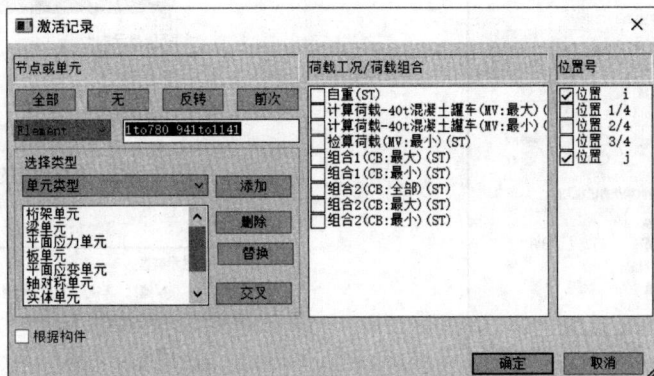

图 3.160　梁单元"激活记录"对话框

2. 梁单元内力图

梁单元内力图用于输出梁单元的轴力图、弯矩图和剪力图。设置内力图输出的方法与内力输出基本相同。

3.13.4　位移

MIDAS/Civil 提供了多种方法输出结构的位移情况，如生成结构的变形图、查询指定节点的位移、利用表格工具输出位移值。其中，节点的位移分量是以整体坐标系输出。查看变形图有两种方式：生成结构变形图和用位移等值线查看结构的位移。在分析结果对话框中输入节点号，该节点的位移信息即显示在信息窗口中。

3.13.5　影响线

MIDAS/Civil 可以输出反力、位移、内力、应力的影响线的图形和数据。可在"移动荷载分析控制"对话框中设置影响线点，用于控制影响线数据输出或显示的位置。以本桥为例，介绍 MIDAS/Civil 中影响线的查看方法。

1. 影响线图形输出

在主菜单或树形菜单中打开"影响线"选项卡，如图 3.161 所示。在该选项卡中，可以通过下拉列表选择输出影响线的类型（图 3.162）和加载的车道，还可以设置显示类型（图 3.163）。

需要说明的是，在模型窗口中影响线与车道的定义有关。输出全部车道的影响线，两侧分别是人群荷载（左）、人群荷载（左）车道的影响线，中间 4 条是汽车荷载（左）、汽车荷载（左）的影响线。在定义汽车荷载车道时输入车辆的轮距为 1.8m，每个车道的影响线由两个车轮的影响线组成，影响线数值由 0.5 倍的单位荷载加载计算而得，且影响线间距为 1.8m。反力、内力的影响线输入方法同上，在此不再赘述。

图 3.162　影响线的类型

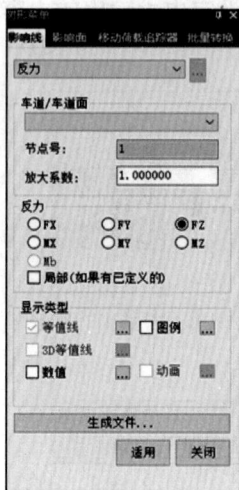

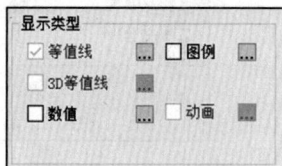

图 3.161　"影响线"选项卡

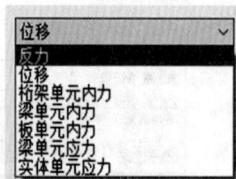

图 3.163　显示类型

2. 影响线数据输出

（1）选中影响线图形，在"影响线"选项卡（图 3.161）中单击"生成文件"按钮，打开"文件保存"对话框，输入自定义生成的影响线文本文件名（.txt 格式）。

（2）单击"保存"按钮，由 MIDAS/Civil 文本编辑器打开影响线数据文件，该文件也可以用其他文本编辑器打开。

3.13.6　预应力效应

图 3.164　表格工具

用户可以利用 MIDAS/Civil 的表格工具方便地查看预应力的相关信息（图 3.164），并用于设计和施工中，如"钢束坐标"可以输出每根钢筋的坐标，方便施工放样；"钢束伸长量"可用于控制预应力张拉的伸长量；"钢束重量"可用于统计预应力钢束工程数量；"钢束损失"和"钢束布置"可以查看每根预应力钢束在各施工阶段的预应力损失和有效预应力，为设计时结构优化提供依据，其中"钢束损失"还可以以图表形式显示。

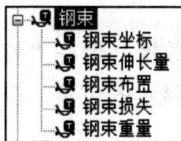

1. 钢束坐标

"钢束坐标"表格工具以电子表格形式输出预应力钢束的坐标。在 MIDAS/Civil 中将预应力钢束形状按导线法输入，程序会自动按 3.8.2 节中式（3.14）～式（3.21）计算钢束坐标。选择"分析结果表"→"钢束"→"钢束坐标"命令，打开"钢束坐标"表格。

2. 钢束伸长量

使用"钢束伸长量"表格工具可以电子表格形式查看预应力钢束的伸长量。选择"分析结果表"→"钢束"→"钢束伸长量"命令，打开"预应力钢束伸长量"表格，如图 3.165 所示。

预应力钢束名称	阶段	步骤	预应力钢束延伸长		混凝土压缩长度		合计	
			开始 (m)	结束 (m)	开始 (m)	结束 (m)	开始 (m)	结束 (m)

图 3.165　"预应力钢束伸长量"表格

3. 钢束重量

"钢束重量"表格工具用于按钢束形状、特性值、组，分别以表格的形式输出钢束重量。选择"分析结果表"→"钢束"→"钢束重量"命令，打开"钢束重量"表格，如图 3.166 所示。

钢束名称	钢束号	面积 (m^2)	长度 (m)	重量/长度 (kN/m)	重量 (kN)	总重量 (kN)
合计	0.00	-	0.000000	0.000000	-	0.000000

图 3.166　"钢束重量"表格

在以上表格中除了可以查看钢束重量外，还可以查看钢束和钢束组的其他特性。

4. 钢束布置

使用"钢束布置"表格工具可按每个钢束组及施工阶段分别输出钢束的有效应力、有效预应力，还可以输出钢束组中心至截面形心的距离，钢束布置方向的三角函数值等。选择"分析结果表"→"钢束"→"钢束布置"命令，打开"钢束布置"表格。需要说明的是，y_p、z_p 为截面形心至钢束组中心的单元坐标系 y 轴、z 轴方向距离，如图 3.167 所示。

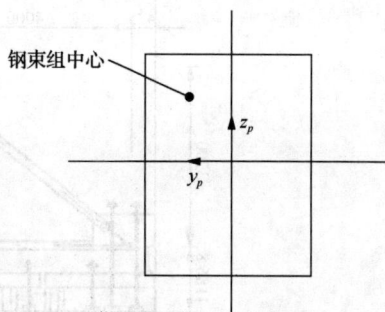

图 3.167　y_p、z_p 示意图

5. 钢束损失

使用"钢束损失"表格工具可分别输出摩擦、锚具变形、弹性收缩、徐变、收缩引起的钢束预应力损失。选择"分析结果表"→"钢束"→"钢束损失"命令，打开"钢束损失"表格。表格中各项损失对应《公路钢筋混凝土及预应力混凝土桥涵设计规范》（JTG 3362—2018）"6.2.1"中预应力损失。用户除了可以使用表格查看预应力损失外，还可以使用图形查看钢束在各施工阶段的预应力损失，在主菜单或树形菜单中打开钢束预应力损失图即可。

第4章 实例模型——挂篮

4.1 概 况

4.1.1 工程概况

本挂篮由主桁架承重系统、底篮、悬吊系统、锚固系统、行走系统、平台系统、模板系统等部分组成。挂篮布置图如图4.1和图4.2所示，挂篮有限元模型如图4.3所示。

4.1.2 挂篮分析与设计一般步骤

挂篮分析与设计的一般步骤如下。

（1）设置操作环境。

（2）定义材料。材料：承重主桁架、前后横梁、上平联、后联杆、分配梁、内外滑梁、底篮单元（采用Q235组合型钢）、吊带（采用Q345钢）、吊杆（采用φ32精轧螺纹钢，对应16Mn钢）。

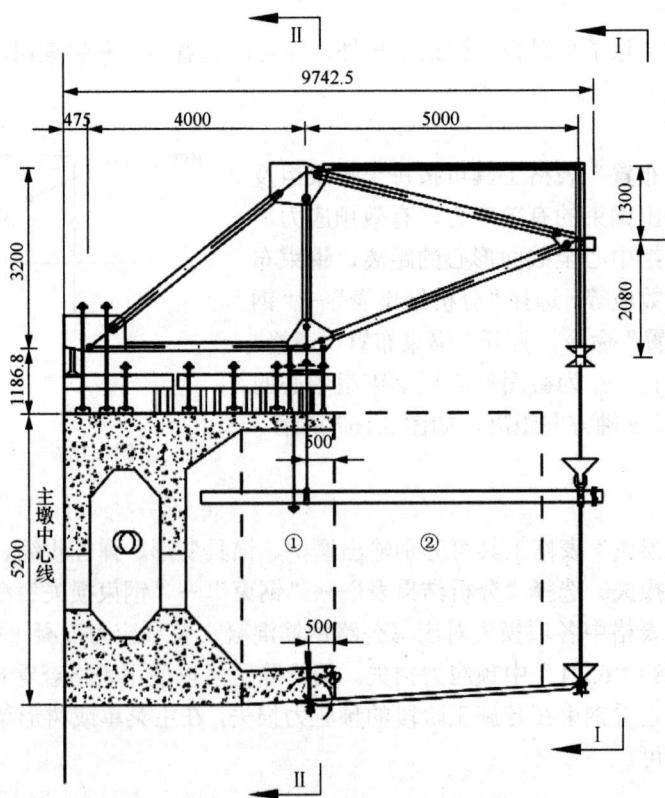

图4.1 挂篮立面布置图（单位：mm）

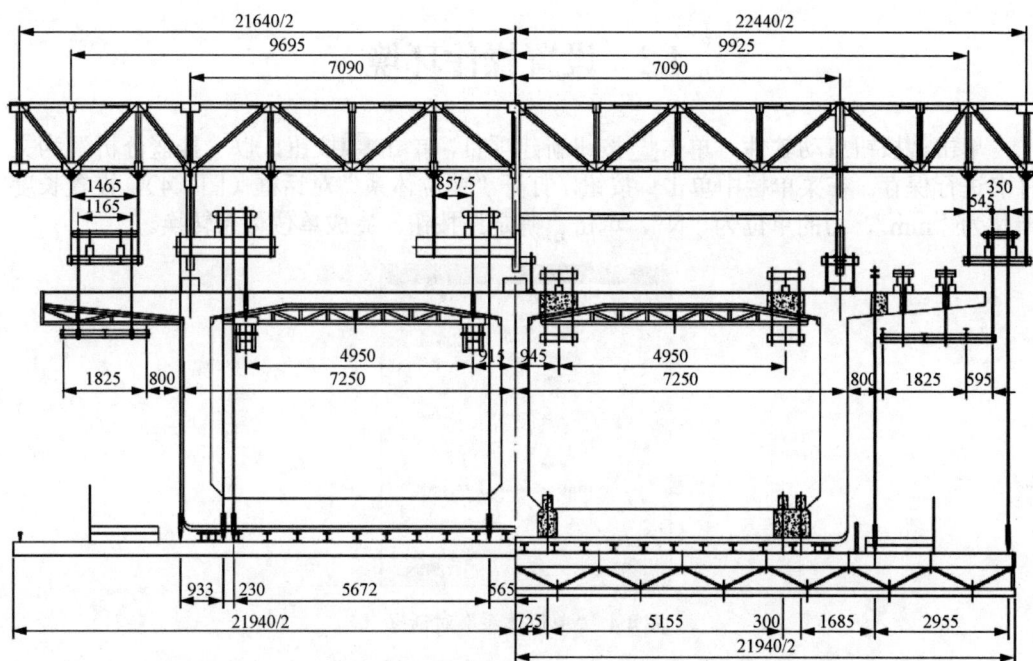

图 4.2　挂篮横断面布置图（单位：mm）

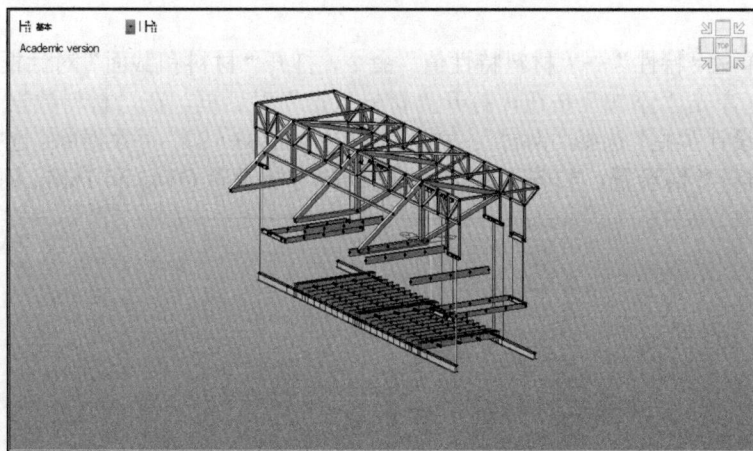

图 4.3　挂篮有限元模型

（3）定义截面。截面：承重主桁架、前后横梁、后联杆采用双角钢焊接而成的方形截面，上平联、分配梁、底篮前后托梁采用双槽钢截面，内外滑梁及底篮纵梁采用工字形截面，刚吊带采用实腹长方形截面和双角钢截面，刚吊杆采用实腹圆形截面。

（4）建立结构模型。

（5）建立边界条件。

（6）添加荷载。添加均布荷载与集中荷载。

（7）运行分析。

（8）查看结果。

4.2 设置操作环境

单击 ![C] 按钮启动软件，单击 ![] 按钮新建项目，单击 ![] 按钮，以"挂篮分析"为文件名进行保存。在菜单栏中单击 ![] 按钮，打开"单位体系"对话框（图4.4），设置长度单位为"mm"，力的单位为"N"，单击"确定"按钮，完成单位体系转换。

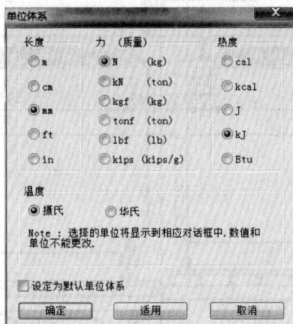

图 4.4 "单位体系"对话框

4.3 定 义 材 料

选择菜单栏"特性"→"材料特性值"命令，打开"材料和截面"对话框，选择"材料"选项卡，单击"添加"按钮，打开"材料数据"对话框。在"材料数据"对话框中设置如下："设计类型"选择"钢材"；"规范"选择"GB03（S）"；"数据库"选择"Q235"；完成 Q235 材料参数设置，如图 4.5 所示。按同样方法设置 Q345 和 16Mn 钢材数据。

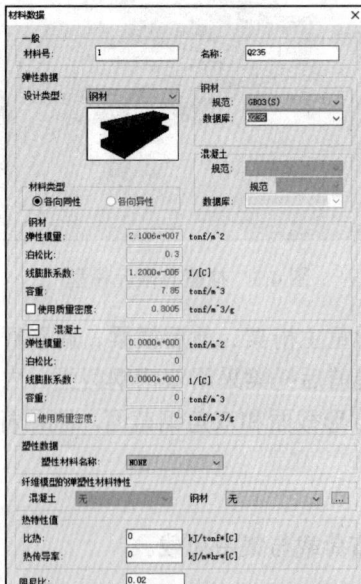

图 4.5 "材料数据"对话框

4.4　定　义　截　面

选择菜单栏"特性"→"截面特性值"命令，打开"材料和截面"对话框，选择"截面"选项卡，单击"添加"按钮，打开"截面数据"对话框，如图 4.6 所示。

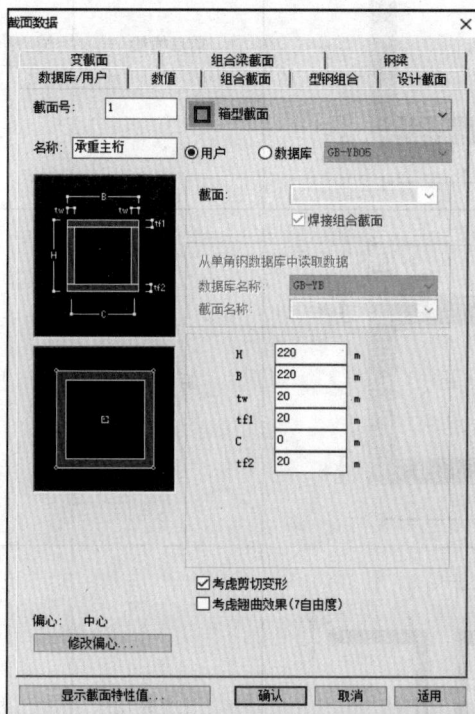

图 4.6　"截面数据"对话框

在"截面数据"对话框中对不同截面类型依次进行设置，具体数据见表 4.1。

表 4.1　截面数据

截面号	MIDAS/Civil 截面类型	截面名称	数据库类型	参数
1		承重主桁	用户	H=220mm B=220mm t_w=20mm t_{f1}=20mm C=0mm t_{f2}=20mm

续表

截面号	MIDAS/Civil 截面类型	截面名称	数据库类型	参数
2		前后横梁	用户	H=120mm B=120mm t_w=10mm t_{f1}=10mm C=0mm t_{f2}=10mm
3		后联杆	用户	H=110mm B=110mm t_w=10mm t_{f1}=10mm C=0mm t_{f2}=10mm
4		上平联	用户	H=80mm B=43mm t_w=5mm t_f=5mm C=54mm
5		分配梁 1	用户	H=220mm B=77mm t_w=7mm t_f=7mm C=130mm

续表

截面号	MIDAS/Civil 截面类型	截面名称	数据库类型	参数
6		分配梁 2	用户	H=140mm B=58mm t_w=6mm t_f=6mm C=50mm
7		分配梁 3	用户	H=220mm B=73mm t_w=7mm t_f=7mm C=55mm
8		底篮前托梁	用户	H=320mm B=88mm t_w=8mm t_f=8mm C=114mm
9		底篮后托梁	用户	H=360mm B=96mm t_w=9mm t_f=9mm C=98mm
10		外滑梁	GB-YB05	I25a

续表

截面号	MIDAS/Civil 截面类型	截面名称	数据库类型	参数
11		内滑梁	GB-YB05	I25a
12		底篮普通纵梁	GB-YB05	I25a
13		底篮加劲纵梁	GB-YB05	I25a
14		刚吊带 1	用户	H=110mm B=20mm
15		精轧螺纹钢	用户	D=32mm

续表

截面号	MIDAS/Civil 截面类型	截面名称	数据库类型	参数
16		刚吊带 2	用户	H=110mm B=20mm t_w=20mm t_f=10mm C=20mm

4.5　建立结构模型

1. 建立承重主桁架

（1）在菜单栏中选择"节点/单元"→"建立节点"命令，在树形菜单"建立节点"选项界面中输入坐标（0，0，0），（-4，0，0），（0，0，3.2），（5，0，3.2），（5，0，1.9），选中"合并重复节点"和"在交叉点分割单元"复选框，单击"适用"按钮完成节点建立。

（2）选择"节点/单元"→"建立单元"命令，在树形菜单"建立单元"选项界面中进行如下设置：在"单元类型"下拉列表中选择"一般梁/变截面梁"，在材料"名称"下拉列表中选择"Q235"，在截面"名称"下拉列表中选择"承重主桁"，依次连接前面所建立的 4 个节点，单击"适用"按钮，所建立的承重主桁架单元如图 4.7 所示。

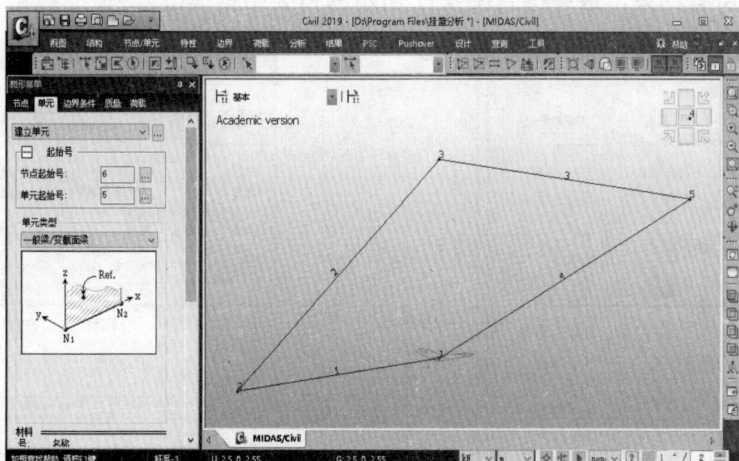

图 4.7　承重主桁架单元

（3）在树形菜单"单元"选项卡中选择"移动/复制单元"选项，选择 1～4 号单元，在选项界面中选中"复制"单选按钮，在"等间距"文本框中输入"0，7.09，0"，在"复制次数"文本框中输入"2"，选中"复制单元属性"复选框，单击"适用"按钮完成。

2 次复制后生成的承重主桁架模型图如图 4.8 所示。

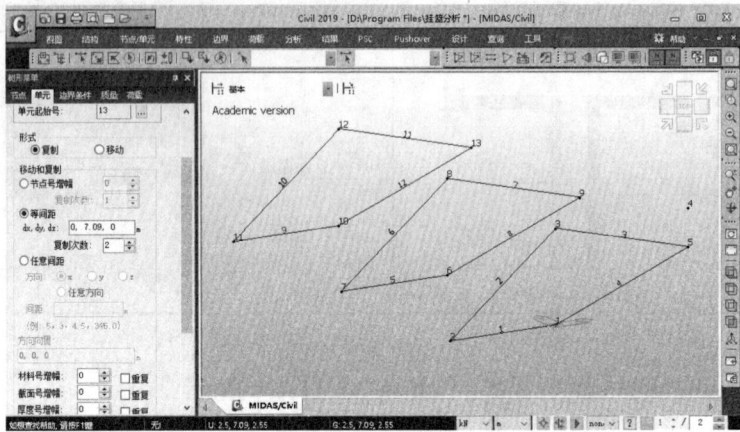

图 4.8　2 次复制后生成的承重主桁架模型图

2. 建立前后横梁

（1）选择"结构"→"基本结构"→"桁架"命令，打开"桁架建模助手"对话框。在该对话框中打开"输入"选项卡，其中选择"类型"为⟨▱▱⟩，尺寸"L"为"7.09"，"H1"为"1.3"，"选项"选择"对称"单选按钮，如图 4.9 所示。在"编辑"选项卡中选中"竖杆"和"两端竖杆"复选框，在"材料"下拉列表中选择"Q235"，在"截面"下拉列表中选择"前后横梁"，并选中"所有构件使用相同材料"复选框，如图 4.10 所示。在"插入"选项卡中设置插入点为 4 号节点（5，0，3.2），旋转角度为 90°（Gamma "90"），释放所有约束，最终得到图 4.11 所示的桁架结构模型。

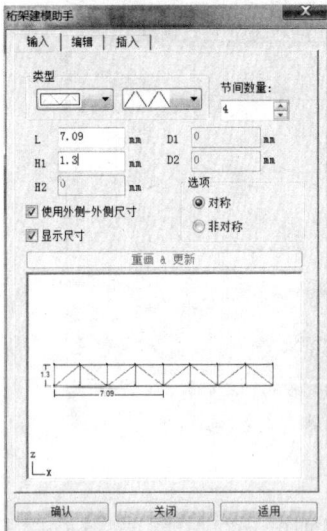

图 4.9　"桁架建模助手"对话框"输入"选项卡　图 4.10　"桁架建模助手"对话框"编辑"选项卡

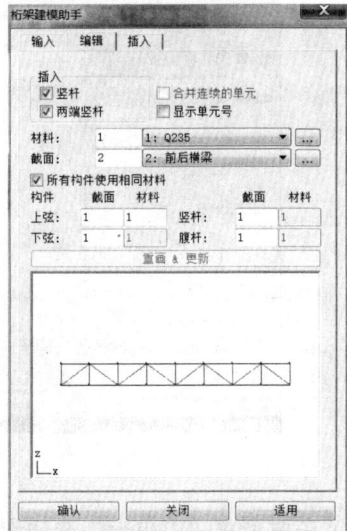

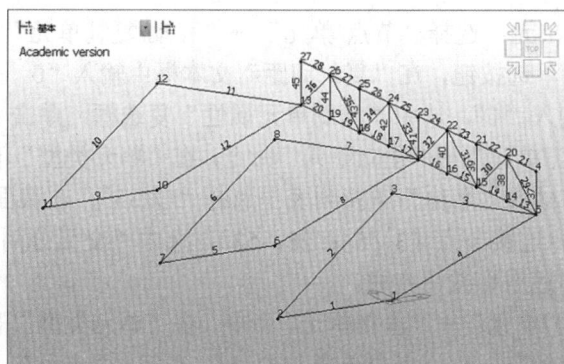

图 4.11 桁架结构模型

（2）选择"节点/单元"→"移动/复制单元"命令，选择新建立的桁架单元，选中"等间距"单选按钮，在"复制间距"文本框中输入"-5，0，0"，在"复制次数"文本框中输入"1"，并选中"复制单元属性"复选框，单击"适用"按钮完成。

（3）选择"节点/单元"→"移动/复制单元"命令，选择 37 号单元，选中"等间距"单选按钮，在"复制间距"文本框中输入"0，-1.14，0"，在"复制次数"文本框中输入"1"，选中"复制单元属性"复选框，单击"适用"按钮完成。

（4）移动/复制单元：选择"节点/单元"→"移动/复制单元"命令，选择 79 号单元，选中"等间距"单选按钮，在"复制间距"文本框中输入"0，-1.465，0"，在"复制次数"文本框中输入"1"，选中"复制单元属性"复选框，单击"适用"按钮完成。

（5）移动/复制单元：选择"节点/单元"→"移动/复制单元"命令，选择 80 号单元，选中"等间距"单选按钮，在"复制间距"文本框中输入"0，-1.525，0"，在"复制次数"文本框中输入"1"，选中"复制单元属性"复选框，单击"适用"按钮完成。

（6）选择"节点/单元"→"建立单元"命令，在"建立单元"选项界面中选择"一般梁/变截面梁"单元类型，在材料"名称"下拉列表中选择"Q235"，在截面"名称"下拉列表中选择"前后横梁"，连接节点（4，48；5，45），选中"交叉分割"中的"节点""单元"复选框，单击"适用"按钮完成。

（7）选择"节点/单元"→"建立单元"命令，在"单元类型"下拉列表中选择"桁架单元"，在材料"名称"下拉列表中选择"Q235"，在截面"名称"下拉列表中选择"前后横梁"，连接节点（5，44；45，48），选中"交叉分割"中的"节点""单元"复选框，单击"适用"按钮完成。

（8）选择"节点/单元"→"删除单元"命令，选择 81 号单元，单击"删除"按钮完成。

（9）移动/复制单元：选择"节点/单元"→"移动/复制单元"命令，选择 70 号单元，选中"等间距"单选按钮，在"复制间距"文本框中输入"0，-1.7725，0"，在"复制次数"文本框中输入"1"，选中"复制单元属性"复选框，单击"适用"按钮完成。

（10）移动/复制单元：选择"节点/单元"→"移动/复制单元"命令，选择 90 号单元，选中"等间距"单选按钮，在"复制间距"文本框中输入"0，-1.0625，0"，在"复制次数"文本框中输入"1"，选中"复制单元属性"复选框，单击"适用"按钮完成。

（11）移动/复制单元：选择"节点/单元"→"移动/复制单元"命令，选择 91 号单元，选中"等间距"单选按钮，在"复制间距"文本框中输入"0，−1.295，0"，在"复制次数"文本框中输入"1"，选中"复制单元属性"复选框，单击"适用"按钮完成。

（12）选择"节点/单元"→"建立单元"命令，在"单元类型"下拉列表中选择"一般梁/变截面梁"，在材料"名称"下拉列表中选择"Q235"，在截面"名称"下拉列表中选择"前后横梁"，连接节点（3，54；28，53），选中"交叉分割"中的"节点""单元"复选框，单击"适用"按钮完成。

（13）选择"节点/单元"→"建立单元"命令，在"单元类型"下拉列表中选择"桁架单元"，在材料"名称"下拉列表中选择"Q235"，在截面"名称"下拉列表中选择"前后横梁"，连接节点（28，50；50，51；51，54），选中"交叉分割"中的"节点""单元"复选框，单击"适用"按钮完成。

3. 建立上平联单元

（1）选择"节点/单元"→"建立单元"命令，在"单元类型"下拉列表中选择"一般梁/变截面梁"，在材料"名称"下拉列表中选择"Q235"，在截面"名称"下拉列表中选择"前后横梁"，连接节点（8，23；8，21；3，21；3，4；54，58，48），选中"交叉分割"中的"节点""单元"复选框，单击"适用"按钮完成。

（2）选择"节点/单元"→"镜像单元"命令，在"单元"选项卡"镜像单元"选项界面中，"形式"选择"复制"，"镜像平面"选择"z-x 平面 y: 7.09"，选中"复制单元属性"复选框，选择所镜像的单元，单击"适用"按钮完成，如图 4.12 所示。

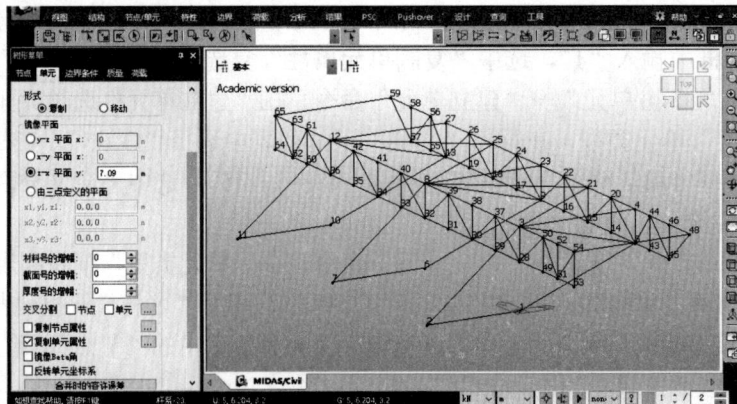

图 4.12 镜像平面

4. 建立承重主桁架竖杆下半部分

（1）选择"节点/单元"→"建立单元"命令，在"单元类型"下拉列表中选择"一般梁/变截面梁"，在材料"名称"下拉列表中选择"Q235"，在截面"名称"下拉列表中选择"承重主桁"，选择节点（36，10；32，6；28，1），选中"交叉分割"中的"节点""单元"复选框，单击"适用"按钮完成。

（2）在树形菜单中选择"表格"→"结构表格"→"单元"，把单元号为 70、74、107 的单元的结构类型改为"梁单元"。

5. 建立悬吊体系单元——前悬吊体系单元

在树形菜单中选择"工作"选项卡，在"工作"选项卡中选择"特性值"→"截面:16"→"前后横梁"，在操作窗口中，右击，选择"激活"命令，激活前横梁单元，并显示左视图，如图 4.13 所示。

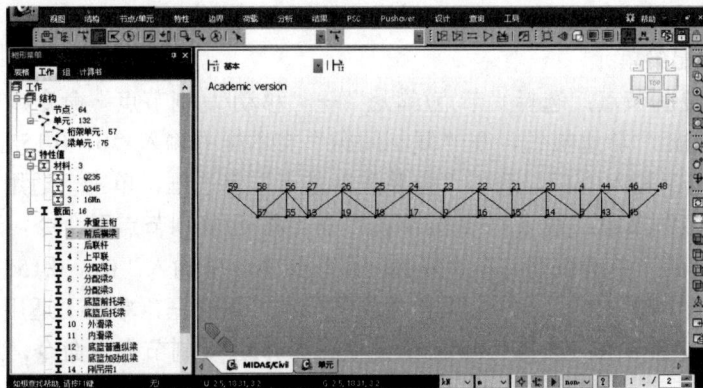

图 4.13　前横梁单元左视图

1）建立吊带单元

（1）选择"节点/单元"→"移动/复制节点"命令，选择 43、45 号节点，选中"等间距"单选按钮，在"复制间距"文本框中输入"0，0，-1.9"，在"复制次数"文本框中输入"1"，选中"复制节点属性"复选框，单击"适用"按钮完成。

（2）选择"节点/单元"→"移动/复制节点"命令，选择节点（5，14；16，9），选中"等间距"单选按钮，在"复制间距"文本框中输入"0，0，-1.6"，在"复制次数"文本框中输入"1"，选中"复制节点属性"复选框，单击"适用"按钮完成。节点复制后模型如图 4.14 所示。

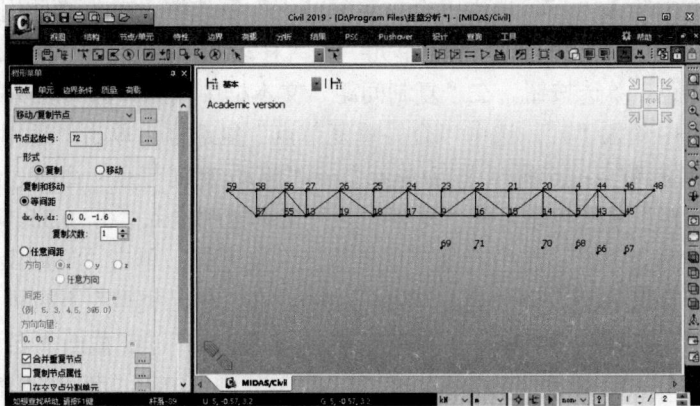

图 4.14　节点复制后模型

（3）选择"节点/单元"→"建立单元"命令，在"单元类型"下拉列表中选择"一般梁/变截面梁"，在材料"名称"下拉列表中选择"Q345"，在截面"名称"下拉列表中选择"刚吊带1"，选择节点（45，67；43，66），选中"交叉分割"中的"节点""单元"复选框，单击"适用"按钮完成。

（4）选择"节点/单元"→"建立单元"命令，在"单元类型"下拉列表中选择"一般梁/变截面梁"，在材料"名称"下拉列表中选择"Q345"，在截面"名称"下拉列表中选择"刚吊带2"，选择节点（5，68；14，70；9，69；16，71），选中"交叉分割"中的"节点""单元"复选框，单击"适用"按钮完成。

2）建立分配梁单元

（1）移动/复制节点：选择"节点/单元"→"移动/复制节点"命令，选择 67 号节点，选中"等间距"单选按钮，在"复制间距"文本框中输入"0，0.155，0"，在"复制次数"文本框中输入"1"，选中"合并重复节点"复选框，单击"适用"按钮完成。

（2）移动/复制节点：选择"节点/单元"→"移动/复制节点"命令，选择 66 号节点，选中"等间距"单选按钮，在"复制间距"文本框中输入"0，-0.155，0"，在"复制次数"文本框中输入"1"，选中"合并重复节点"复选框，单击"适用"按钮完成。

（3）移动/复制节点：选择"节点/单元"→"移动/复制节点"命令，选择 68 号节点，选中"等间距"单选按钮，在"复制间距"文本框中输入"0，0.623，0"，在"复制次数"文本框中输入"1"，选中"合并重复节点"复选框，单击"适用"按钮完成。

（4）移动/复制节点：选择"节点/单元"→"移动/复制节点"命令，选择 69 号节点，选中"等间距"单选按钮，在"复制间距"文本框中输入"0，0.23，0"，在"复制次数"文本框中输入"1"，选中"合并重复节点"复选框，单击"适用"按钮完成。

（5）移动/复制节点：选择"节点/单元"→"移动/复制节点"命令，选择 75 号节点，选中"等间距"单选按钮，在"复制间距"文本框中输入"0，0.372，0"，在"复制次数"文本框中输入"1"，选中"合并重复节点"复选框，单击"适用"按钮完成。

（6）移动/复制节点：选择"节点/单元"→"移动/复制节点"命令，选择 68 号节点，选中"等间距"单选按钮，在"复制间距"文本框中输入"0，-0.31，0"，在"复制次数"文本框中输入"1"，选中"合并重复节点"复选框，单击"适用"按钮完成。

（7）移动/复制节点：选择"节点/单元"→"移动/复制节点"命令，选择 71 号节点，选中"等间距"单选按钮，在"复制间距"文本框中输入"0，0.8575，0"，在"复制次数"文本框中输入"1"，选中"合并重复节点"复选框，单击"适用"按钮完成。

（8）移动/复制节点：选择"节点/单元"→"移动/复制节点"命令，选择 78 号节点，选中"等间距"单选按钮，在"复制间距"文本框中输入"0，0.35，0"，在"复制次数"文本框中输入"1"，选中"合并重复节点"复选框，单击"适用"按钮完成。

（9）选择"节点/单元"→"建立单元"命令，在"单元类型"下拉列表中选择"一般梁/变截面梁"，在材料"名称"下拉列表中选择"Q235"，在截面"名称"下拉列表中选择"分配梁1"，选择节点66、67，选中"交叉分割"中的"节点""单元"复选框，单击"适用"按钮完成。

（10）选择"节点/单元"→"建立单元"命令，在"单元类型"下拉列表中选择"一般梁/变截面梁"，在材料"名称"下拉列表中选择"Q235"，在截面"名称"下拉列表中选择"分配梁 2"，选择节点 70、77，选中"交叉分割"中的"节点""单元"复选框，单击"适用"按钮完成。

（11）选择"节点/单元"→"建立单元"命令，在"单元类型"下拉列表中选择"一般梁/变截面梁"，在材料"名称"下拉列表中选择"Q235"，在截面"名称"下拉列表中选择"分配梁 3"，选择节点 69、71，选中"交叉分割"中的"节点""单元"复选框，单击"适用"按钮完成，如图 4.15 所示。

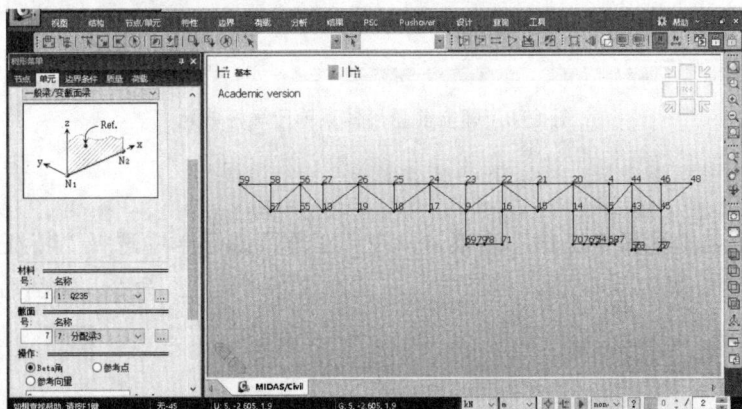

图 4.15　建立前悬吊体系单元分配梁单元

3）建立吊杆单元

（1）移动/复制节点：选择"节点/单元"→"移动/复制节点"命令，选择 72、73 号节点，选中"等间距"单选按钮，在"复制间距"文本框中输入"0，0，−3.5"，在"复制次数"文本框中输入"1"，选中"合并重复节点"复选框，单击"适用"按钮完成。

（2）移动/复制节点：选择"节点/单元"→"移动/复制节点"命令，选择 76、78 号节点，选中"等间距"单选按钮，在"复制间距"文本框中输入"0，0，−2.8"，在"复制次数"文本框中输入"1"，选中"合并重复节点"复选框，单击"适用"按钮完成。

（3）移动/复制节点：选择"节点/单元"→"移动/复制节点"命令，选择节点 79、75、74、77，选中"等间距"单选按钮，在"复制间距"文本框中输入"0，0，−6.2"，在"复制次数"文本框中输入"1"，选中"合并重复节点"复选框，单击"适用"按钮完成。

（4）选择"节点/单元"→"建立单元"命令，在"单元类型"下拉列表中选择"一般梁/变截面梁"，在材料"名称"下拉列表中选择"16Mn"，在截面"名称"下拉列表中选择"精轧螺纹钢"，选择节点（72，80；73，81；77，86；74，84；75，85；76，82；78，83；79，87），选中"交叉分割"中的"节点""单元"复选框，单击"适用"按钮完成，如图 4.16 所示。

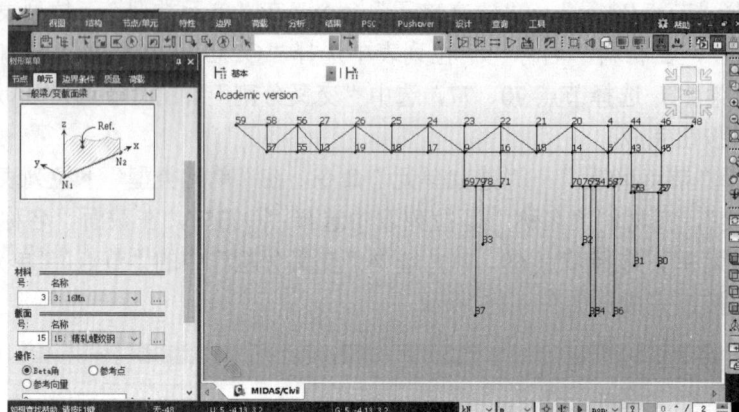

图 4.16　建立前悬吊体系单元吊杆单元

6. 建立悬吊体系单元——后悬吊体系单元

在树形菜单中选择"工作"选项卡，在"工作"选项卡中选择"特征值"→"截面:16"→"前后横梁"，在操作窗口中，右击，选择"激活"命令，激活后横梁单元，并显示左视图。

1）建立刚吊带单元

（1）移动/复制节点：选择"节点/单元"→"移动/复制节点"命令，选择 51、53 号节点，选中"等间距"单选按钮，在"复制间距"文本框中输入"0，0，-1.9"，在"复制次数"文本框中输入"1"，选中"合并重复节点"复选框，单击"适用"按钮完成。

（2）选择"节点/单元"→"建立单元"命令，在"单元类型"下拉列表中选择"一般梁/变截面梁"，在材料"名称"下拉列表中选择"Q345"，在截面"名称"下拉列表中选择"刚吊带1"，选择节点（51，58；53，89），选中"交叉分割"中的"节点""单元"复选框，单击"适用"按钮完成。

2）建立分配梁单元

（1）移动/复制节点：选择"节点/单元"→"移动/复制节点"命令，选择 89 号节点，选中"等间距"单选按钮，在"复制间距"文本框中输入"0，0.4，0"，在"复制次数"文本框中输入"1"，选中"合并重复节点"复选框，单击"适用"按钮完成。

（2）移动/复制节点：选择"节点/单元"→"移动/复制节点"命令，选择 90 号节点，选中"等间距"单选按钮，在"复制间距"文本框中输入"0，0.35，0"，在"复制次数"文本框中输入"1"，选中"合并重复节点"复选框，单击"适用"按钮完成。

（3）选择"节点/单元"→"建立单元"命令，在"单元类型"下拉列表中选择"一般梁/变截面梁"，在材料"名称"下拉列表中选择"Q235"，在截面"名称"下拉列表中选择"分配梁1"，选择节点88、89，选中"交叉分割"中的"节点""单元"复选框，单击"适用"按钮完成，如图4.17所示。

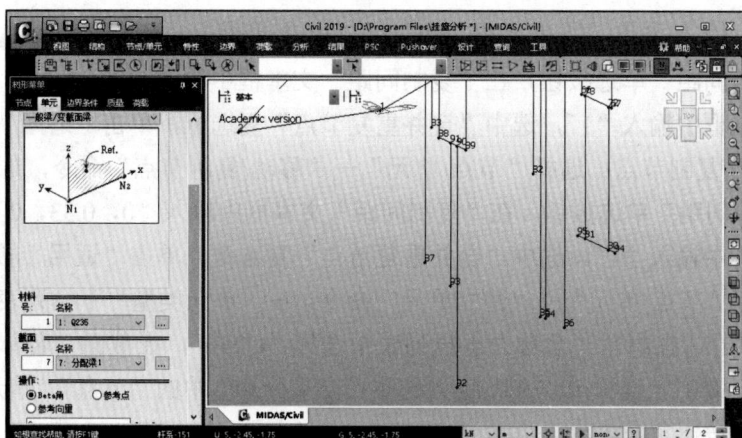

图 4.17　建立后悬吊体系单元分配梁 1 单元

3）建立吊杆单元

（1）移动/复制节点：选择"节点/单元"→"移动/复制节点"命令，选择 90 号节点，选中"等间距"单选按钮，在"复制间距"文本框中输入"0，0，-5.9"，在"复制次数"文本框中输入"1"，选中"合并重复节点"复选框，单击"适用"按钮完成。

（2）移动/复制节点：选择"节点/单元"→"移动/复制节点"命令，选择 91 号节点，选中"等间距"单选按钮，在"复制间距"文本框中输入"0，0，-3.5"，在"复制次数"文本框中输入"1"，选中"合并重复节点"复选框，单击"适用"按钮完成。

（3）选择"节点/单元"→"建立单元"命令，在"单元类型"下拉列表中选择"一般梁/变截面梁"，在材料"名称"下拉列表中选择"16Mn"，在截面"名称"下拉列表中选择"精轧螺纹钢"，选择节点（90，92；91，93），选中"交叉分割"中的"节点""单元"复选框，单击"适用"按钮完成，如图 4.18 所示。

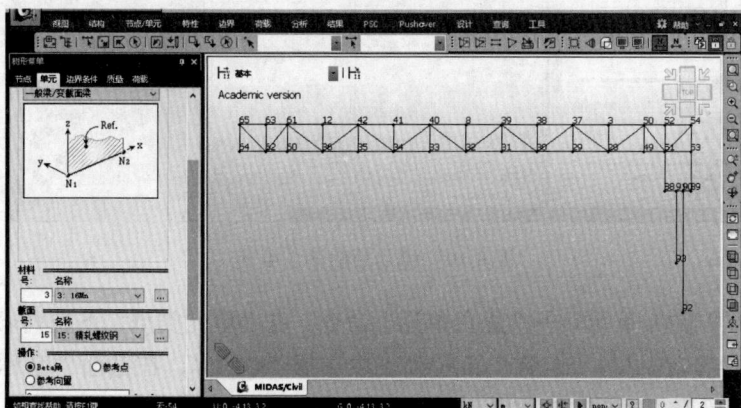

图 4.18　建立后悬吊体系单元吊杆单元

7. 建立内外滑梁单元

同前面操作步骤，单击"左视图"按钮。

（1）移动/复制节点：选择"节点/单元"→"移动/复制节点"命令，选择 80 号节点，选中"等间距"单选按钮，在"复制间距"文本框中输入"0，-0.33，0"，在"复制次数"文本框中输入"1"，选中"合并重复节点"复选框，单击"适用"按钮完成。

（2）移动/复制节点：选择"节点/单元"→"移动/复制节点"命令，选择 81 号节点，选中"等间距"单选按钮，在"复制间距"文本框中输入"0，0.33，0"，在"复制次数"文本框中输入"1"，选中"合并重复节点"复选框，单击"适用"按钮完成。

（3）选择"节点/单元"→"建立单元"命令，在"单元类型"下拉列表中选择"一般梁/变截面梁"，在材料"名称"下拉列表中选择"Q235"，在截面"名称"下拉列表中选择"分配梁3"，选择节点95、94，选中"交叉分割"中的"节点""单元"复选框，单击"适用"按钮完成。

（4）移动/复制节点：选择"节点/单元"→"移动/复制节点"命令，选择 95、94 号节点，选中"等间距"单选按钮，在"复制间距"文本框中输入"-5，0，0"，在"复制次数"文本框中输入"1"，选中"合并重复节点"复选框，单击"适用"按钮完成。

（5）选择"节点/单元"→"建立单元"命令，在"单元类型"下拉列表中选择"一般梁/变截面梁"，在材料"名称"下拉列表中选择"Q235"，在截面"名称"下拉列表中选择"分配梁3"，选择节点97、93，选中"交叉分割"中的"节点""单元"复选框，单击"适用"按钮完成，如图 4.19 所示。

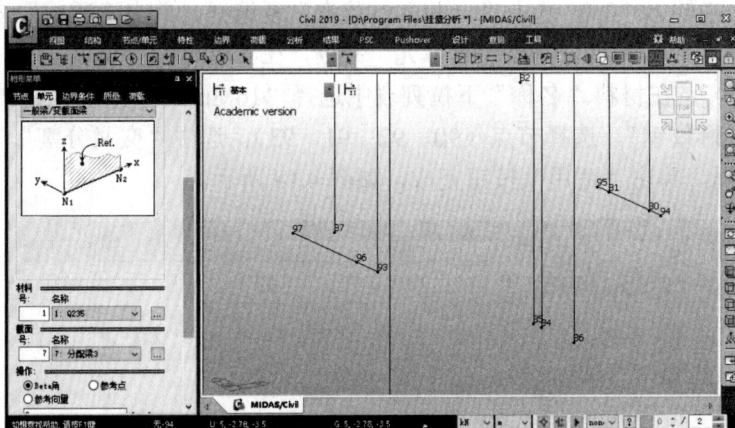

图 4.19 建立分配梁 3 单元

（6）选择"节点/单元"→"建立单元"命令，在"单元类型"下拉列表中选择"一般梁/变截面梁"，在材料"名称"下拉列表中选择"Q235"，在截面"名称"下拉列表中选择"外滑梁"，选择节点（97，96；95，94），选中"交叉分割"中的"节点""单元"复选框，单击"适用"按钮完成。

（7）移动/复制节点：选择"节点/单元"→"移动/复制节点"命令，选择 82、83 号节点，选中"等间距"单选按钮，在"复制间距"文本框中输入"-5，0，0"，在"复制次数"文本框中输入"1"，选中"合并重复节点"复选框，单击"适用"按钮完成。

（8）选择"节点/单元"→"建立单元"命令，在"单元类型"下拉列表中选择"一般梁/变截面梁"，在材料"名称"下拉列表中选择"Q235"，在截面"名称"下拉列表中选择"内滑梁"，选择节点（99，83；98，82），选中"交叉分割"中的"节点""单元"复选框，单击"适用"按钮完成。

8. 镜像悬吊体系单元

选择"节点/单元"→"镜像单元"命令，在"单元"选项卡"镜像单元"选项界面中，"形式"选择"复制"，"镜像平面"选择"z-x 平面 y：7.09"，选中"复制单元属性"复选框，选择所镜像的悬吊体系单元，单击"适用"按钮完成，如图4.20 所示。

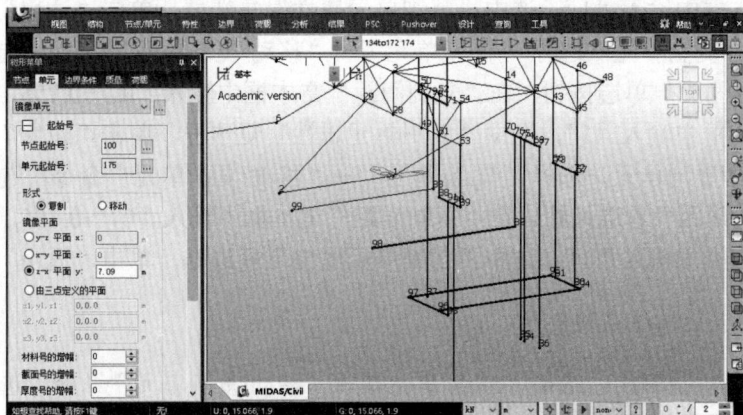

图 4.20　镜像悬吊体系单元

9. 建立底篮体系单元

（1）选择"节点/单元"→"建立单元"命令，在"单元类型"下拉列表中选择"一般梁/变截面梁"，在材料"名称"下拉列表中选择"Q235"，在截面"名称"下拉列表中选择"底篮后托梁"，选择节点 125、92，选中"交叉分割"中的"节点""单元"复选框，单击"适用"按钮完成。

（2）移动/复制单元：选择"节点/单元"→"移动/复制单元"命令，选择最新建立的个体，选中"等间距"单选按钮，在"复制间距"文本框中输入"5，0，0"，在"复制次数"文本框中输入"1"，单击"适用"按钮完成。

（3）在树形菜单中打开"工作"选项卡，截面类型选择"底篮前托梁"，并把它拖到最新建立的个体上。

10. 建立底篮加劲纵梁单元

（1）移动/复制节点：选择"节点/单元"→"移动/复制节点"命令，选择32、9号节点，选中"等间距"单选按钮，在"复制间距"文本框中输入"0，0，-7.8"，在"复制次数"文本框中输入"1"，选中"合并重复节点"复选框，单击"适用"按钮完成。

（2）选择"节点/单元"→"建立单元"命令，在"单元类型"下拉列表中选择"一般梁/变截面梁",在材料"名称"下拉列表中选择"Q235",在截面"名称"下拉列表中选择"底篮加劲纵梁",选择节点 136、135,选中"交叉分割"中的"节点""单元"复选框,单击"适用"按钮完成。

(3)激活底篮单元。

(4)移动/复制单元:选择"节点/单元"→"移动/复制单元"命令,选择 228 号单元,选中"等间距"单选按钮,在"复制间距"文本框中输入"0,−0.234,0",在"复制次数"文本框中输入"1",选中"复制单元属性"复选框,单击"适用"按钮完成。

(5)移动/复制单元:选择"节点/单元"→"移动/复制单元"命令,选择 231 号单元,选中"等间距"单选按钮,在"复制间距"文本框中输入"0,−6.44,0",在"复制次数"文本框中输入"1",选中"复制单元属性"复选框,单击"适用"按钮完成。

(6)移动/复制单元:选择"节点/单元"→"移动/复制单元"命令,选择 234 号单元,选中"等间距"单选按钮,在"复制间距"文本框中输入"0,−0.155,0",在"复制次数"文本框中输入"1",选中"复制单元属性"复选框,单击"适用"按钮完成。

(7)移动/复制单元:选择"节点/单元"→"移动/复制单元"命令,选择 237 号单元,选中"等间距"单选按钮,在"复制间距"文本框中输入"0,−0.155,0",在"复制次数"文本框中输入"1",选中"复制单元属性"复选框,单击"适用"按钮完成。

11. 建立底篮普通纵梁单元

(1)移动/复制单元:选择"节点/单元"→"移动/复制单元"命令,选择 231 号单元,选中"等间距"单选按钮,在"复制间距"文本框中输入"0,−0.644,0",在"复制次数"文本框中输入"9",单击"适用"按钮完成。

(2)把底篮普通纵梁截面属性赋予最新复制的 9 个单元。

(3)选择"节点/单元"→"镜像单元"命令,在"单元"选项卡"镜像单元"选项界面中,"形式"选择"复制","镜像平面"选择"z-x 平面 y:7.09",选中"复制单元属性"复选框,选择所镜像的单元,单击"适用"按钮完成。镜像结果如图 4.21 所示。

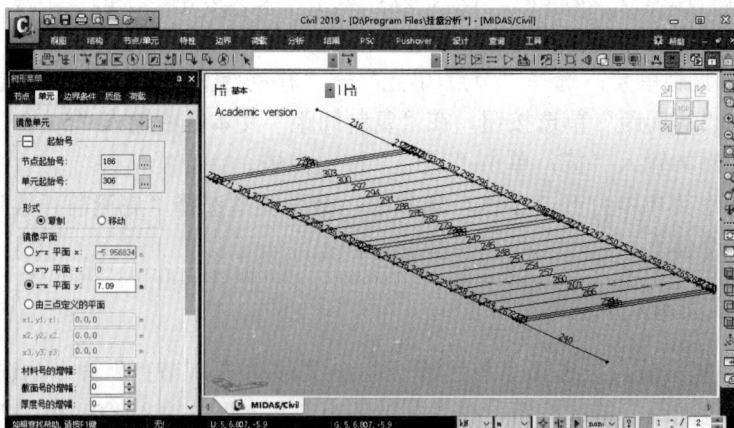

图 4.21 镜像结果

12. 建立后联杆

激活承重主桁架单元。

（1）选择"节点/单元"→"分割单元"命令，在"单元类型"中选中"线单元"单选按钮、"任意距离比"单选按钮，在"距离比 x"文本框中输入"0.4"，选择 10、6、2 号单元，单击"适用"按钮完成。

（2）选择"节点/单元"→"建立单元"命令，在"单元类型"下拉列表中选择"一般梁/变截面梁"，在材料"名称"下拉列表中选择"Q235"，在截面"名称"下拉列表中选择"后联杆"，选择节点（191，190；190，189），选中"交叉分割"中的"节点""单元"复选框，单击"适用"按钮完成，如图 4.22 所示。

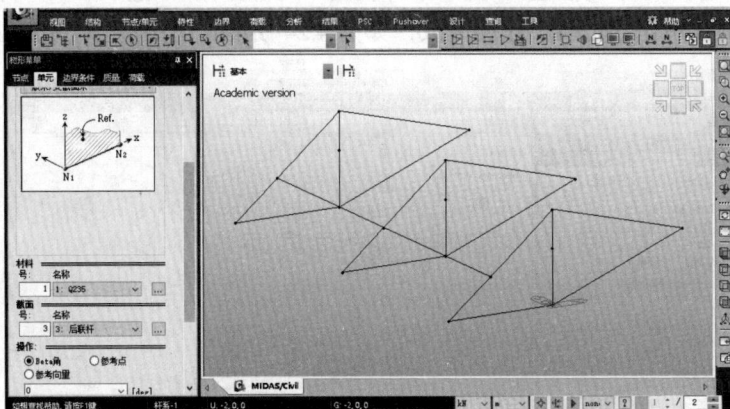

图 4.22 建立后联杆单元

（3）选择"节点/单元"→"镜像单元"命令，"形式"选择"复制"，"镜像平面"选择"z-x 平面　y：7.09"，选中"复制单元属性"复选框，选择所镜像的单元，单击"适用"按钮完成。

（4）激活全部单元，如图 4.23 所示。

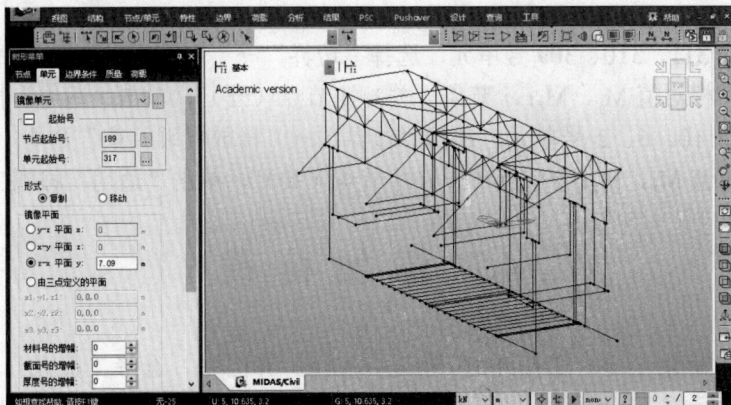

图 4.23 激活全部单元

4.6　建立边界条件

（1）单击节点 6、10、1、130、129、132、131、99、97、98、96、160、167、165、187、185、183、181、179、177、175、173、171、163、136、137、145、147、149、151、153、155、157、159、161、139、141、143，在"边界条件"选项卡中，选择"一般支承"选项，"选择"栏选中"添加"单选按钮，"支承条件类型（局部方向）"选中"D-ALL（开）""R-ALL（关）"复选框，单击"适用"按钮完成。

（2）单击节点 2、7、11，在"边界条件"选项卡中，选择"一般支承"选项，"选择"栏选中"添加"单选按钮，"支承条件类型（局部方向）"选中"D_z（开）""R-ALL（关）"复选框，单击"适用"按钮完成，如图 4.24 所示。

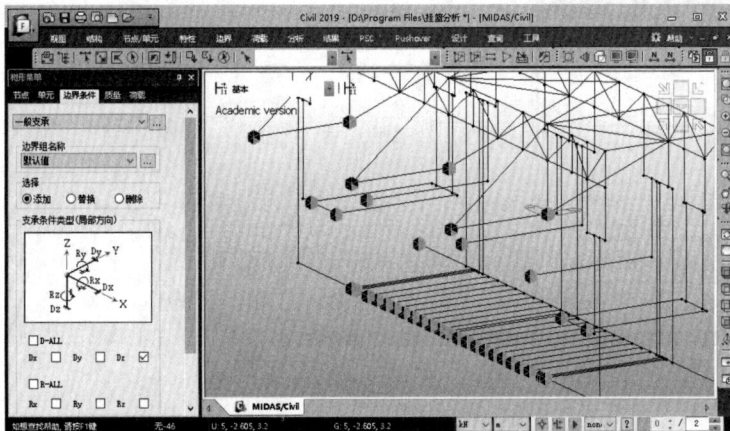

图 4.24　建立边界条件

（3）选择 11、2、9、7、8、5、1、4、3 号单元，选择"边界"→"释放梁端约束"命令，在"类型"栏选择"相对值 M_y：i 节点（开），j 节点（开）"，单击"适用"按钮完成。

（4）选择 311、310、309 号单元，选择"边界"→"释放梁端约束"命令，在"类型"栏选择"相对值 M_y，M_z：i 节点（关），j 节点（开）"，单击"适用"按钮完成。

（5）选择 10、6、2 号单元，选择"边界"→"释放梁端约束"命令，在"类型"栏选择"相对值 M_y，M_z：i 节点（开），j 节点（关）"，单击"适用"按钮完成。

4.7　添 加 荷 载

（1）添加荷载工况。在打开的 MIDAS/Civil 界面中，选择"荷载"→"静力荷载"→"静力荷载工况"命令，打开"静力荷载工况"对话框，如图 4.25 所示。

（2）添加自重。选择"荷载"→"自重"命令，在"荷载工况名称"下拉列表中选择"自重"，"自重系数"选择"Z：-1"，单击"完成"按钮。

（3）添加节点荷载。底部防护平台自重以节点荷载的形式加载在底篮前后托梁上。选择"荷载"→"静力荷载"→"节点荷载"命令，在"荷载工况名称"下拉列表中选择"底部防护平台自重"，设置节点荷载"FZ：-2.8"，单击"适用"按钮完成。

（4）添加均布荷载。均布荷载包括 5 部分：底篮普通纵梁为 14.6kN/m，底篮加劲纵梁为 31.7kN/m，侧模外侧纵梁为 15.9kN/m，侧模内侧纵梁为 41.2kN/m，内模滑梁为 52.5kN/m。

图 4.25　"静力荷载工况"对话框

① 在树形菜单中，选择"荷载"选项卡→"梁单元荷载（单元）"选项，在"荷载工况名称"下拉列表中选择"普通纵梁均布荷载"，"荷载类型"选择"均布荷载"，"方向"选择"整体坐标系 Z"，"投影"设置为"否"，"数值"选择"相对值（x1：0；x2：1；w：-14.6）"，单击"适用"按钮完成，如图 4.26 所示。

② 在树形菜单中，选择"荷载"选项卡→"梁单元荷载（单元）"选项，在"荷载工况名称"下拉列表中选择"加劲纵梁均布荷载"，在"荷载类型"下拉列表中选择"均布荷载"，"方向"选择"整体坐标系 Z"，"投影"设置为"否"，"数值"选择"相对值（x1：0；x2：1；w：-31.7）"，单击"适用"按钮完成，如图 4.27 所示。

③ 在树形菜单中，选择"荷载"选项卡→"梁单元荷载（单元）"选项，在"荷载工况名称"下拉列表中选择"外滑梁均布荷载"，在"荷载类型"下拉列表中选择"均布荷载"，"方向"选择"整体坐标系 Z"，"投影"选择"否"，"数值"选择"相对值（x1：0；x2：1；w：-15.9）"，单击"适用"按钮完成。

④ 在树形菜单中，选择"荷载"选项卡→"梁单元荷载（单元）"选项，在"荷载工况名称"下拉列表中选择"外滑梁均布荷载"，"荷载类型"选择"均布荷载"，"方向"选择"整体坐标系 Z"，"投影"选择"否"，"数值"选择"相对值（x1：0；x2：1；w：-41.2）"，单击"适用"按钮完成，如图 4.28 所示。

⑤ 在树形菜单中，选择"荷载"选项卡→"梁单元荷载（单元）"选项，在"荷载工况名称"下拉列表中选择"内滑梁均布荷载"，在"荷载类型"下拉列表中选择"均布荷载"，"方向"选择"整体坐标系 Z"，"投影"选择"否"，"数值"选择"相对值（x1：0；x2：1；w：-52.5）"，单击"适用"按钮完成，如图 4.29 所示。

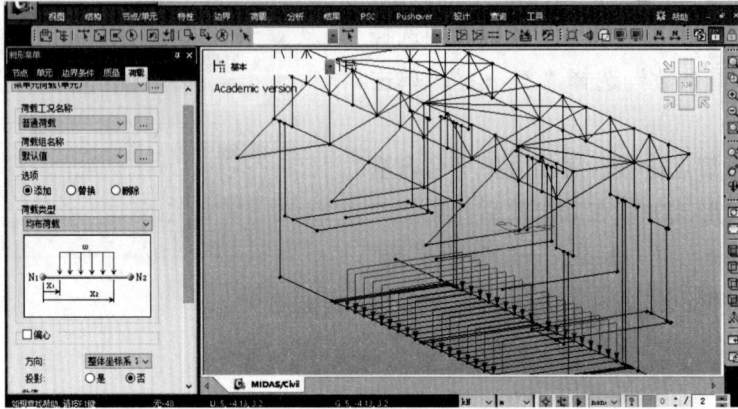

图 4.26　普通纵梁均布荷载

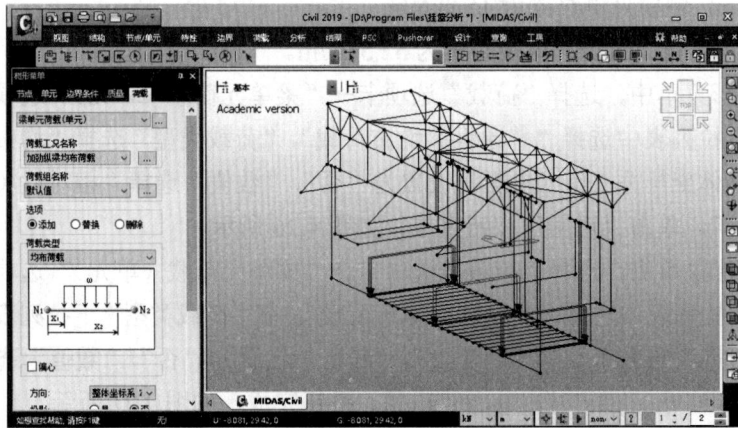

图 4.27　加劲纵梁均布荷载

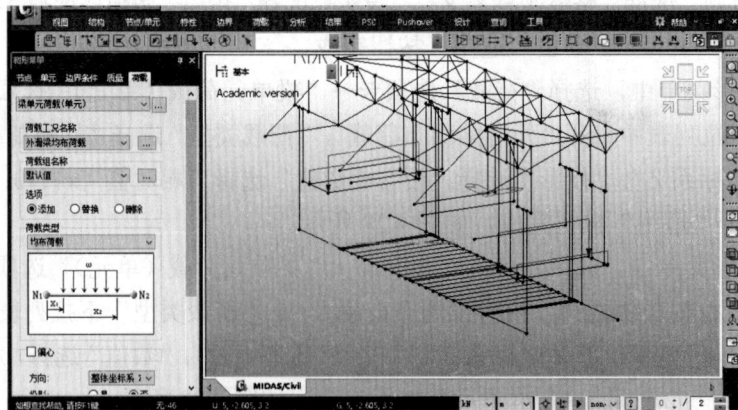

图 4.28　外滑梁均布荷载

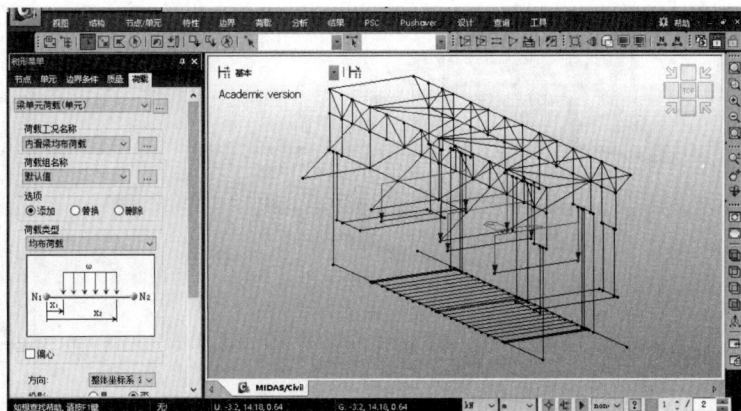

图 4.29　内滑梁均布荷载

4.8　运行分析与查看结果

在打开的 MIDAS/Civil 界面中，选择"分析"→"运行分析"命令，查看挂篮在各工况下的应力（力单位转换为 N，长度单位转换为 mm）。

选择"结果"→"应力"命令，荷载工况选择"梁单元应力"中的"荷载工况/荷载组合：（ST：挂篮自重）"选项，应力选择"组合应力"中的"组合（Normal）"选项，最大值的"显示类型"选中"等值线（开）""图例（开）"复选框，单击"适用"按钮完成，如图 4.30 所示。

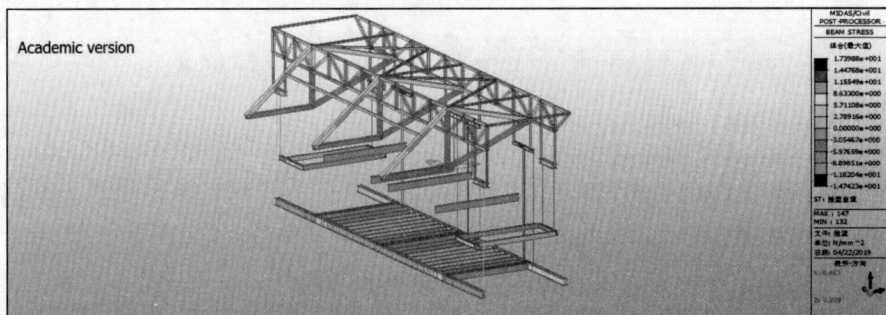

图 4.30　梁单元应力图

查看挂篮变形：选择"结果"→"变形"命令，荷载工况选择"位移等值线"中的"荷载工况/荷载组合：（ST：挂篮自重）"选项，变形选择"DXYZ"，"显示类型"选中"等值线（开）""图例（开）""变形（开）"复选框，单击"适用"按钮完成，如图 4.31 所示。

图 4.31　挂篮变形图

第5章 实例模型——钢围堰

5.1 概 况

5.1.1 工程概况

一个半径为 2m 的小型单壁钢围堰, 壁体为带肋钢板, 壁板为 8mm 的钢板, 横肋为 150mm×40mm 钢板, 竖肋为 L70×50×6 角钢, 所有钢材均为 A3 材质。竖肋沿壁体圆周分 20 等份间距布置, 横肋的间距为 500mm, 横肋、竖肋均布置在外侧, 荷载为 1.5m 水压力。钢围堰布置图如图 5.1 和图 5.2 所示。

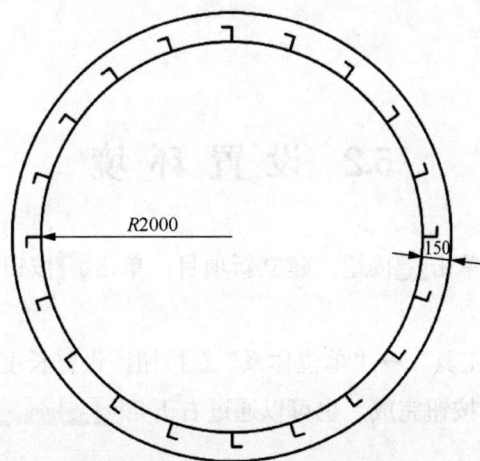

图 5.1 钢围堰布置图(俯视图)(单位:mm)

图 5.2 钢围堰布置图(正视图)(单位:mm)

建模要点：壁板与横肋采用板单元，竖肋采用梁单元（竖肋与壁板梁\板单元共用节点）。

5.1.2　钢围堰分析与设计一般步骤

钢围堰分析与设计的一般步骤如下。

（1）设置环境。

（2）定义材料：采用 A3 钢。

（3）定义截面与厚度：采用角钢截面。

（4）建立结构模型。

（5）建立边界条件。

（6）添加荷载：自重（恒荷载）与水压力（活荷载）。

（7）运行结构分析。

（8）查看分析结果。

5.2　设置环境

单击 C 启动软件；单击 □ 按钮，建立新项目；单击 ⊞ 按钮，以"钢围堰"为文件名进行保存。

在菜单栏中单击"工具"→"单位体系"▤ 按钮，设置长度单位为"mm"，力单位为"N"，单击"确认"按钮完成，也可以通过右下角 N ▾ mm ▾ 按钮转换单位。

5.3　定义材料

在打开的 MIDAS/Civil 界面中，在树形菜单中打开"工作"选项卡，选择"特性"→"材料特性值"命令，打开"材料和截面"对话框，在该对话框中选择"材料"选项卡，单击"添加"按钮，打开"材料数据"对话框，在该对话框中，"设计类型"选择"钢材"，"规范"选择"JTJ（S）"，"数据库"选择"A3"，单击"确认"按钮完成设置，如图 5.3 所示。

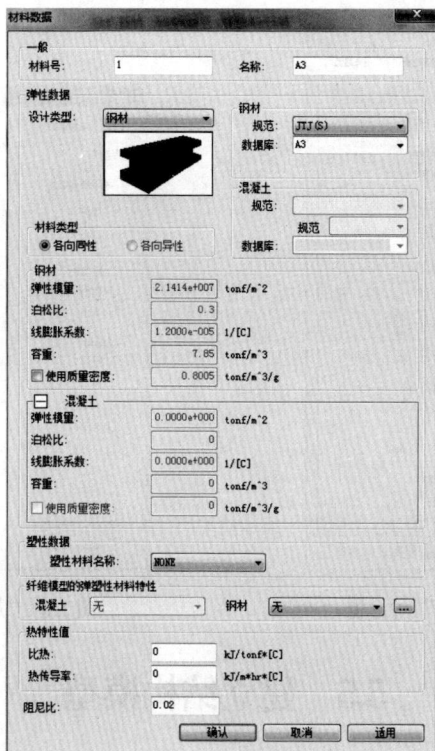

图 5.3 "材料数据"对话框

5.4 定义截面与厚度

5.4.1 定义截面

在打开的 MIDAS/Civil 界面中，选择"特性"→"截面特性值"命令，打开"材料和截面"对话框，选择"截面"选项卡，单击"添加"按钮，打开"截面数据"对话框。在"截面号"文本框中输入"1"，在"名称"文本框中输入"竖肋"，选中"数据库"单选按钮，在其下拉列表中选择"GB-YB"，在"截面"下拉列表中选择"L 75×50×6"，单击"确认"按钮完成设置，如图 5.4 所示。

5.4.2 定义厚度

在打开的 MIDAS/Civil 界面中，选择"特性"→"截面特性值"命令，打开"材料和截面"对话框，选择"板厚"选项卡，单击"添加"按钮，打开"厚度数据"对话框，如图 5.5 所示。

（1）在"数值"选项卡中，在"厚度号"文本框中输入"1"；选中"面内和面外"单选按钮，并在文本框中输入"14"，单击"确认"按钮完成设置。

（2）在"数值"选项卡中，在"厚度号"文本框中输入"2"；选中"面内和面外"单选按钮，并在文本框中输入"8"，单击"确认"按钮完成设置。

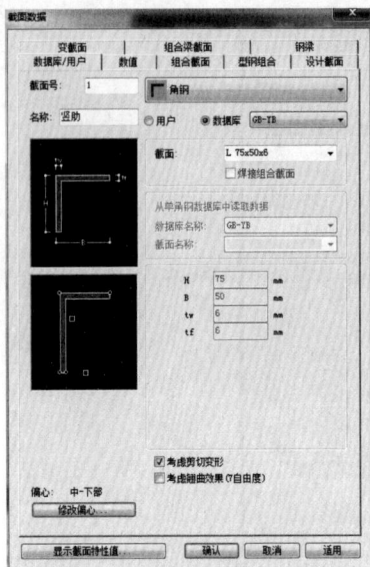

图 5.4 "截面数据"对话框

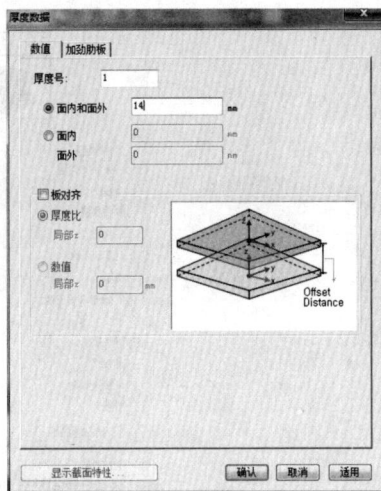

图 5.5 "厚度数据"对话框

5.5 建立结构模型

1. 建立钢围堰壁体

在打开的 MIDAS/Civil 界面中,选择"结构"→"基本结构"→"壳"命令,打开"壳建模助手"对话框,选择"输入/编辑"选项卡,在"类型"下拉列表中选择"筒体",在"R1"文本框中输入"2",在"R2"文本框中输入"2",在"H"文本框中输入"1.75",在"分割数量 m"文本框中输入"40",在"1"文本框中输入"7",在"材料"下拉列表中选择"A3",在"厚度"下拉列表中选择"0.008";选择"插入"选项卡,在"插入点"文本框中输入"0,0,0",在"旋转"栏中选择各方向默认值 0,单击"确认"按钮完成。

2. 建立钢围堰横肋

(1)选择"节点/单元"→"扩展单元"命令,在"扩展单元"选项界面中,"扩展类型"选择"节点—>线单元",在"材料"下拉列表中选择"A3",在"截面"下拉列表中选择"竖肋","生成形式"选择"旋转","旋转"选择"等角度",在"复制次数"文本框中输入"40",在"旋转角度"文本框中输入"9","旋转轴"选择"z 轴",并选择 z=0.25m 高度的任一节点,单击"适用"按钮完成。

(2)选择"节点/单元"→"扩展单元"命令,在"扩展单元"选项界面中,"扩展类型"选择"线单元—>平面单元","原目标"选择"删除",在"材料"下拉列表中选择"A3","厚度"选择"0.014","类型"选择"厚板","生成形式"选择"旋转",在"复制次数"文本框中输入"1",在"旋转角度"文本框中输入"360",在"间距(径向)"文本框中输入 0.15m,选择新建立的个体(Ctrl+R),单击"适用"按钮完成,生成最下端的横肋。

（3）选择"节点/单元"→"移动/复制单元"命令，选择等间距（0，0，0.5），在"复制次数"文本框中输入"3"，选择新建立的个体（Ctrl+R），单击"适用"按钮完成，生成其他位置的横肋，如图 5.6 所示。

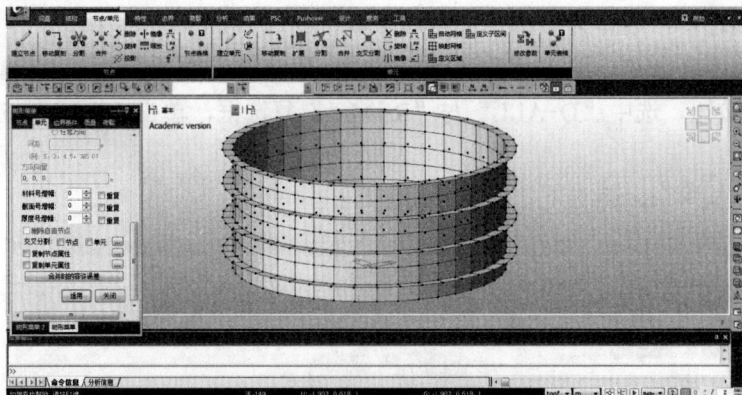

图 5.6　建立钢围堰横肋

3. 建立钢围堰竖肋

（1）选择"节点/单元"→"扩展单元"命令，在"扩展单元"选项界面中，"扩展类型"选择"节点—>线单元"，在"材料"下拉列表中选择"A3"，在"截面"下拉列表中选择"竖肋"，"beta 角"选择"90"，"生成形式"选择"复制和移动"，选中"等间距"单选按钮，在"dx，dy、dz"文本框中输入"0，0，−0.25"，在"复制次数"文本框中输入"7"，切换视角到顶面（选择壁体内侧最上方的节点），单击"适用"按钮完成，生成第一根竖肋。

（2）选择"节点/单元"→"旋转单元"命令，在"旋转单元"选项界面中，"形式"选择"复制"，"旋转"选择"等角度"，在"复制次数"文本框中输入"19"，在"旋转角度"文本框中输入"18"，"旋转轴"选择"绕 z 轴"，切换视角到顶面（选择壁体内侧最上方的节点），单击"适用"按钮完成，生成其余的竖肋。钢围堰模型如图 5.7 所示。

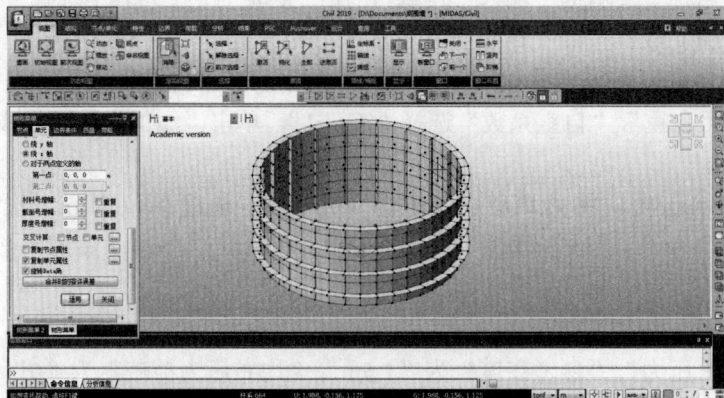

图 5.7　钢围堰模型

5.6 建立边界条件

利用平面选择，选择 Z=0 的平面，添加底部的边界条件。

选择"边界"→"一般支承"命令，在"一般支承"选项界面中，"选择"栏选中"添加"单选按钮，选中"D-ALL"与"R-ALL"复选框，单击"适用"按钮完成，如图 5.8 所示。

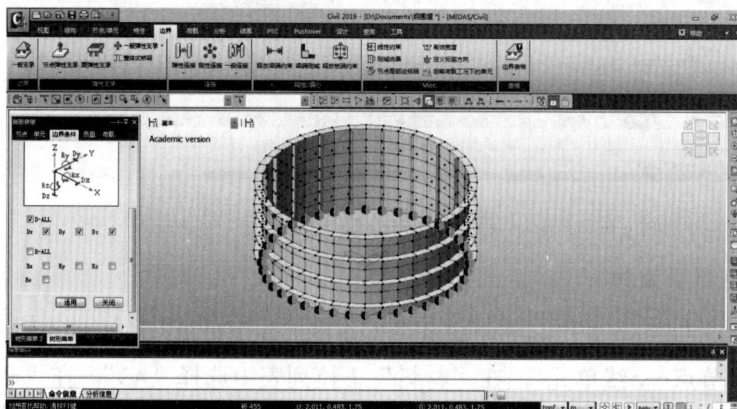

图 5.8　建立边界条件

5.7 添 加 荷 载

（1）添加荷载工况。选择"荷载"→"静力荷载工况"命令，打开"静力荷载工况"对话框，在"名称"文本框中输入"自重"，在"类型"下拉列表中选择"恒荷载"，单击"关闭"按钮完成；按照上述步骤完成水压力的设置，如图 5.9 所示。

（2）添加自重。选择"荷载"→"自重"命令，在"自重"选项界面中，"荷载工况名称"选择"自重"，"自重系数"选择"Z：-1"，单击"添加"按钮完成，如图 5.10 所示。

（3）添加水压力。将力单位由 kN 切换为 kgf，长度单位为 m，选择"壁体单元"→"视图"命令，"选择属性"为"厚度 1：0.014"，单击"添加"按钮完成，如图 5.11 所示。

选择"荷载"→"流体压力荷载"命令，在"流体压力"选项界面中，"荷载工况名称"选择"水压力"，"参考高度"为"1.5m"，"均布压力荷载"为"0"，"流体容重"为"1000"，单击"适用"按钮完成，如图 5.12 所示。

图 5.9 添加荷载工况　　　　图 5.10 添加自重　　　　图 5.11 水压力设置

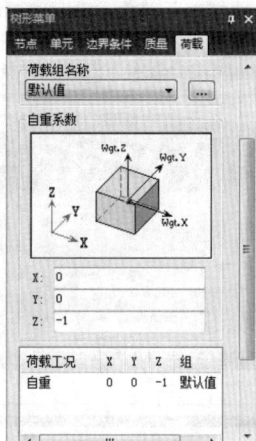

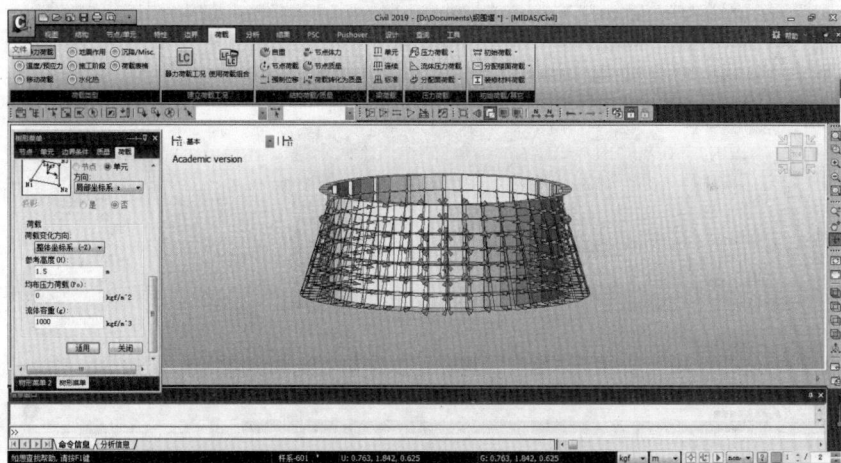

图 5.12 水压力荷载模型

5.8 运行分析与查看结果

在打开的 MIDAS/Civil 界面中选择 "分析" → "运行分析" 命令进行分析。

（1）查看围堰应力（力单位转换为 N，长度单位转换为 mm）。选择 "结果" → "应力" → "平面应力/板单元应力" 命令，"荷载工况" 选择 "ST 水压力"，"应力选项" 选择 "UCS，节点平均，板顶"，"应力" 选择 "sig-eff 有效应力"，"显示类型" 选择 "等值线" "图例"，单击 "适用" 按钮完成，如图 5.13 所示。

（2）查看围堰变形。选择 "结果" → "位移" → "位移等值线" 命令，"荷载工况/荷载组合" 选择 "ST 水压力"，"位移" 选择 "D_{xyz}"，"显示类型" 选择 "等值线" "图例"，单击 "适用" 按钮完成，如图 5.14 所示。

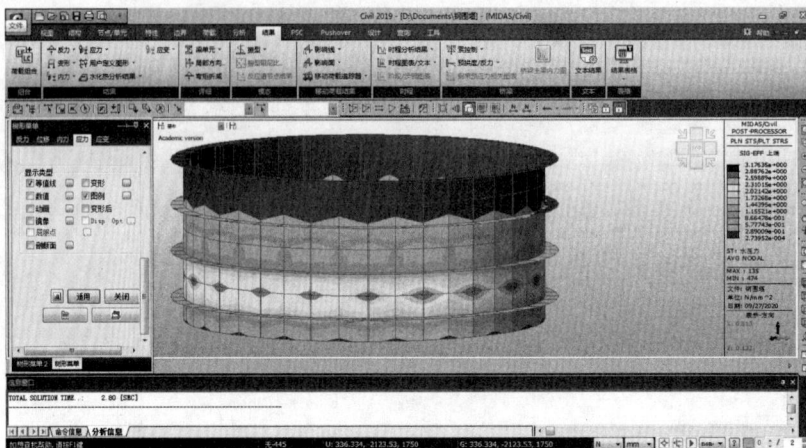

图 5.13　围堰应力窗口

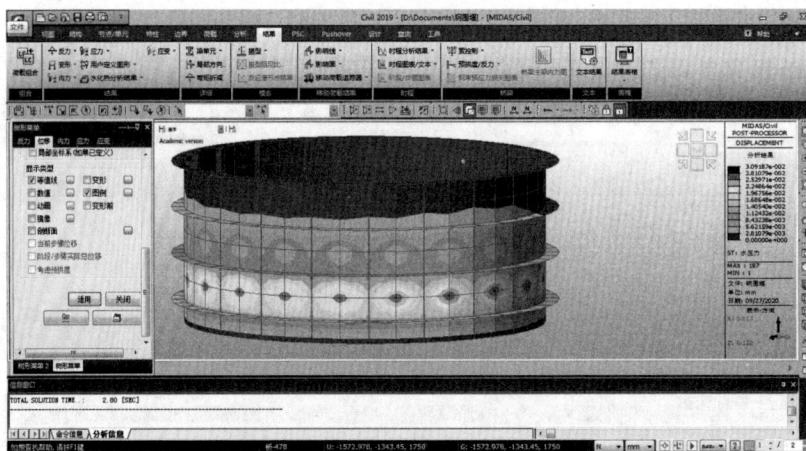

图 5.14　围堰变形窗口

第6章 实例模型——满堂支架

6.1 概　况

6.1.1 工程概况

以一个56m跨径混凝土连续梁桥满堂支架为例，介绍MIDAS/Civil进行稳定及应力分析的方法。支架高度为6.2m，钢材材质为A3钢，支架上方倒扣C36b槽钢，上部荷载通过25mm竹胶板及方木传递到槽钢上，支架竖向间距为1.2m，水平间距考虑1m，顺桥向5m，横桥向5m。箱梁满堂支架断面如图6.1所示，箱梁满堂支架模型如图6.2所示。

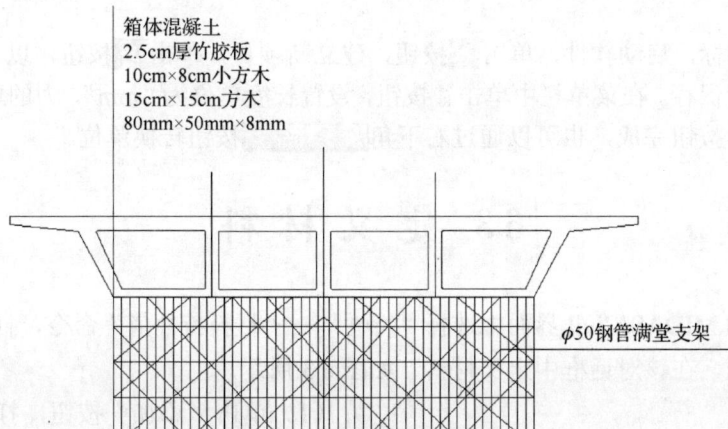

箱体混凝土
2.5cm厚竹胶板
10cm×8cm小方木
15cm×15cm方木
80mm×50mm×8mm

φ50钢管满堂支架

图 6.1　箱梁满堂支架断面

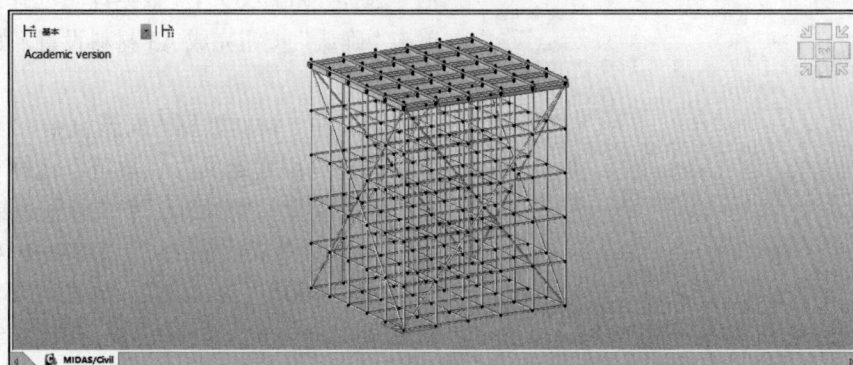

图 6.2　箱梁满堂支架模型

6.1.2 满堂支架分析一般步骤

满堂支架分析一般步骤如下。

（1）设置操作环境。

（2）定义材料：主要采用钢材、竹胶板及方木。

（3）定义截面与厚度：主要采用管型截面、槽钢、实腹长方形截面。

（4）建立结构模型。

（5）建立边界条件。

（6）添加荷载：自重（恒荷载）与上部荷载（活荷载）。

（7）运行分析。

（8）查看分析结果。

6.2 设置操作环境

单击 C 图标，启动软件，单击 □ 按钮，建立新项目，单击 🖫 按钮，以"满堂支架"为文件名进行保存。在菜单栏中单击 🖴 按钮，设置长度单位为"mm"，力的单位为"N"，单击"确认"按钮完成，也可以通过右下角 N ▼ mm ▼ 按钮转换单位。

6.3 定 义 材 料

在打开的 MIDAS/Civil 界面中选择"特性"→"材料特性值"命令，打开"材料和截面"对话框，在该对话框中定义材料，如图 6.3 所示。

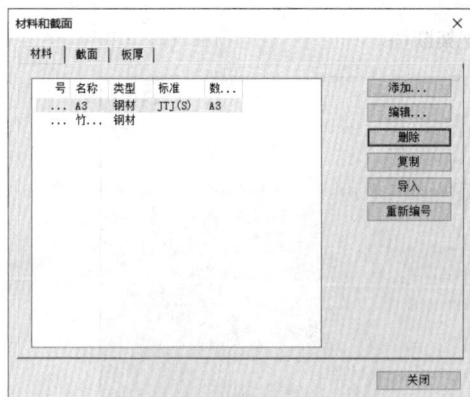

图 6.3 定义材料

（1）单击"添加"按钮，打开"材料数据"对话框，"设计类型"选择"钢材"，"规范"选择"JTJ（S）"，"数据库"选择"A3"，单击"确认"按钮完成 A3 材料设置，如图 6.4 所示。

（2）在"材料数据"对话框中，"设计类型"选择"用户定义"，"规范"选择"无"，在"弹性模量""泊松比""线膨胀系数""容重"文本框中依次输入"1.0787e+014""0""0.0000e+000""5e+009"，单击"确认"按钮完成用户自定义材料设置，如图 6.5 所示。

图 6.4 定义钢材

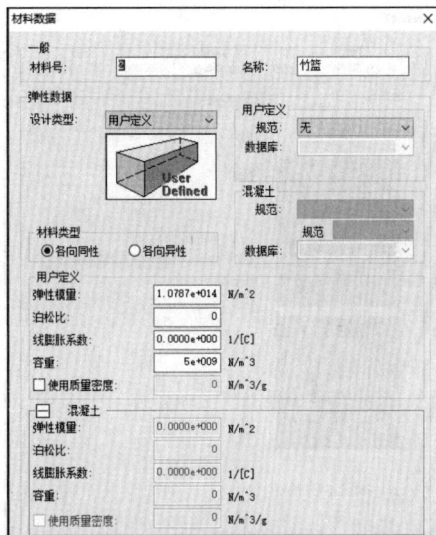

图 6.5 用户自定义材料

6.4 定义截面与厚度

6.4.1 定义截面

在打开的 MIDAS/Civil 界面中，选择"特性"→"截面特性值"命令，打开"材料和截面"对话框，选择"截面"选项卡，单击"添加"按钮，打开"截面数据"对话框，分别进行如下设置。

（1）在"截面号""名称"文本框中依次输入"1""P 50×4"，在下拉列表中选择"管型截面"，选中"数据库"单选按钮并在下拉列表中选择"GB-YB"，单击"适用"按钮完成 1 号截面设置，如图 6.6 所示。

（2）在"截面号""名称"文本框中依次输入"2""C 36b"，在下拉列表中选择"槽钢"，选中"数据库"单选按钮并在下拉列表中选择"GB-YB"，单击"适用"按钮完成 2 号截面设置，如图 6.7 所示。

（3）在"截面号""名称"文本框中依次输入"3""15×15"，在下拉列表中选择"实腹长方形截面"，选中"用户"单选按钮，并分别在"H""B"文本框中输入"0.15""0.15"，单击"适用"按钮完成 3 号截面设置，如图 6.8 所示。

6.4.2 定义厚度

在打开的 MIDAS/Civil 界面中选择"特性"→"截面特性值"命令，打开"材料和截面"对话框，选择"板厚"选项卡，单击"添加"按钮，打开"厚度数据"对话框，在"厚度号"文本框中输入"1"，选中"面内和面外"单选按钮并在文本框中输入"0.025"，单击"适用"按钮完成板的厚度设置，如图 6.9 所示。

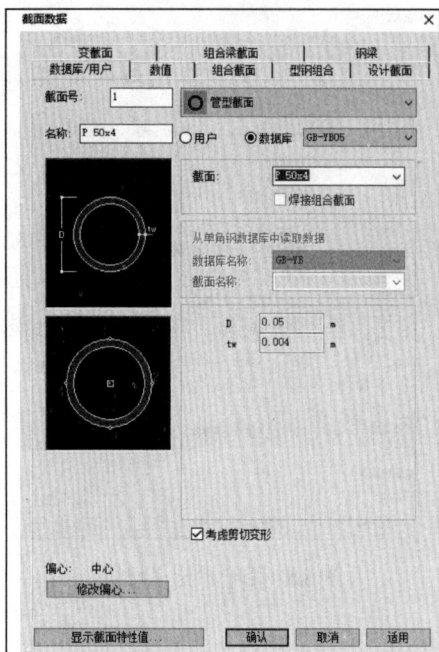

图 6.6　1 号截面数据

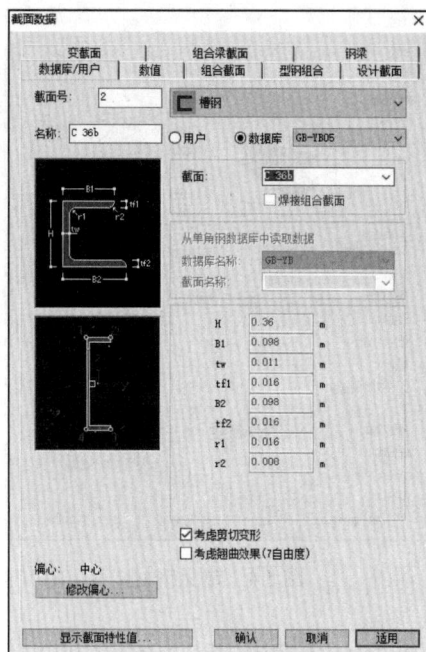

图 6.7　2 号截面数据

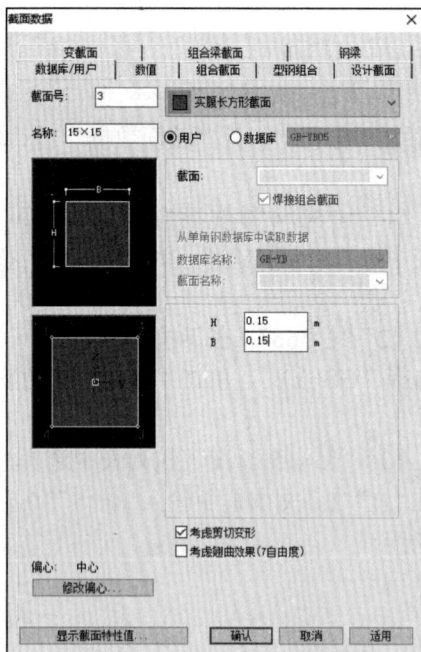

图 6.8　3 号截面数据

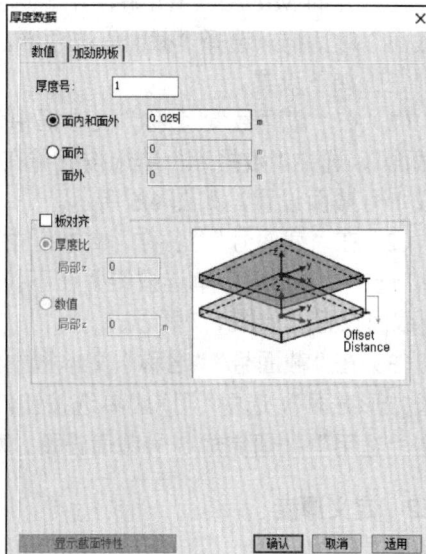

图 6.9　板厚数据

6.5　建立结构模型

（1）建立节点：选择"节点/单元"→"建立节点"命令，输入坐标（0，0，0），选中"合并重复节点"和"在交叉点分割单元"复选框，单击"适用"按钮完成。

（2）建立竖杆：选择"节点/单元"→"扩展单元"命令，在"扩展类型"下拉与列表中选择"节点—>线单元"，在"单元类型"下拉列表中选择"一般梁/变截面梁"，在"材料"下拉列表中选择"A3"，在"截面"下拉列表中选择"前后横梁"，"生成形式"选择"复制和移动"，选中"任意间距"单选按钮，"方向"选择"z"，输入间距"5@1.2，0.2"，单击"适用"按钮完成，如图 6.10 所示。

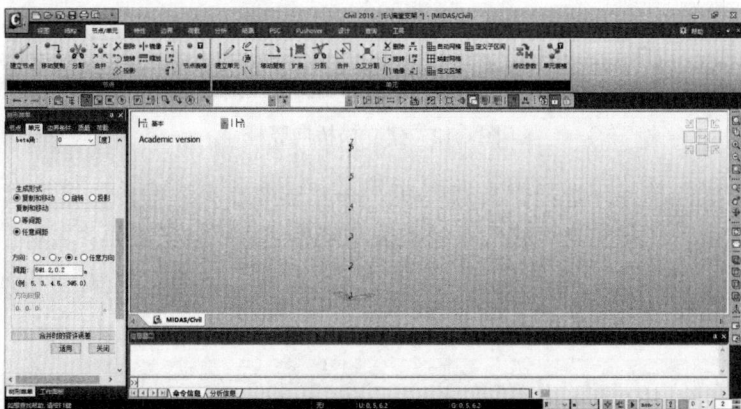

图 6.10　建立竖杆

（3）建立其余竖杆：选择"节点/单元"→"移动/复制单元"命令，单击 ⊕ 按钮，全选单元，选中"等间距"单选按钮，并在文本框中输入"1，0，0"，在"复制次数"文本框中输入"5"，单击"适用"按钮完成，如图 6.11 所示。

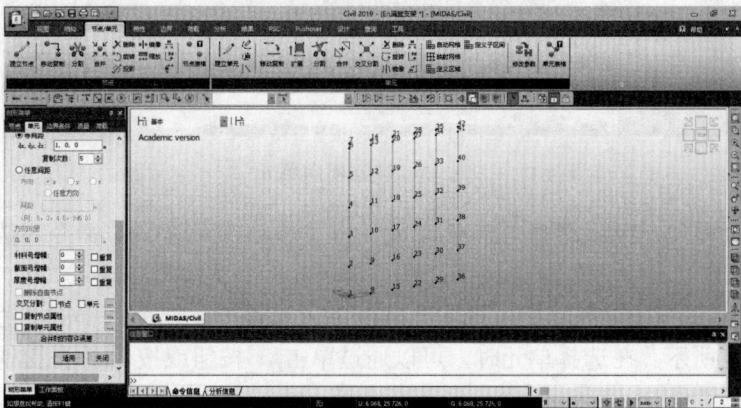

图 6.11　建立其余竖杆

（4）建立横桥向竖杆：选择"节点/单元"→"移动/复制单元"命令，单击 按钮，全选单元，选中"等间距"单选按钮并在文本框中输入"0，1，0"，在"复制次数"文本框中输入"5"，单击"适用"按钮完成，如图 6.12 所示。

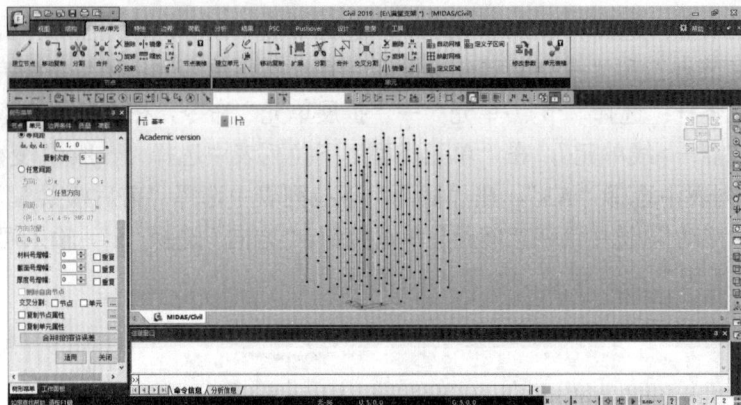

图 6.12　建立横桥向竖杆

（5）建立横向单元：选择"节点/单元"→"建立单元"命令，选择"一般梁/变截面梁"单元类型，在材料"名称"下拉列表中选择"A3"，在截面"名称"下拉列表中选择"P 50×4"，连接 1、36 号节点，选中"交叉分割"中的"节点""单元"复选框，单击"适用"按钮完成，如图 6.13 所示。

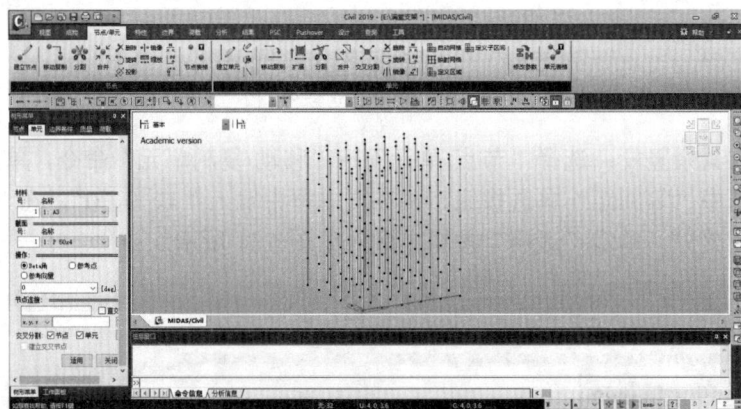

图 6.13　建立横向单元

（6）移动/复制单元：选择"节点/单元"→"移动/复制单元"命令，选择上一步建立的单元，选中"等间距"单选按钮，在"复制间距"文本框中输入"0，0，1.2"，在"复制次数"文本框中输入"5"，选中"复制单元属性"复选框，单击"适用"按钮完成，如图 6.14 所示。在选择单元时，可以通过单击 按钮或按 Ctrl+R 键快速选取新建立的个体。

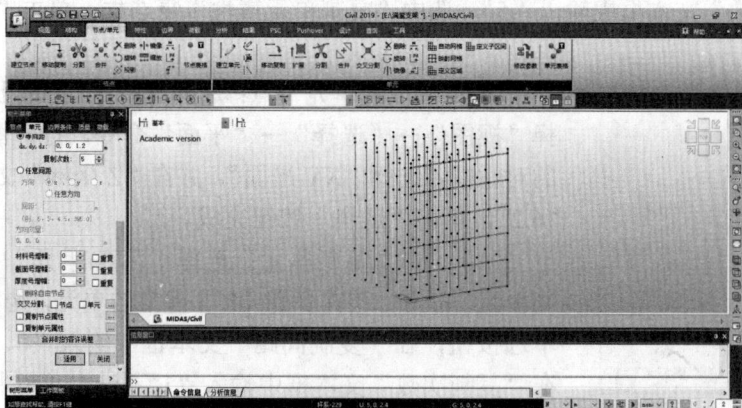

图 6.14　复制横向单元（一）

（7）移动/复制单元：选择"节点/单元"→"移动/复制单元"命令，选择建立的横向单元，选中"等间距"单选按钮，在"复制间距"文本框中输入"0，1，0"，在"复制次数"文本框中输入"5"，选中"复制单元属性"复选框，单击"适用"按钮完成，如图 6.15 所示。

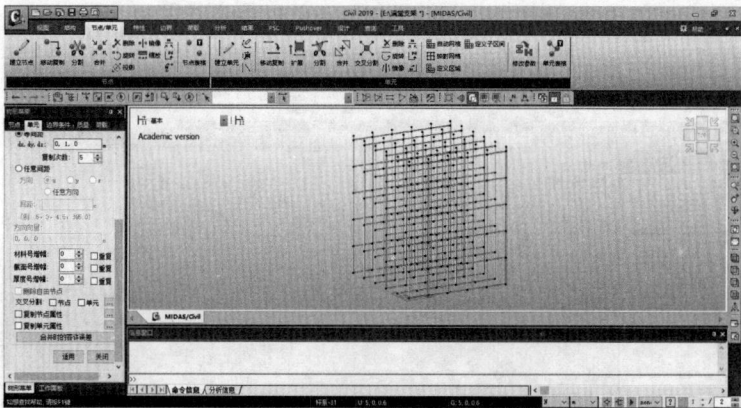

图 6.15　复制横向单元（二）

（8）建立单元：选择"节点/单元"→"建立单元"命令，在"单元类型"下拉列表中选择"一般梁/变截面梁"，在材料"名称"下拉列表中选择"A3"，在截面"名称"下拉列表中选择"P 50×4"，连接 36、246 号节点，选中"交叉分割"中的"节点""单元"复选框，单击"适用"按钮完成。

（9）移动/复制单元：选择"节点/单元"→"移动/复制单元"命令，选择上一步建立的单元，选中"等间距"单选按钮，在"复制间距"文本框中输入"0，0，1.2"，在"复制次数"文本框中输入"5"，选中"复制单元属性"复选框，单击"适用"按钮完成。

（10）移动/复制单元：选择"节点/单元"→"移动/复制单元"命令，选择步骤（8）建立的横向单元，选中"等间距"单选按钮，在"复制间距"文本框中输入"-1，0，0"，在"复制次数"文本框中输入"5",选中"复制单元属性"复选框,单击"适用"按钮完成。

图 6.16　选择平面和空间

（11）生成板单元节点:选择 *XY* 平面的最上一层,或选择"视图"→"选择"→"平面"命令,打开图 6.16 所示的对话框,选择"XY 平面",并在"Z 坐标"文本框中输入"6.2",单击"适用"按钮完成。

（12）移动/复制单元:选择"节点/单元"→"移动/复制单元"命令,选择步骤（10）建立的单元,选中"等间距"单选按钮,在"复制间距"文本框中输入"0,0,0.15",在"复制次数"文本框中输入"1",选中"复制单元属性"复选框,单击"适用"按钮完成。单击 按钮或按 Ctrl+R 键可快速选取新建立的个体。

（13）建立单元:选择"节点/单元"→"建立单元"命令,在"单元类型"下拉列表中选择"一般梁/变截面梁",在材料"名称"下拉列表中选择"A3",在截面"名称"下拉列表中选择"C 36b",选中"Beta 角"单选按钮并在文本框中输入"-90",连接 253、258 号节点,选中"交叉分割"中的"节点""单元"复选框,单击"适用"按钮完成,如图 6.17 所示。

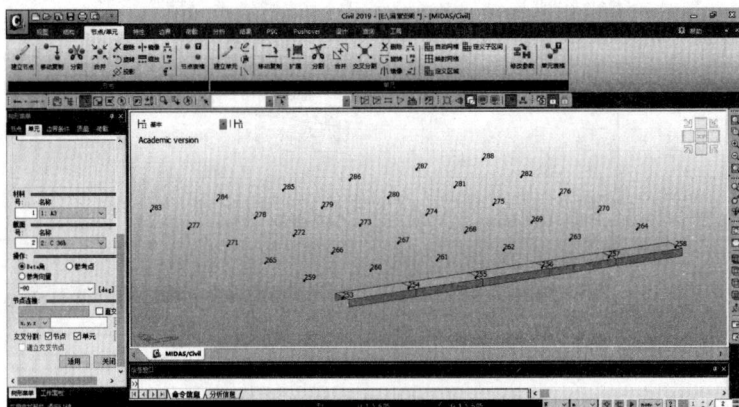

图 6.17　生成板单元节点

（14）移动/复制单元:选择"节点/单元"→"移动/复制单元"命令,选择步骤（13）建立的单元,选中"等间距"单选按钮,在"复制间距"文本框中输入"0,0,0.05",在"复制次数"文本框中输入"1",选中"复制单元属性"复选框,单击"适用"按钮完成。单击 按钮或按 Ctrl+R 键可快速选取新建立的个体。

（15）移动/复制单元:选择"节点/单元"→"移动/复制单元"命令,选择建立的横向单元,选中"等间距"单选按钮,在"复制间距"文本框中输入"0,1,0",在"复制次数"文本框中输入"5",选中"复制单元属性"复选框,单击"适用"按钮完成。

（16）建立单元:选择"节点/单元"→"建立单元"命令,在"单元类型"下拉列表中选择"一般梁/变截面梁",在材料"名称"下拉列表中选择"竹胶板及方木",在截面"名称"下拉列表中选择"15×15",选中"Beta 角"单选按钮并在文本框中输入"-90",连接 253、283 号节点,选中"交叉分割"中的"节点""单元"复选框,单击"适用"按钮完成。

（17）移动/复制单元:选择"节点/单元"→"移动/复制单元"命令,选择步骤（16）建立的单元,选中"等间距"单选按钮,在"复制间距"文本框中输入"1, 0, 0",在"复制次数"文本框中输入"5",选中"复制单元属性"复选框,单击"适用"按钮完成。

（18）建立单元:选择"节点/单元"→"建立单元"命令,选择"板单元"单元类型,在材料"名称"下拉列表中选择"竹胶板",在"厚度"下拉列表中选择"0.0250",选中"Beta 角"单选按钮并在文本框中输入"0",连接 253、258、288、283 号节点,选中"交叉分割"中的"节点""单元"复选框,单击"适用"按钮完成,如图 6.18 所示。

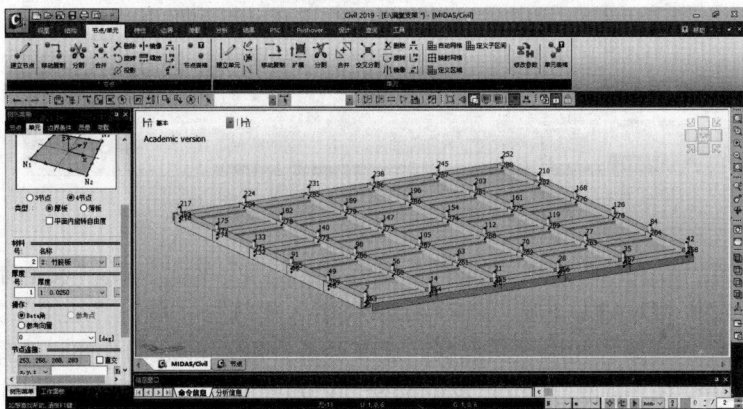

图 6.18　建立板单元

（19）建立单元:选择"节点/单元"→"建立单元"命令,在"单元类型"下拉列表中选择"一般梁/变截面梁",在材料"名称"下拉列表中选择"A3",在截面"名称"下拉列表中选择"p50×4",选中"Beta 角"单选按钮并在文本框中输入"0",连接 1 号和 4 号、6 号和 36 号节点,选中"交叉分割"中的"节点""单元"复选框,单击"适用"按钮完成,如图 6.19 所示。其他三面方法相同。

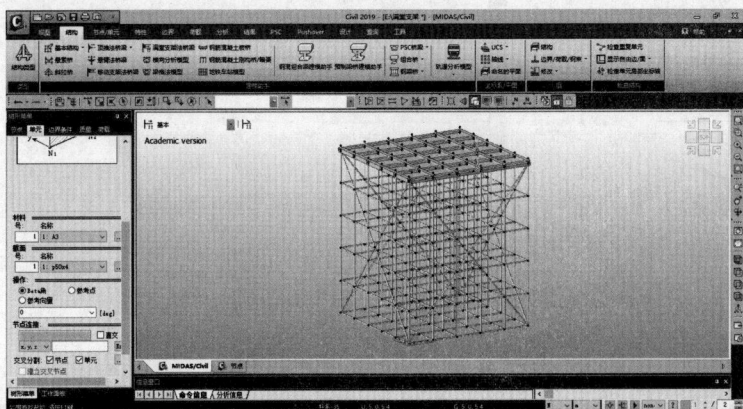

图 6.19　建立交叉单元

6.6 建立边界条件

如图 6.20 所示，激活所有单元，利用平面选择，选择 $Z=0$ 的平面，添加底部的边界条件。

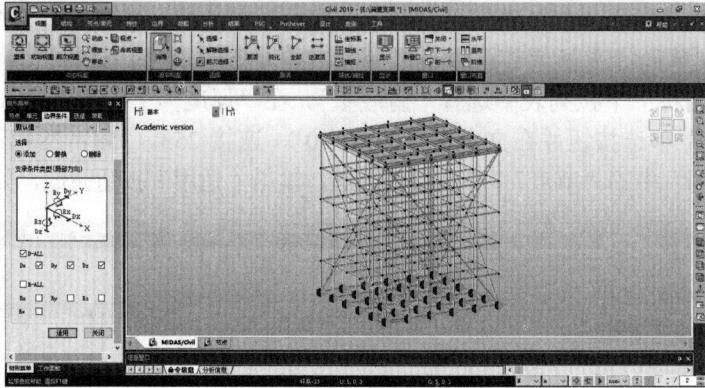

图 6.20　激活所有单元并选择 $Z=0$ 平面

（1）选择"一般支承"选项，"选择"栏选中"添加"单选按钮，"支承条件类型（局部方向）"栏选中"D-ALL（开）""R-ALL（关）"复选框，单击"适用"按钮完成。

（2）建立弹性连接。利用平面选择，选择 $Z=6.2$ 和 $Z=6.25$ 的平面。选择"边界"→"弹性连接"命令，在"类型"下拉列表中选择"仅受压"，在"SDx"文本框中输入"10e7"，选择 7、253 号节点，选中"复制弹性连接"复选框，"复制方"选择"x"，并在"间距"文本框中输入"5@1"，单击"适用"按钮完成。其余两点选择（49，259），（91，265），（133，271），（175，277），（217，283），间距与（7，253）设置相同，如图 6.21 和图 6.22 所示。"弹性连接"设置完成后界面如图 6.23 所示。

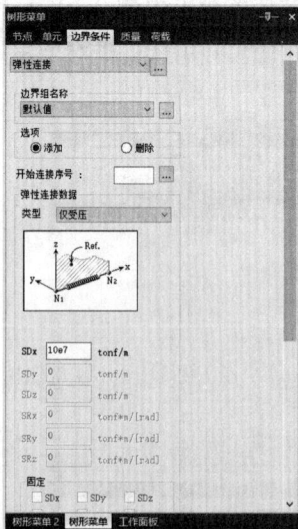

图 6.21　"弹性连接"设置（一）

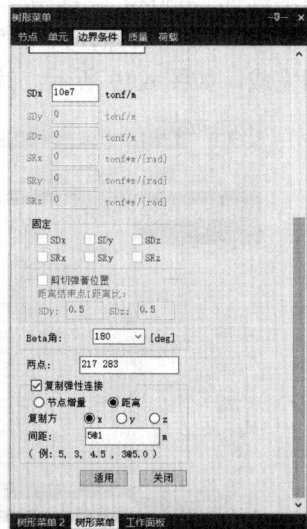

图 6.22　"弹性连接"设置（二）

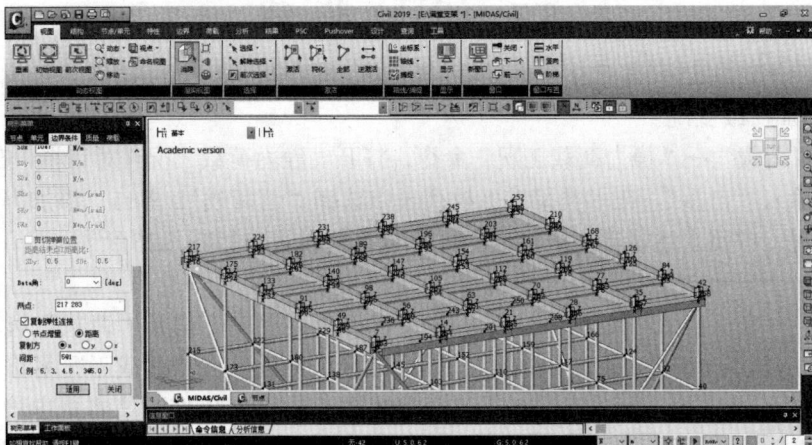

图 6.23　"弹性连接"设置完成后界面

（3）建立一般弹性连接。选择"边界"→"弹性连接"命令，"类型"选择"一般"，"选项"栏选中"添加"单选按钮，分别在"SDx""SDy""SDz"文本框中依次输入"0""100""100"，选择 7、253 号节点，选中"复制弹性连接"复选框，"复制方"选择"x"，并在"间距"文本框中输入"5@1"，单击"适用"按钮完成。（49，259），（91，265），（433，271），（475，277），（217，283）节点数据设置同（7，253）。

（4）选择"边界"→"释放梁端约束"命令，在"类型"栏中选中"相对值"单选按钮，选中"My""Mz"复选框，对应"i-节点"分别在文本框中输入"0.3""0.3"，对应"j-节点"分别在文本框中输入"0.3""0.3"，选取除 Z=6.2 及 Z=6.25 平面的其他平面 Z=0、1.2、2.4、3.6、4.8、6，单击"适用"按钮，如图 6.24 所示

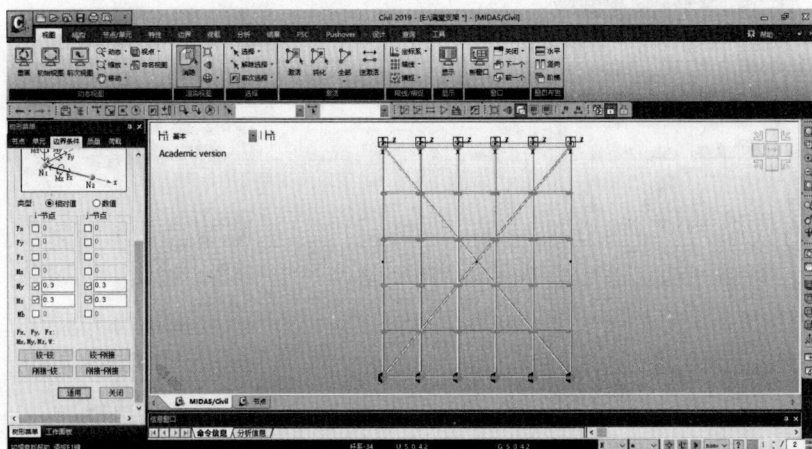

图 6.24　释放梁端约束

6.7 添 加 荷 载

1）添加荷载工况

选择"荷载"→"静力荷载工况"命令，打开"静力荷载工况"对话框，在"名称"文本框中输入"自重"，在"类型"下拉列表中选择"恒荷载"，单击"添加"按钮完成自重的设置。按照上述步骤完成对"上部荷载"的设置，如图 6.25 所示

2）添加自重

在树形菜单中，打开"荷载"选项卡，选择"自重"选项，在"荷载工况名称"下拉列表中选择"自重"，在"Z"文本框中输入"-1"，单击"添加"按钮完成，如图 6.26 所示。

3）添加上部荷载

在树形菜单中，打开"荷载"选项卡，选择"压力荷载"选项，在"荷载工况名称"下拉列表中选择"上部荷载"，在"选项"栏选中"添加"单选按钮，在"单元类型"下拉列表中选择"板/平面应力单元（面）"，在"压力面"下拉列表中选择"面#1"，在"方向"下拉列表中选择"局部坐标系"，在"荷载"栏选中"均布"单选按钮并在"P1"文本框中输入"-25"，单击"适用"按钮完成，如图 6.27 和图 6.28 所示。

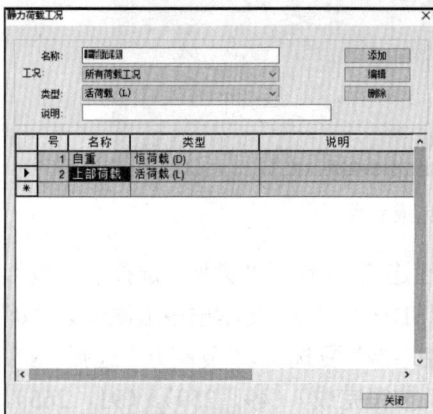

图 6.25　添加荷载工况

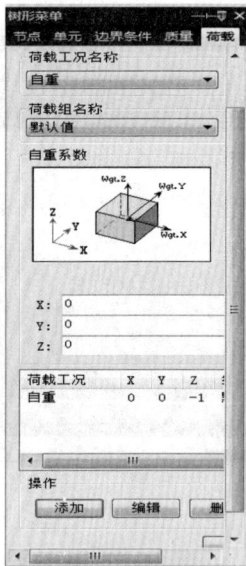

图 6.26　添加自重

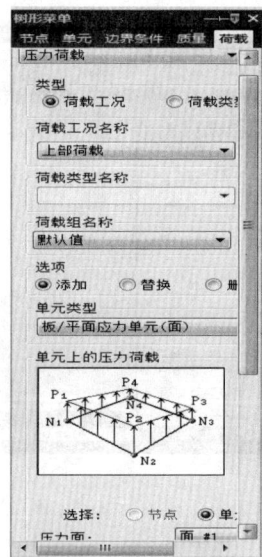

图 6.27　添加上部荷载

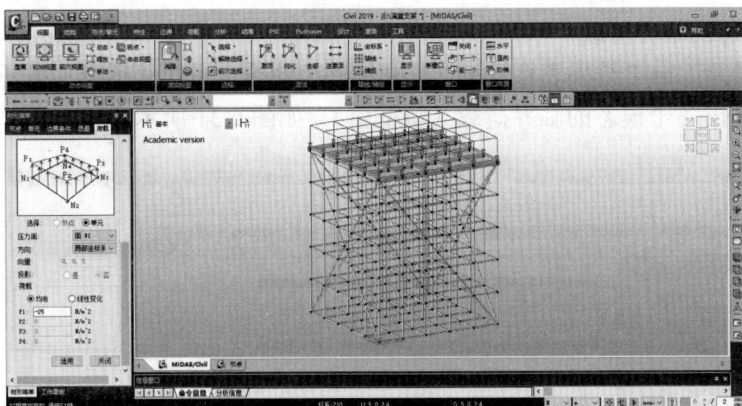

图 6.28　外部荷载分布

6.8　运行分析与查看结果

在打开的 MIDAS/Civil 界面中选择"分析"→"屈曲"命令，打开"屈曲分析控制"对话框，在"模态数量"文本框中输入"5"，在"荷载工况"下拉列表中选择"自重"，在"组合系数"文本框中输入"1"，单击"添加"按钮；按上述步骤完成上部荷载的添加，单击"确认"按钮完成，如图 6.29 所示。

1）屈曲模态

选择"结果"→"振型"→"屈曲模态"命令，在"模态成分"栏选中"Md-XYZ"，单击"适用"按钮完成，如图 6.30 所示。

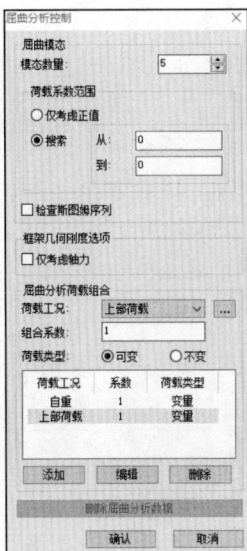

图 6.29　"屈曲分析控制"对话框

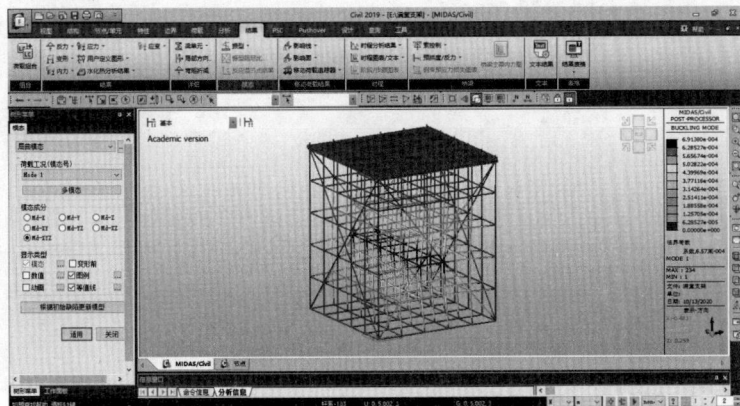

图 6.30　屈曲模态设置

2）各模态的临界荷载

选择"结果"→"结果表格"→"屈曲模态"命令，单击"适用"按钮完成。程序以表格形式输出各个模态的临界荷载（特征值），如图 6.31 所示。

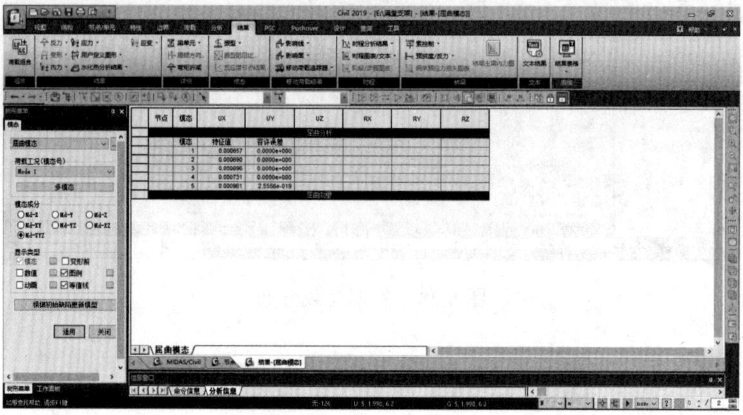

图 6.31　以表格形式输出临界荷载（特征值）

第 7 章　实例模型——栈桥

7.1　概　　况

7.1.1　工程概况

    一座用贝雷片搭建的施工栈桥，跨径 15m（5 片贝雷片），支承条件为简支，桥面宽 6m。设计荷载公路 I 级。贝雷片横向布置为 5×90cm，共 6 片主梁，在贝雷片主梁上布置 I20a 分配梁。分配梁作用于贝雷片上弦杆的每个节点处，间距约 75cm。栈桥断面如图 7.1 所示，模型如图 7.2 所示。

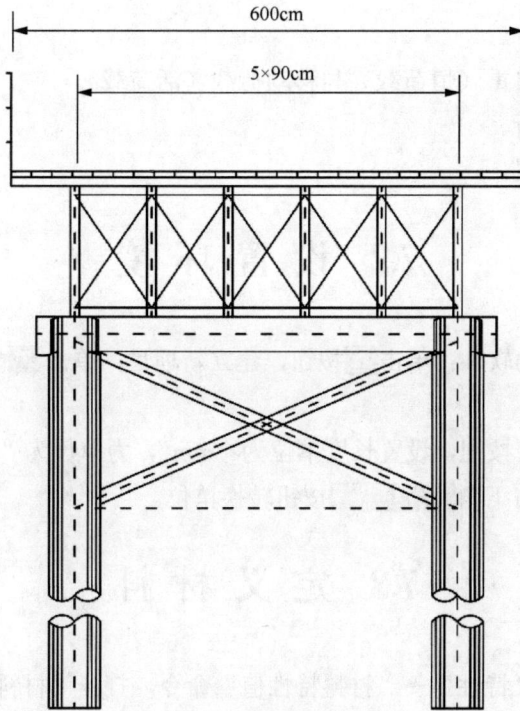

图 7.1　栈桥断面图

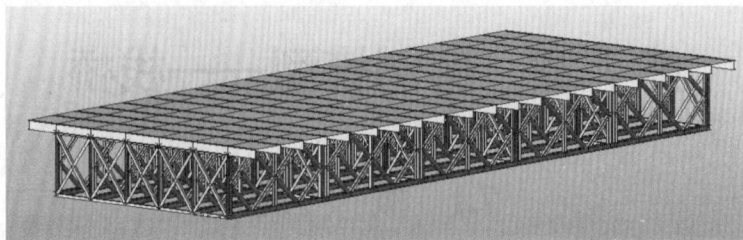

图 7.2　栈桥模型图

7.1.2　栈桥分析与设计一般步骤

栈桥分析与设计一般步骤如下。

（1）设置环境。

（2）定义材料：主要采用钢材。

（3）定义截面与厚度：主要采用弦杆、腹杆、支撑架、分配梁。

（4）建立结构模型。

（5）建立边界条件。

（6）添加荷载：自重（恒荷载）与移动荷载（活荷载）。

（7）运行结构分析。

（8）查看分析结果。

7.2　设 置 环 境

单击 C 图标，启动软件；单击 □ 按钮，建立新项目；单击 ⊞ 按钮，以"栈桥分析"为文件名进行保存。

在菜单栏中单击 ▧ 按钮，设置长度单位为"mm"，力单位为"N"，单击"确认"按钮完成，也可以通过右下角 N ▾ mm ▾ 按钮转换单位。

7.3　定 义 材 料

在菜单栏中选择"特性"→"材料特性值"命令，打开"材料和截面"对话框，选择"材料"选项卡，单击"添加"按钮，打开"材料数据"对话框。在该对话框中，"设计类型"选择"钢材"；"规范"选择"JTJ（S）"；"数据库"选择"16Mn"，单击"确认"按钮完成 16Mn 参数设置，如图 7.3 所示。按同样方法设置 A3 钢材数据，材料设置结果如图 7.4 所示。

图 7.3　"材料数据"对话框

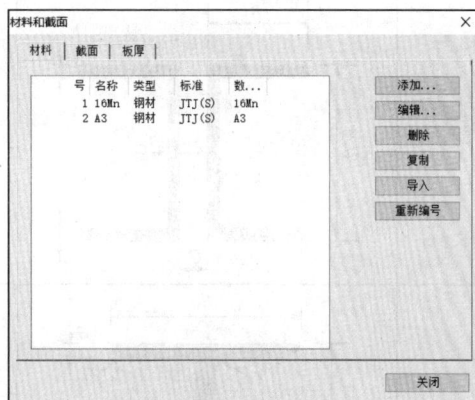

图 7.4　材料设置结果

7.4　定义截面与厚度

7.4.1　定义截面

在菜单栏中选择"特性"→"截面特性值"命令，打开"材料和截面"对话框，选择"截面"选项卡，单击"添加"按钮，打开"截面数据"对话框，如图 7.5 所示。

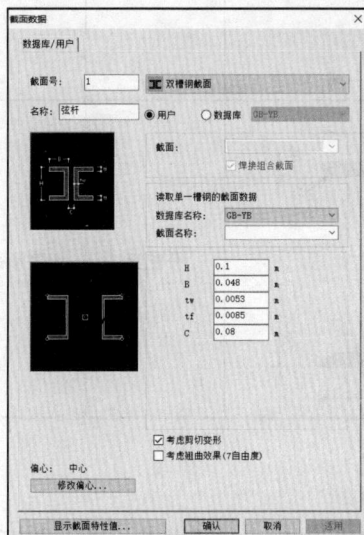

图 7.5　"截面数据"对话框

在打开的"截面数据"对话框中对不同截面类型依次进行设置,具体数据如表 7.1 所示。

表 7.1 截面数据

截面号	图例	截面名称	截面类型	数据库类型	参数
1		弦杆	双槽钢截面	GB-YB	H=100mm B=48mm t_w=5.3mm t_f=6.5mm C=80mm
2		腹杆	工字形截面	用户	H=80mm B_1=50mm t_w=6.5mm t_{f1}=4.5mm B_2=0mm t_{f2}=0mm r_1=0mm r_2=0mm
3		支撑架	角钢	GB-YB	H=63mm B=63mm t_w=4mm t_f=4mm
4		分配梁	工字形截面	GB-YB	H=200mm B_1=100mm t_w=7mm t_{f1}=11.4mm B_2=0mm t_{f2}=0mm r_1=9mm r_2=0mm

7.4.2 定义厚度

在菜单栏中选择"特性"→"截面特性值"命令,打开"材料和截面"对话框,选择"板厚"选项卡,单击"添加"按钮,打开"厚度数据"对话框。选择"数值"选项卡，在"厚度号"文本框中输入"1"；选中"面内和面外"单选按钮，并在其文本框中输入"0.04"；选中"板对齐"复选框，选中"数值"单选按钮并在"局部 z"文本框中输入"−0.02"，单击"确认"按钮完成，如图 7.6 所示。

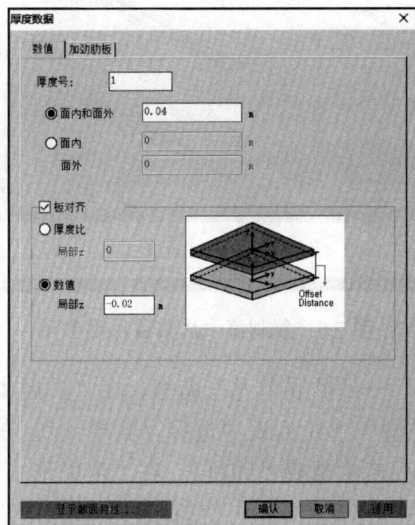

图 7.6　"厚度数据"对话框

7.5　建立结构模型

1. 建立第一片贝雷片

（1）在菜单栏中选择"节点/单元"→"建立节点"命令，输入坐标（0，0，0），选中"合并重复节点"和"在交叉点分割单元"复选框，单击"适用"按钮完成。

（2）选择"节点/单元"→"建立单元"命令，选择节点 1（0，0，0），在"单元类型"下拉列表中选择"梁单元"，在"材料"下拉列表中选择"1：16Mn"，在"截面"下拉列表中选择"1：弦杆"，在"生成形式"栏中选中"复制和移动"单选按钮，在"复制和移动"栏中选中"任意间距"单选按钮，在"方向"栏中选中"x"单选按钮，在"间距"文本框中输入"90，4@705，90"，如图 7.7 所示，单击"适用"按钮完成。

（3）选择"节点/单元"→"移动/复制单元"命令，在"等间距"文本框中输入"0，0，1400"，在"复制次数"文本框中输入"1"，单击 ⊕ 按钮，并单击"适用"按钮完成，结果如图 7.8 所示。

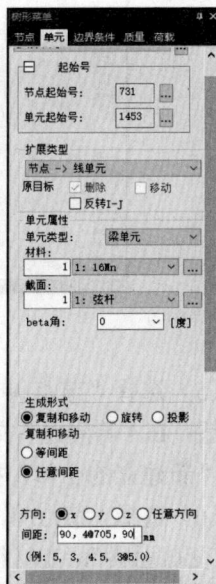

图 7.7　建立第一片贝雷片梁单元

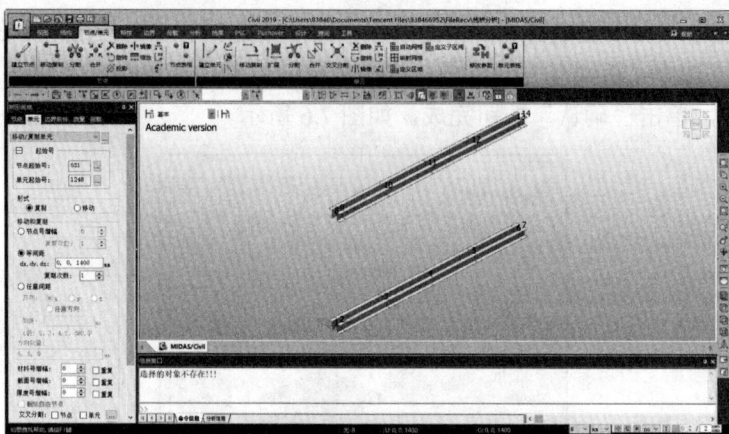

图 7.8　复制第一片贝雷片梁单元

（4）选择"节点/单元"→"扩展单元"命令，在"扩展类型"下拉列表中选择"节点->线单元"，在"单元类型"下拉列表中选择"梁单元"，在"材料"下拉列表中选择"16Mn"，在"截面"下拉列表中选择"腹杆"，在"生成形式"栏中选中"复制和移动"单选按钮，并在"复制和移动"栏中选中"间距"单选按钮，在"等间距"文本框中输入"0，0，700"，在"复制次数"文本框中输入"2"，选择节点 2，单击"适用"按钮完成，结果如图 7.9 所示。

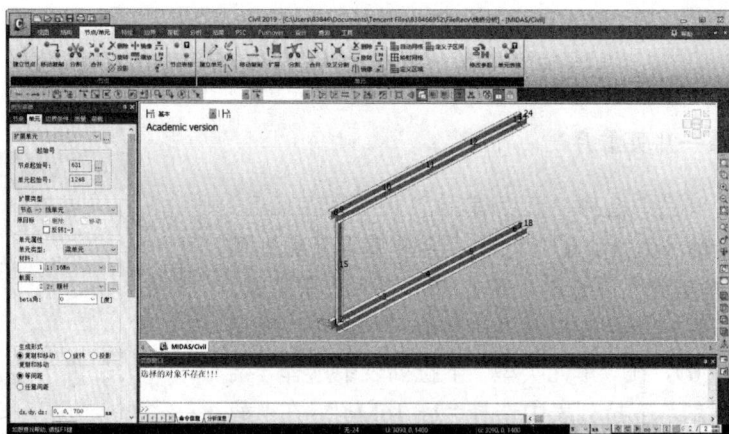

图 7.9　建立腹杆

（5）选择"节点/单元"→"移动/复制单元"命令，在"形式"栏选中"复制"单选按钮，在"等间距"文本框中输入"1410，0，0"，在"复制次数"文本框中输入"2"，单击"新建立的个体"按钮（图标），单击"适用"按钮完成，如图 7.10 所示。

（6）选择"节点/单元"→"建立单元"命令，在"单元类型"下拉列表中选择"一般梁/变截面梁"，在材料"名称"下拉列表中选择"16Mn"，在截面"名称"下拉列表中选择"腹杆"，依次连接节点（15，10），（10，16），（16，12），（12，17），（17，5），（5，16）（16，3），（3，15），单击"适用"按钮完成，如图 7.11 所示。

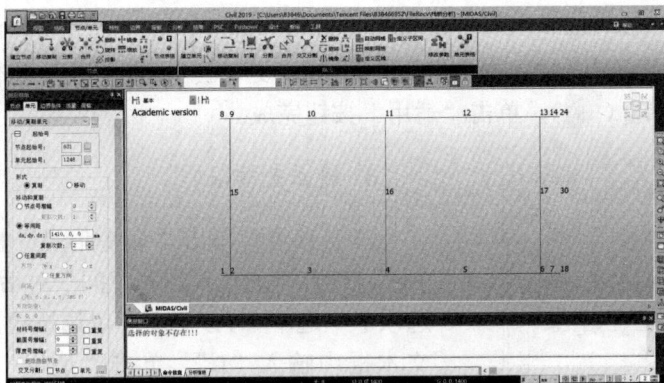

图 7.10 建立第一片贝雷片其余梁单元

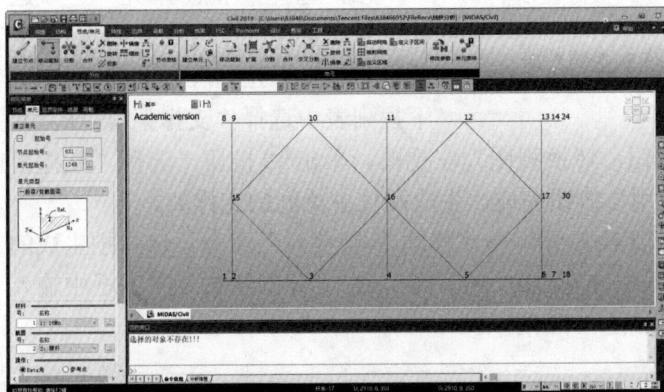

图 7.11 生成斜杆单元

2. 建立其余的贝雷片

（1）选择"节点/单元"→"移动/复制单元"命令，在"形式"栏中选中"复制"单选按钮，在"等间距"文本框中输入"3000，0，0"，在"复制次数"文本框中输入"4"，单击"全选"按钮（⬤），单击"适用"按钮完成，结果如图 7.12 所示。

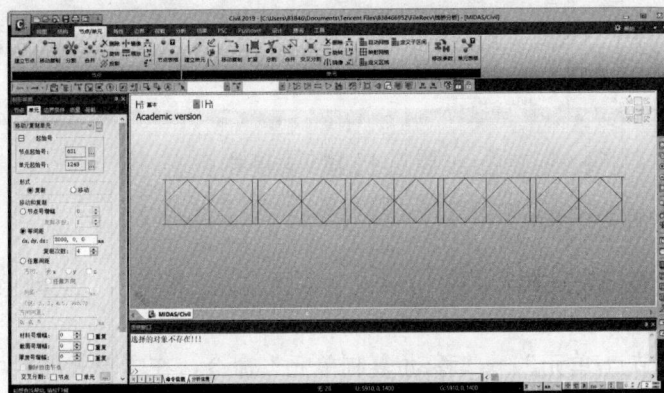

图 7.12 建立其余贝雷片

（2）选择"节点/单元"→"移动/复制单元"命令，在"形式"栏中选中"复制"单选按钮，在"等间距"文本框中输入"0，900，0"，在"复制次数"文本框中输入"5"，单击"全选"按钮（ ），单击"适用"按钮完成。

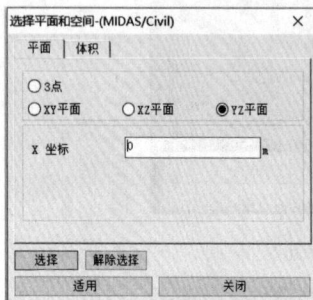

图 7.13　　"选择平面和空间"对话框

3. 建立支撑架

（1）在窗口下方"命令信息"栏中输入快捷键"sp"，打开"选择平面和空间"对话框，在"平面"选项卡中选中"YZ 平面"单选按钮，在"X 坐标"文本框中输入"0"，单击"适用"按钮完成，如图 7.13 所示，激活全部节点。

（2）选择"节点/单元"→"建立单元"命令，在"单元类型"下拉列表中选择"桁架单元"，在材料"名称"下拉列表中选择"A3"，在截面"名称"下拉列表中选择"支撑架"，在"交叉分割"栏中选中"关"单选按钮，转换视图为左视图，单击 按钮，选择"支撑架依次连接节点"命令，单击"适用"按钮完成，生成两片主梁间的支撑架。

（3）选择"节点/单元"→"移动/复制单元"命令，选择刚生成的支撑架单元，在"等间距"文本框中输入"0，900，0"，在"复制次数"文本框中输入"4"，单击"适用"按钮完成，如图 7.14 所示。

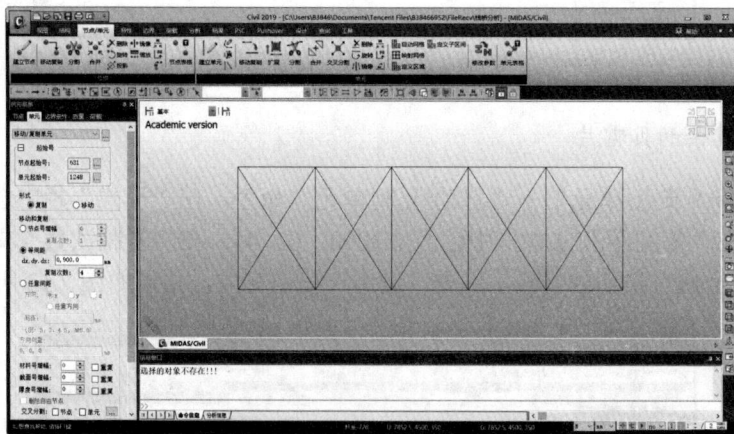

图 7.14　建立支撑架

4. 建立其余的支撑架

（1）单击 按钮，在树形菜单中双击"截面 3：支撑架"，选择刚建立的支撑架单元，如图 7.15 所示。

（2）选择"节点/单元"→"移动/复制单元"命令，在"形式"栏中选中"复制"单选按钮，在"等间距"文本框中输入"3000，0，0"，在"复制次数"文本框中输入"5"，单击"适用"按钮完成，如图 7.16 所示。

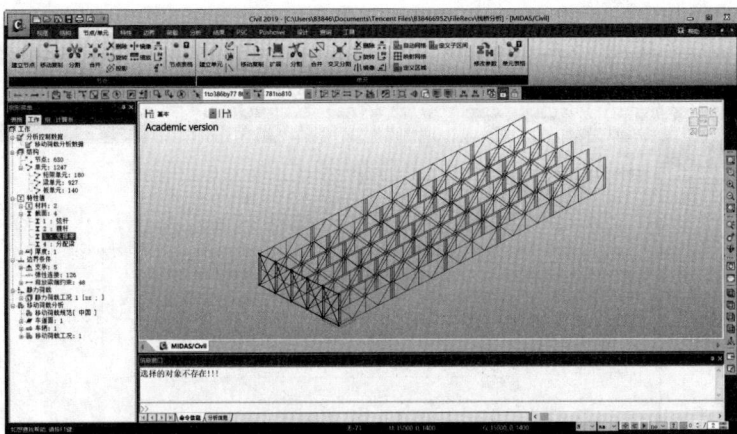

图 7.15 激活支撑架

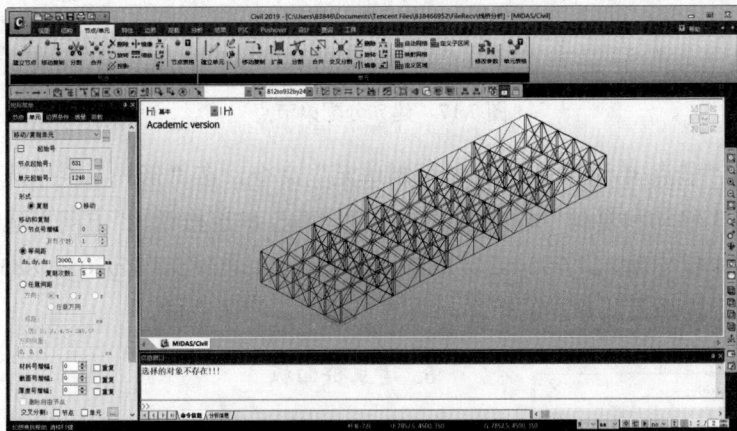

图 7.16 复制支撑架

5. 建立分配梁

（1）在窗口下方"命令信息"栏中输入快捷键"sp"，打开"选择平面和空间"对话框，在"平面"选项卡中选中"YZ 平面"单选按钮，在"X 坐标"文本框中输入"0"，单击"适用"按钮完成，激活全部节点。切换到左视图，选择"节点/单元"→"移动/复制节点"命令，在"等间距"文本框中输入"0，-750，200"，在"复制次数"文本框中输入"1"，选择节点 8，单击"适用"按钮完成，如图 7.17 所示。

（2）选择"节点/单元"→"扩展单元"命令，在"扩展类型"下拉列表中选择"节点->线单元"，在"单元类型"下拉列表中选择"梁单元"，在"材料"下拉列表中选择"2：A3"，在"截面"下拉列表中选择"4：分配梁"，在"生成形式"栏中选中"复制和移动"单选按钮，在"复制和移动"栏中选中"任意间距"单选按钮，"方向"选择"y"，并在"间距"文本框中输入"750，5@900，750"，选择最新建立的个体，单击"适用"按钮完成。

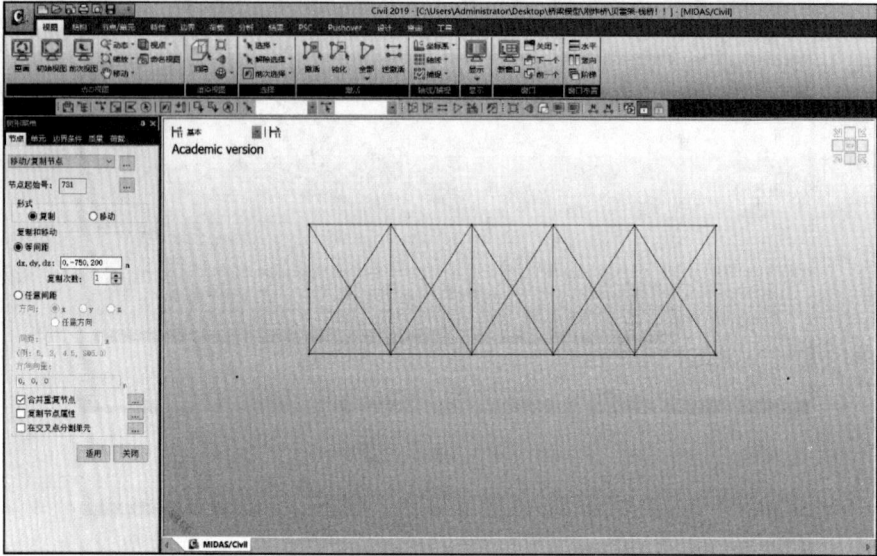

图 7.17　建立分配梁节点

（3）选择"节点/单元"→"移动/复制单元"命令，在"形式"栏中选中"复制"单选按钮，在"移动和复制"栏中选中"任意间距"单选按钮，"方向"选择"x"，并在"间距"文本框中输入"795，3@705，885，3@705，885，3@705，885，3@705，885，3@705"，选择最新建立的个体，单击"适用"按钮完成。

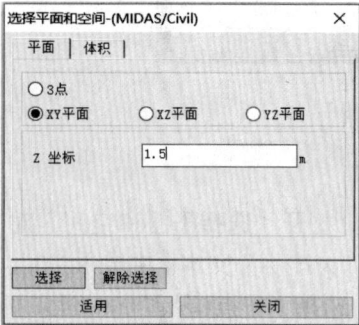

图 7.18　"选择平面和空间"对话框

6. 建立桥面板

（1）在窗口下方"命令信息"栏中输入快捷键"sp"，打开"选择平面和空间"对话框，在"平面"选项卡中选中"XY 平面"单选按钮，在"Z 坐标"文本框中输入"1.5"，单击"适用"按钮完成，如图 7.18 所示，在页面空白处右击选择"激活"命令。

（2）切换到顶面视图。选择"节点/单元"→"建立单元"命令，在"单元类型"下拉列表中选择"板"，选中"4 节点"单选按钮，在"类型"栏中选中"厚板"单选按钮，在材料"名称"下拉列表中选择"A3"，在"厚度"下拉列表中选择"1:40.0000"，在"节点连接"文本框中输入"470，630，623，463"，在"交叉分割"栏中选中"节点"复选框，如图 7.19 所示。

激活所有单元，单击 ⊡ 按钮，如图 7.20 所示。

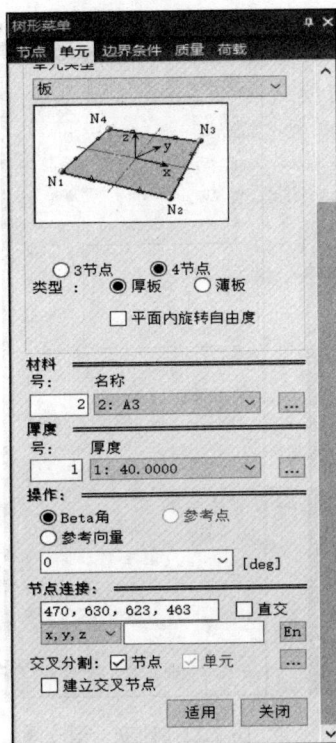

图 7.19　建立桥面板单元

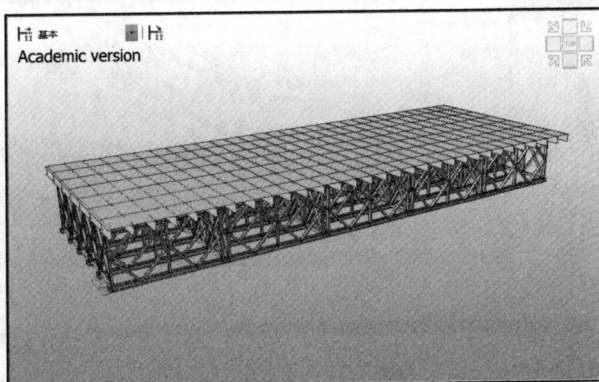

图 7.20　生成栈桥模型

7.6　建立边界条件

7.6.1　建立弹性连接

利用平面选择，选择 $X=0$ 的平面，并激活 $X=0$ 平面内的单元和节点。选择"边界"→"弹性连接"命令，在"弹性连接"选项界面中，"选项"选择"添加"，"类型"选择"仅受压"，在"SDx"文本框中输入"100"，在"两点"文本框中输入"8　464"，选中"复制弹性连接"复选框，并选中"距离"单选按钮，在"复制方"栏中选中"x"单选按钮，在"间距"文本框中输入"795，3@705，885，3@705，885，3@705，885，3@705，885，3@705"，单击"适用"按钮完成，其余"两点"为（85，465）、（162，466）、（239，467）、（316，468）、（393，469）。弹性连接结果如图 7.21 所示。

7.6.2　建立一般支承

（1）选择"边界"→"一般支承"命令，在"一般支承"选项界面中，"选择"栏选择"添加"单选按钮，"支承条件类型（局部方向）"栏选中"D-ALL""Rz"复选框，单击"适用"按钮完成，如图 7.22 所示。在窗口中选择"右下角节点 Dz（开），Rz（开）"命令，单击"适用"按钮完成。

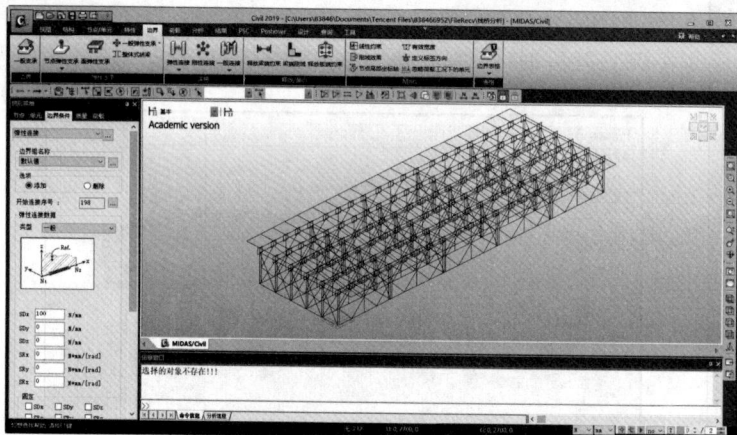

图 7.21　建立弹性连接

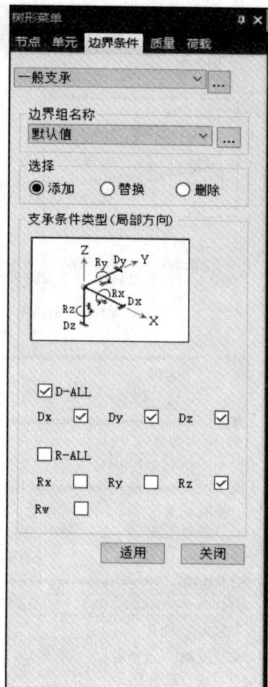

图 7.22　建立一般支承

　　(2) 添加桥面板的边界。选择仅显示桥面板单元，在树形菜单中选择"结构"→"板单元上"，右击，选择激活命令，切换到顶面视图。选择"边界"→"一般支承"命令，在"一般支承"选项界面中，"选择"栏选中"添加"单选按钮，选择节点 470，选中"Dx""Dy"复选框，单击"适用"按钮完成；选择节点 630，选中"Dy"复选框，单击"适用"按钮完成；选择节点 463，选中"Dx"复选框，单击"适用"按钮完成。结果如图 7.23 所示。

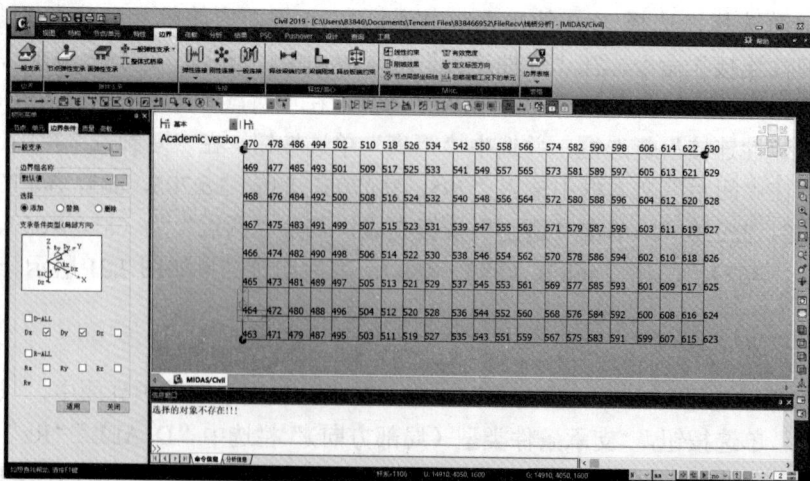

图 7.23　添加桥面板的边界

7.6.3　释放梁端约束

选择"边界"→"释放梁端约束"命令，在"释放梁端约束"选项界面中，"选项"栏选中"添加/替换"单选按钮，在"类型"栏中选中"相对值"单选按钮，在"j-节点"中选中"My"单选按钮，选择两片贝雷片连接的左边单元，单击"适用"按钮完成，如图 7.24 所示。

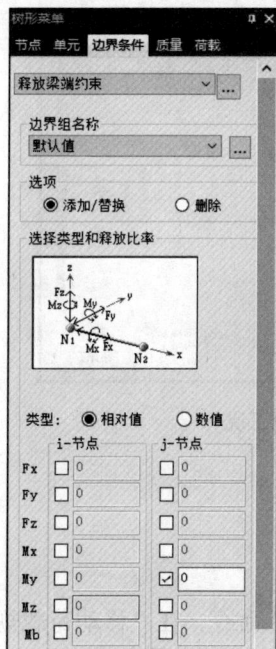

图 7.24　释放梁端约束

7.7　添 加 荷 载

1. 添加荷载工况

选择"荷载"→"静力荷载工况"命令，弹出"静力荷载工况"对话框，在"名称"文本框中输入"自重"，在"工况"下拉列表中选择"所有荷载工况"，在"类型"下拉列表中选择"恒荷载"，单击"添加"按钮，如图 7.25 所示。

2. 添加自重

选择"荷载"→"自重"命令，打开"自重"选项界面，"荷载工况名称"选择"自重"，在"自重系数"栏"Z"文本框中输入"-1"，单击"添加"按钮完成，如图 7.26 所示。

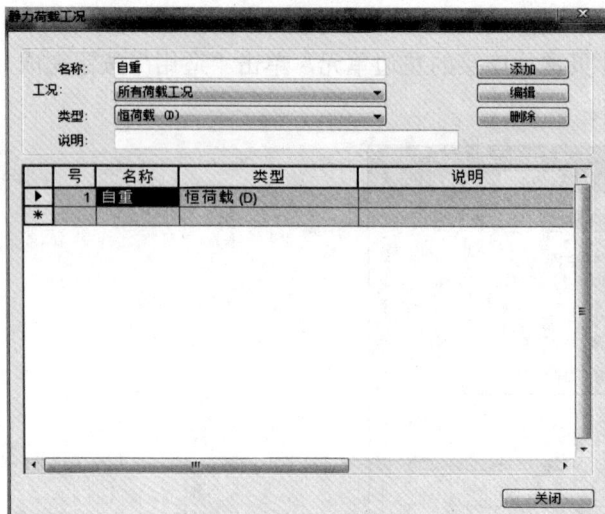

图 7.25　添加荷载工况

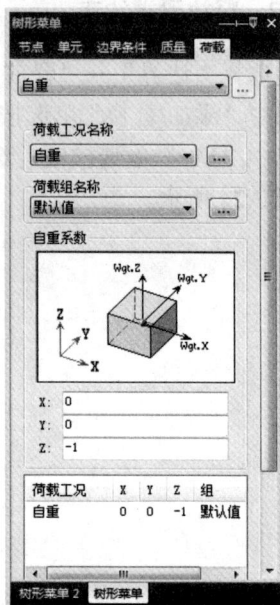

图 7.26　添加自重

3. 添加移动荷载

1）定义移动荷载分析数据

选择"荷载"→"移动荷载"命令，在"移动荷载规范"下拉列表中选择"China"，如图 7.27 所示。选择"荷载"→"移动荷载"→"交通车道面"命令，打开"车道面"对话框，单击"添加"按钮，在打开的"车道面"设置对话框中分别进行设置。在"车道面名称"文本框中输入"车道面"，在"车道宽度"文本框中输入"6"，在"w 车轮距离"文本框中输入"0"，在"与车道基准线的偏心距离（a）"文本框中输入"-0.45"，在"桥梁跨度"文本框中输入"15"，在"选择"栏中选中"鼠标点取"单选按钮，在模型中选取 466、626 号节点，单击"确定"按钮完成。

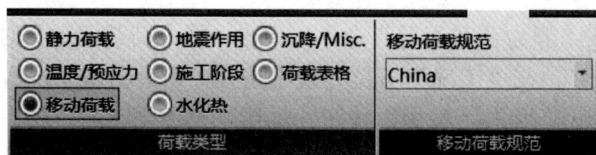

图 7.27　设置"移动荷载规范"

2）输入车辆荷载

（1）选择"荷载"→"移动荷载"→"车辆"命令，打开"车辆"对话框，单击"添加标准车辆"按钮，打开"定义标准车辆荷载"对话框。在"规范名称"下拉列表中选择"公路工程技术标准（JTG B01-2014）"，在"车辆荷载名称"下拉列表中选择"CH-CD"，单击"确认"按钮完成，如图 7.28 所示。

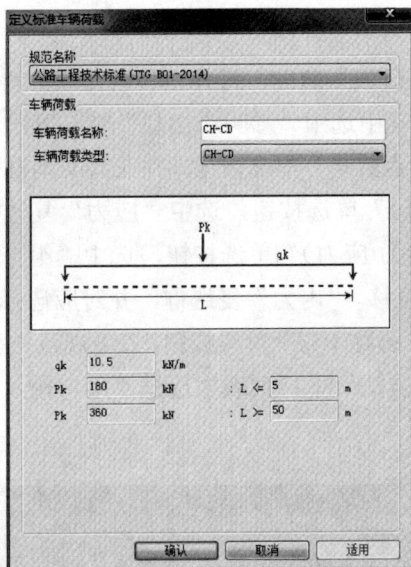

图 7.28 "定义标准车辆荷载"对话框

（2）选择"荷载"→"移动荷载"→"移动荷载工况"命令，打开"移动荷载工况"对话框，单击"添加"按钮，打开"移动荷载工况"设置对话框。在"荷载工况名称"文本框中输入"移动工况"，在"桥类型"下拉列表中选择"JTG B01—2014"，在"子荷载工况"下"组合选项"栏中选中"单独"单选按钮，单击"添加"按钮完成，如图 7.29 所示。在打开的"子荷载工况"对话框中，在"车辆组"下拉列表中选择"VL：CH-CD"，在"加载的最少车道数"文本框中输入"1"，在"加载的最多车道数"文本框中输入"1"，在"车道列表"中选择"车道面"，单击"确认"按钮完成，如图 7.30 所示。

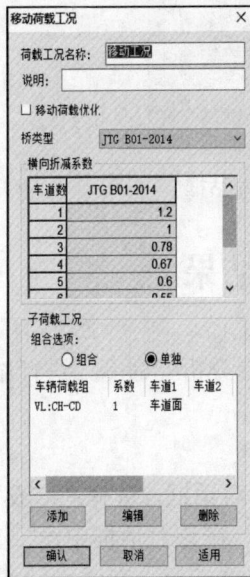

图 7.29 "移动荷载工况"设置对话框

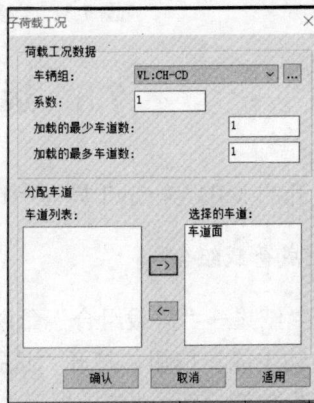

图 7.30 "子荷载工况"对话框

3）移动荷载分析控制

选择"分析"→"移动荷载"命令，打开"移动荷载分析控制数据"对话框。在该对话框中，在"加载位置"栏中选中"影响线加载"单选按钮，在"生成影响点"栏中，选中"每个线单元不影响线点数量"单选按钮，并在其文本框中输入"3"，在"板单元"中选中"内力（中心＋节点）"单选按钮，选中"应力"复选框，在"杆系单元"栏中选中"内力（标准＋并发内力/应力）"单选按钮，选中"组合应力"复选框，在"计算选项"栏中选中"反力""位移""内力"复选框，并对应选择"全部"单选按钮，选中"桥梁等级"复选框并选中"公路Ⅰ级"单选按钮，在"规范类型"下拉列表中选择"JTG D60-2015"，在"结构基频方法"下拉列表中选择"用户输入"，在"f [Hz]"文本框中输入"1.3"，如图 7.31 所示。

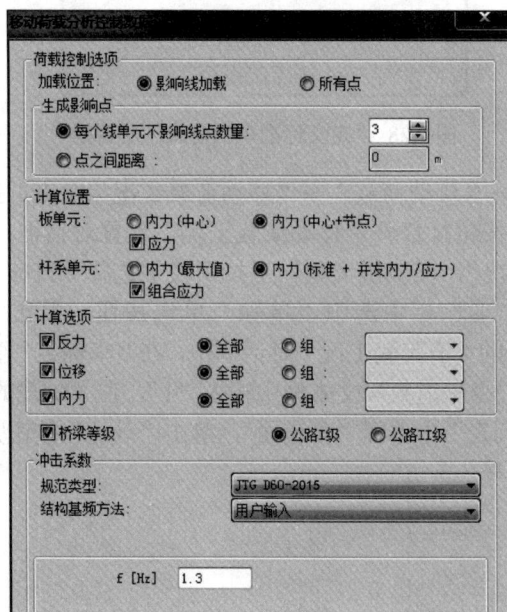

图 7.31 "移动荷载分析控制数据"对话框

7.8 运行分析与查看结果

在打开的 MIDAS/Civil 界面中选择"分析"→"运行分析"命令，进行结果分析。

1. 生成荷载组合

选择"结果→"荷载组合"命令，打开"荷载组合"对话框，选择"一般"选项卡，单击"自动生成"按钮，打开"选择荷载组合"对话框。在该对话框中，"选项"栏选中"添加"单选按钮，"选择规范"栏选中"钢结构"单选按钮，在"设计规范"下拉列表中选择"JTG D60-2015"，单击"确认"按钮完成，如图 7.32 所示。

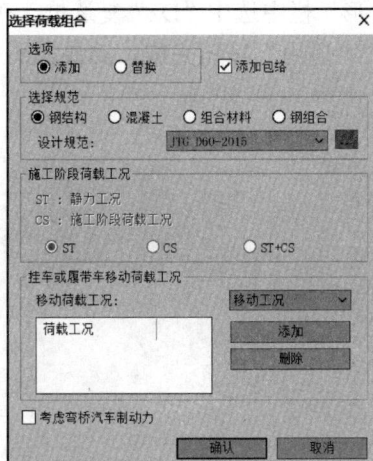

图 7.32 生成荷载组合

2. 查看位移

选择"结果"→"变形"→"位移等值线"命令，在"荷载工况/荷载组合"下拉列表中选择"MVmin：移动工况"，"变形"选择"Dz"，在"显示类型"栏中选中"等值线""变形""图例""变形前"复选框，单击"适用"按钮完成。

选择"结果"→"变形"→"位移等值线"命令，在"荷载工况/荷载组合"下拉列表中选择"ST：自重"，在"变形"栏中选中"Dz"复选框，在"显示类型"栏中选中"等值线""变形""图例""变形前"复选框，单击"适用"按钮完成，结果如图 7.33 所示。

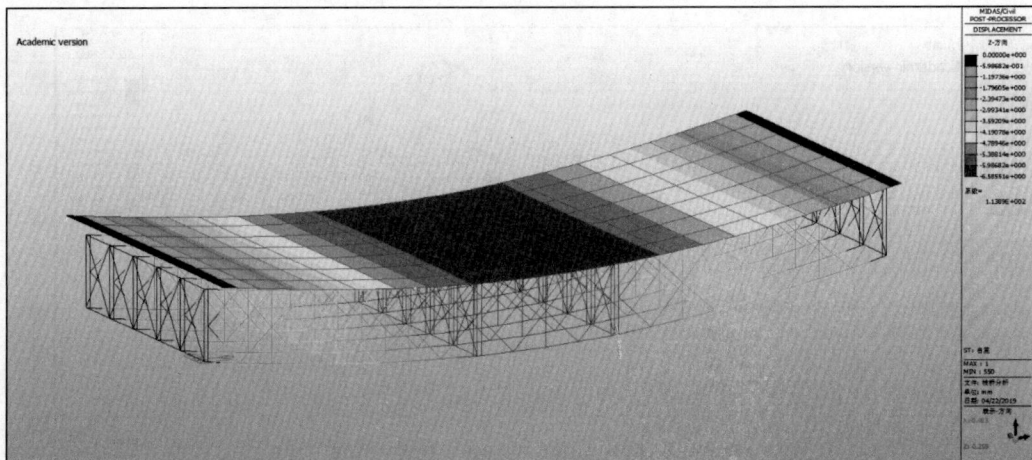

图 7.33 位移图（荷载工况：自重）

3. 变形形状

选择"结果"→"变形"→"变形形状"命令，在"荷载工况/荷载组合"下拉列表中选择"ST：自重"，在"变形"栏中选中"Dz"复选框，在"显示类型"栏中选中"图例""变形前"复选框，单击"适用"按钮完成，结果如图 7.34 所示。

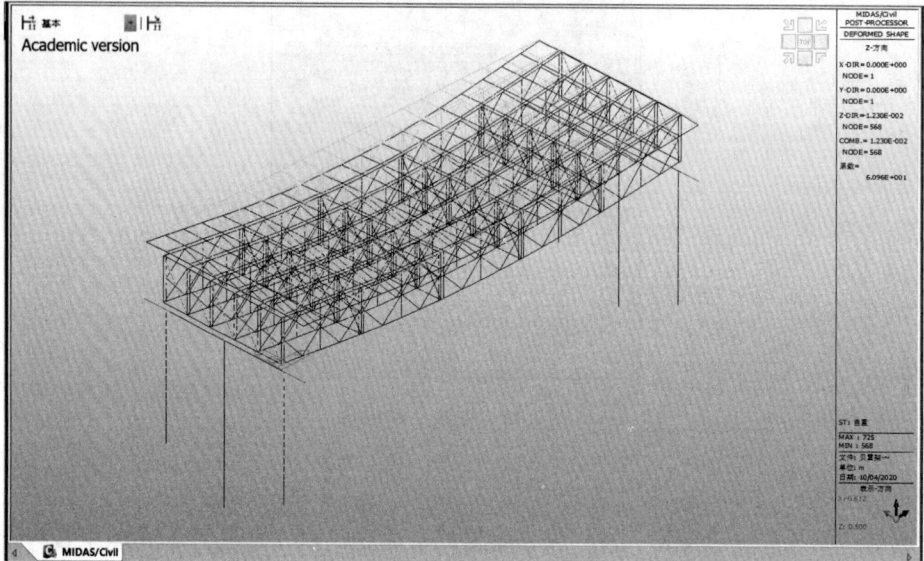

图 7.34　变形形状图

4. 查看轴力

选择"内力"→"梁单元内力图"命令，在"荷载工况/荷载组合"下拉列表中选择"CBall：gLCB2"，在"内力"栏中选中"F_x"复选框，在"显示类型"栏中选中"等值线""图例"复选框，单击"适用"按钮完成，结果如图 7.35 所示。

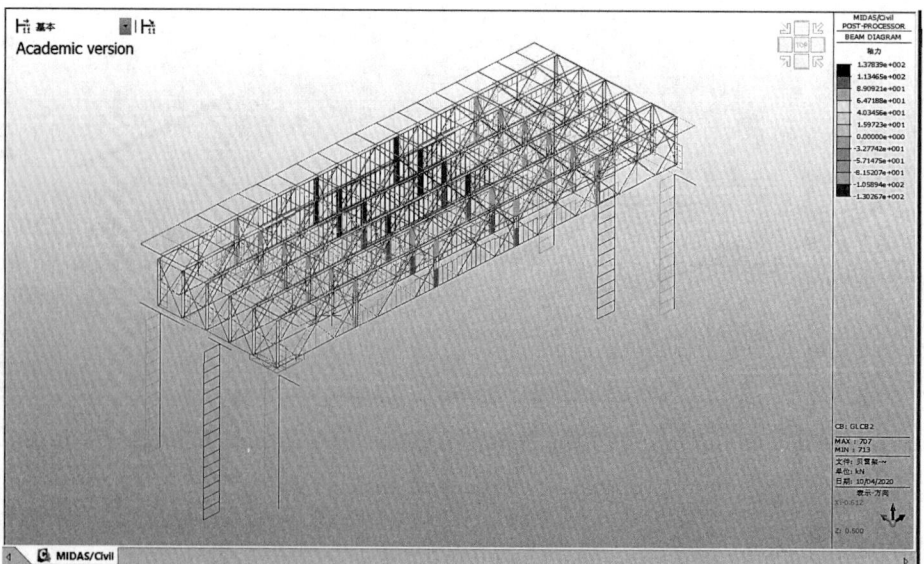

图 7.35　轴力图

5. 板单元内力

选择"内力"→"板单元内力图"命令，在"荷载工况/荷载组合"下拉列表中选择"ST：自重"，在"内力"栏中选中"Mxx"复选框，在"显示类型"栏中选中"等值线""图例"复选框，单击"适用"按钮完成，结果如图 7.36 所示。

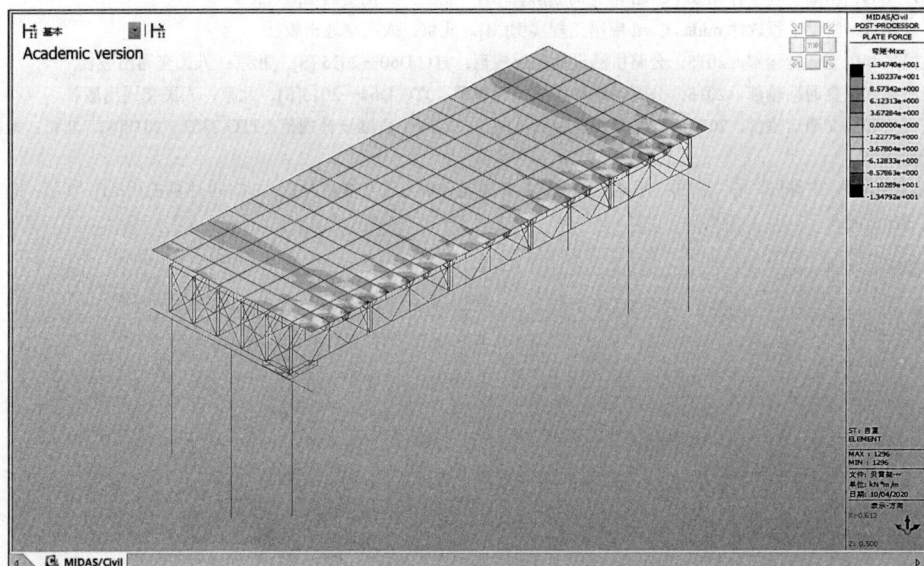

图 7.36 板单元内力图

6. 查看应力表

选择"结果"→"结果表格"→"板单元"→"应力（整体）"命令，在弹出的"激活记录"对话框中单击"全部"按钮，在"单元类型"下拉列表中选择"板单元"，在"荷载工况/荷载组合"下拉列表中选择"自重（ST）"，在"节点标志"栏中选中"中央""节点"复选框，单击"确定"按钮完成。

参 考 文 献

葛俊颖, 2013. 桥梁工程软件 midas Civil 使用指南[M]. 北京：人民交通出版社.

国家铁路局, 2017. 铁路桥涵混凝土结构设计规范：TB 10092—2017[S]. 北京：中国铁道出版社.

刘美兰, 2012. midas Civil 在桥梁结构分析中的应用（一）[M]. 北京：人民交通出版社.

邱顺冬, 2009. 桥梁工程软件 midas Civil 常见问题解答[M]. 北京：人民交通出版社.

邱顺冬, 2011. 桥梁工程软件 midas Civil 应用工程实例[M]. 北京：人民交通出版社.

中华人民共和国交通运输部, 2015. 公路桥涵设计通用规范：JTG D60—2015 [S]. 北京：人民交通出版社.

中华人民共和国交通运输部, 2015. 公路钢结构桥梁设计规范：JTG D64—2015[S]. 北京：人民交通出版社.

中华人民共和国交通运输部, 2018. 公路钢筋混凝土及预应力混凝土桥涵设计规范：JTG 3362—2018[S]. 北京：人民交通
出版社.

周水兴, 王小松, 田维锋, 等, 2020. 桥梁结构电算：有限元分析方法及其在 MIDAS/Civil 中的应用[M]. 2 版. 北京：人
民交通出版社.